태극기와 태극사상

박종도 지음

太

極

태극기는 우주근본
진리의 본체인
태극사상이 반영된
지구상의 유일한 국기로서
세계정신을 담고 있다.

인간의 정신문화는 천도天道를
근본으로 한다. 우주근본원리를 담은
태극기는 한국의 정신문화뿐 아니라
인류의 정신문화를 대표한다.
태극기는 인류공영의 질서를
내포한 철학인 동시에 뭇 생명을
낳고 낳음, 살리고 살림의 정신이
깃들어 있는 인류미래의 상징이다.

태극기와 태극사상

박종도 지음

좋은기업위드

나는 자랑스러운 태극기 앞에
자유롭고 정의로운 대한민국의 무궁한 영광을 위하여
충성을 다할 것을 굳게 다짐합니다.

태극의 상징은
역동·상생·균형·창조·조화·통합 등의
국가 정체성과 역동하는
대한민국의 미래지향적 희망의
표현이기도 하다.

태극기는 이 겨레의 마음을 하나로 이어주는 연결선으로 지난 140여 년간 대한민국의 영광과 환희와 고난의 순간마다 늘 구심점이 되어 온 국민정신의 상징이다. 어느 나라 국민이 자국의 국기가 자랑스럽지 않겠는가만 우주만상宇宙萬象의 근원이며 인간생명의 원천인 영원한 진리의 표상 태극기는 더욱 자랑스럽다.

태극기만큼 한국인의 사상을 잘 드러내는 것이 없다.
태극기의 바탕 흰색은 자연계의 모든 빛을 수용하는
포용과 순결의 색으로서 밝으며 평화를
사랑하는 고귀한 민족성을 대변한다.
흰 바탕의 가운데 태극은 끊임없이 순환하여 생명을
낳고 살리는 대자연의 진리를 담고 있다.

한국의 국기는 유일하다.
어느 나라의 국기와도 닮지 않았다.
태극기에는 세계 모든 철학이 새겨져 있다.
태극기는 멋지다.
태극기에는 우주의 대질서(코스모스),
인간의 조건과 생生과 사死의 모든 운명이 선, 점, 원, 붉은색, 흰색,
파란색으로 그려져 있는 모든 나라의 국기의 집합이다.

- 게오르규(Constant Virgil Ghecrghiu 1919~1992)의 한국 찬가에서 -

차례

1장. 들어가며 — 13

2장. 태극론의 연원과 전개 — 21

  1. 태극론, 태극기의 원천 — 22
    1) 만물의 근원, 태극 — 23
    2) 태극 개념 변화과정과 도와의 관계 — 32
    3) 태극의 본질 — 40

  2. 음양론 — 54
    1) 음양의 기원 — 55
    2) 음양의 개념 — 59
    3) 음양의 특성 — 68

  3. 음양오행론 — 74
    1) 오행의 기원 — 75
    2) 음양오행의 적용 — 82
    3) 음양오행의 특성 — 97

3장. 태극도설 — 105

  1. 태극도설의 연원 — 106
    1) 상수학과 도상학 — 107
    2) 태극도설의 배경 — 118
    3) 태극도설의 이해 — 122

   2. 태극도설의 영향 — 130
      1) 태극도설의 평가 — 131
      2) 無極과 太極 — 135
      3) 태극도설과 태극기 — 160

4장. 태극사상의 상징, 태극기 — 165

   1. 태극사상의 원류 — 166
      1) 易의 시작, 태호복희씨 — 167
      2) 민족사상의 원류 — 170
      3) 태극사상의 의의 — 183

   2. 전통문화 속의 태극 — 192
      1) 전통문화 속의 태극문양 — 193
      2) 문자에 반영된 태극사상 — 197
      3) 전통문화에 반영된 태극사상 — 204

   3. 국기, 태극기 — 208
      1) 태극기 제정과 변천사 — 209
      2) 태극기의 철학적 의의 — 215
      3) 태극사상의 현대적 의미 — 218

5장. 나가며 — 231

참고 문헌 — 239

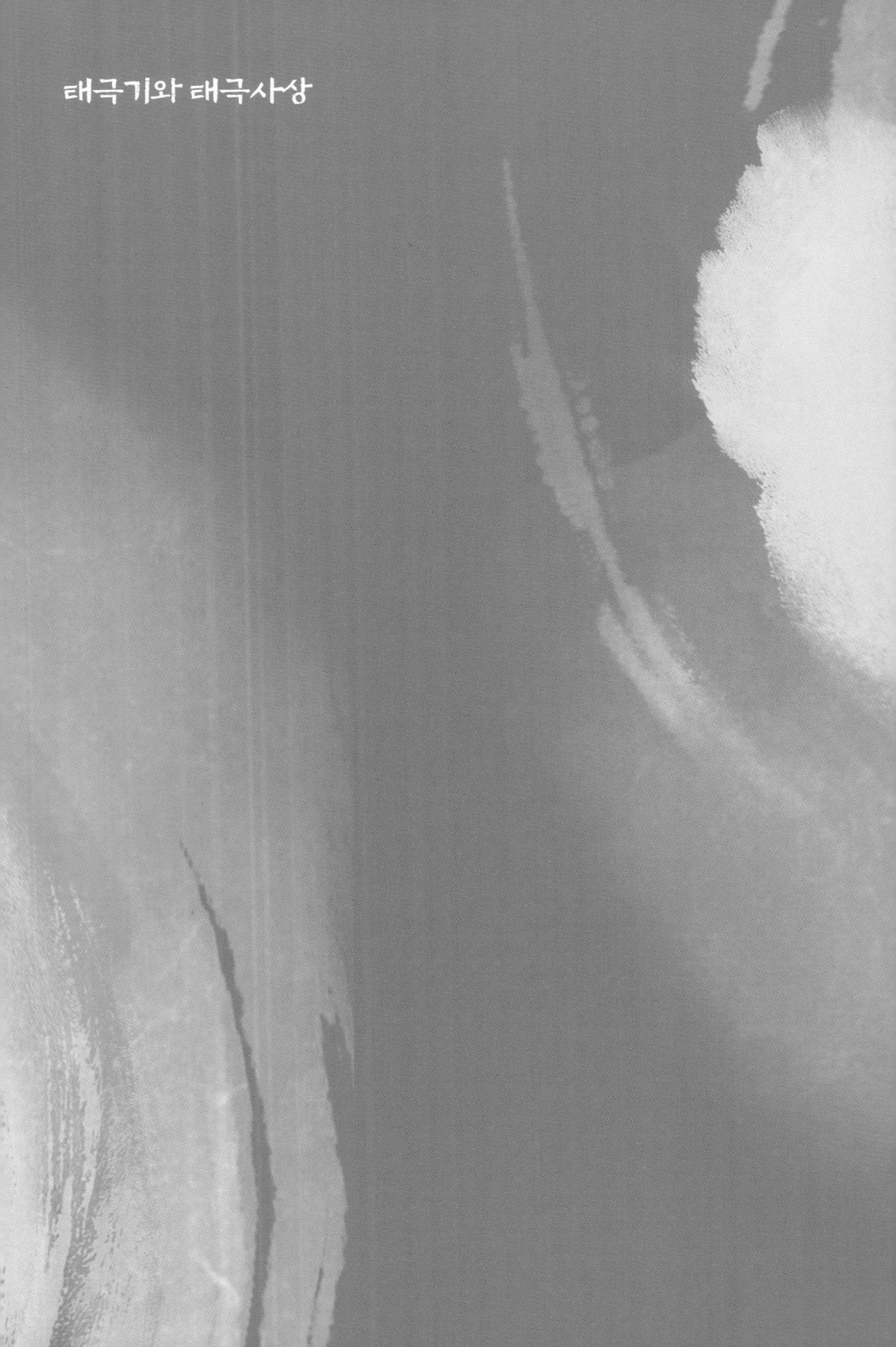

태극기와 태극사상

1장

들어가며

지금 우리가 사는 지구촌은 정보화 기술혁명으로 하루가 다르게 산업기술이 눈부시게 발전하고 세계화도 빠르게 확산되고 있다. 그동안 인류가 경험하지 못한 급속한 변화의 흐름은 구 소련이 1957년 세계 최초로 타원형의 지구 저궤도로 쏘아 올린 스푸트니크 인공 위성 발사와 이에 자극된 미국이 1969년 아폴로 11호가 최초로 달 착륙한 이후 어떤 특정 분야가 아니라 전 부문에서 동시에 일어나는 현상이다. 특히 전자통신기기의 발달로 지식·정보·시장·문화를 공유하게 되면서 전 세계를 지구촌이라는 하나의 공동체로 만드는 데 결정적인 역할을 했다. 지구 반대편에서 벌어지는 일들이 시시각각 전파를 타고 전해지며, 그 나라의 사람들만큼 생생한 현장의 소식을 접하고 있다. 불과 몇 십 년 전 지구촌이란 말은 하나의 관용구로 여겼지만 지금은 보편적 단어가 되었다. 세상이 좁아진 것이다. 이제 사상이나 과학도 어느 한 곳에서 발전, 발달을 하면 순식간에 하나가 될 수 있는 좋은 우주자연 속의 지구촌 세상이 된 것이다.

이러한 시대가 한류의 열풍을 가능하게 한 것이며, 한국인의 끼와 역동성에 세계가 주목한 것이다. 한류의 열풍은 어디서부터 왔는가? 한류열풍은 오늘날 대중문화에 그 원천을 한정시킬 수 없다. 그것은 우리 민족의 오랜 전통, 문화, 사상, 철학에 담긴 함축된 힘의 원천이 현재의 한류에너지로 표출된 것이기 때문이다. 역동적인 한류에너지의 원천으로 대표할 만한 것을 열거한다면 여러 가지가 있겠지만 그 중에서도 기쁘거나 슬플 때 항상 먼저 떠올리게 되는 태극기에 함축된 원리와 사상이야말로 우리 민족의 원초적인 뿌리의식으로서 에너지의 원천이라 할 수 있겠다.

그러나 우리 민족의 사상이나 철학을 논하면 먼저 독창적인 것이 아니라 이웃 나라들의 역사 문화적인 지배에 의한 영향이라는 생각을 먼저 하게 되는 잘못된 부분도 있다. 이러한 의식은 태극기에 대한 무지나 부정적인 인식과 함께 우리 민족이 걸어온 역사와 무관하지 않다. 삼국시대 유불도儒佛道 등의 외래사상이 들어와 이 땅에 자리 잡았다는 사대사관과 식민사관의 팽배로 이어졌고, 광복 이후에는 서양의 기술, 물질문명이 들어오면서부터 서양 문화사대주의에까지 이르게 되었다.

이러한 영향으로 인해 민족 주체성을 상징하는 태극기太極旗에 담긴 태극太極이 송대宋代 주렴계周濂溪의 『태극도설太極圖說』에 나온 것으로 주체성이 없다는 주장도 있고, 태극은 중국의 『주역周易』에서 나왔으므로 반민족적 정서가 깔려있다는 주장도 있으며, 또한 역易은 옛날 점 치는 과정을 서술한 책으로 미신이나 잡술에 불과한 것으로 폄하하는 학자들도 있다. 그래서 태극기는 민족의 주체성도 역사성도 정체성도 상징성도 없는 약소국의 산물이라는 극단의 표현을 하는 이들도 있다. 또한 태극太極·음양陰陽의 상징이 통일을 가로막는 장벽의 요인이라 주장하는 사람들도 있다.

이는 지난날 일방적 사대주의 영향과 일제강점기 민족말살정책의 일환에 우리 민족 주체성이 폄하되고, 역사까지 왜곡된 채 광복 후 서구문명이 들어오면서 야기된 민족 주체성의 요인들인 역사·문화·사상·철학 등의 소홀과 방치가 불러온 부정적 영향 때문이기도 하다. 태극기에 대한 부정적 견해도 이러한 요인에서 비롯되었다고 할 수 있다.

조선왕조 500년, 민족 주체의식의 결여에서부터 일제강점기 일본화된 서양식 학문의 혼란과 왜곡된 역사, 그리고 광복 후 절대 빈곤에서 벗어나기 위해 과학기술과 물질문명이 앞선 서양을 배우고 따라가기 위해 학문을 비롯한 정치, 교육, 경제, 문화, 사회 등 전반에 미국을 표준으로 삼았기에 서양식 헌법이 제정되고, 서양식 교육으로 바뀌며 이질적 문화에 대한 엄청난 충격을 감당할 겨를도 없이 빠른 시간에 우리 삶의 방식과 사고가 자연스럽게 서구화되었다.

수천 년 동안 이어져 오던 우리 전통과 학문은 하루아침에 잊혀지고 전통적인 사상, 철학은 시대에 뒤떨어져 현실에 도움이 되지 않는 관념적 학문으로 전락하고 관심에서 멀어지며 이를 홀대하는 경향까지 생겼다. 반면에 서양 선호사상은 서양학에 대해 서양 사람 못지않게 잘 알며, 서양인들이 무슨 말을 하면 절대적 진리로 받아들이는 사대주의에 빠져 우리의 위대한 역사와 문화, 학문에 대한 무관심과 부정적인 폄하에까지 이르게 되었다. 흔히 민족 고유한 문화를 무속 등의 민속 문화로 천시하여 무시하는 것도 과거 식민지시대 잘못된 이론의 영향이다.

이러했음에도 불구하고 지금, 대한민국이 세계 정신문명과 물질문명의 주역으로서 발돋움하고 있는 힘의 원천은 우리 민족정신에 내재된 태극의 진리와 역동성이다. 하여 필자는 어떻게 태극사상이 한국 정신문화를 대표하며 한국인의 삶과 함께하는지, 또 현재 대한민국의 역동성과 어떠한 관계가 있으며, 세계 정신문화를 선도할 사상과 철학이 될 수 있는 근거를 살펴보았다. 이에 태극기의 기초가 된 역易의 기원과 역에서 나타나는 태극의 의미와 태극기에 내재된 태극사상과 고대로부터 대표적 민족 상징물로 애용된 태극문양의 의미와 사상을 살피고, 태극이 함의하고 있는 현대적 의미의 역동성을 파악함으로써 국가 상징인 태극기와 대한민국 정부 공식 상징으로 지정된 태극 마크의 위상과 그 의미를 제대로 살펴보고자 하였다. 또한 태극사상에 담긴 음양의 원리와 법칙 즉 '조화와 살리고 살림[生生之謂易]'의 철학이 21세기 인류가 직면한 위기 및 갈등과 분열을 녹일 수 있는 유일한 해법이 되리라는 것이 이 책의 핵심이다.

먼저, 태극기에 담긴 태극사상을 현대적 시각에서 재조명해 보았다. 우리의 고대사 자료들은 오래 전 당唐나라에 의해 약탈·소각되어 대부분 유실되었고, 고려시대부터 우리 민족 역사에 관한 사료를 오히려 왜곡된 중국의 역사서에 의존하였다. 중국은 우리 민족에 관한 기록을 자국의 관점에서 폄하·축소·왜곡하여 서술했기 때문에 중국의 고대 문헌에서 우리 역사를 올바르게 찾는다는 것은 매우 어려운 작업이다.

우리에게는 찬란했던 고대사를 기록한 책들이 실제로 있었지만 사고史庫가 불타 없어지거나 외세에 의해 찬탈당하는 수난을 겪었고, 또 근대 일제강점기에는 사서史書가 수탈당하여 없어지기도 하였다. 동이족의 선조 태호복희황제는 역의 태극사상으로 인류문명을 일으켜 홍익인간의 이념을 세상에 펼쳤고, 홍익사상은 홍범구주洪範九疇로 구체화되면서 우리나라와 중국과의 문화와 사상은 서로 공유, 공존하며 발전해왔다. 그러나 우리 민족의 위대한 문자와 사상을 중국은 자신들의 문화로 바꾸어 중화사상을 만들었다. 상고시대上古時代에는 고조선古朝鮮이 2000여 년 동안 문명을 이끌었고, 중원의 대부분이 고조선의 영토였기에 중국은 고조선의 선진 문화와 문명을 그대로 이어 받아 화이사상華夷思想을 만들었음이 사료와 20세기 말 유물로써 확인되었다. 만일 우리가 수탈의 역사를 겪지 않았다면 우리의 태극사상을 논하면서 중국 사서에 의존하는 일 따위는 없었을 것이다.

태극기의 원천은 역의 기원인 태호복희황제가 만든 괘卦에서 출발한다.「계사전繫辭傳」에 우주만물의 생성근원과 근본원리를 태극太極이라는 용어로 정의한 후 선진시대先秦時代 이래 태극의 개념 정립과정과 태극의 본질이 무엇인가를 문헌자료를 통해 알아보았다.

　태극기의 태극은 음陰과 양陽 이기二氣로 구성되어 있다. 태극을 이루는 음과 양의 시원적 의미와 음양이 시대에 따라 적용범위와 의미가 확장되어 동양학의 핵심개념이 되는 과정을 문헌자료로써 발췌하고 음양의 특성을 분석해보았다.

　오행五行의 기원과 음양과 오행의 결합으로 동양철학의 핵심어가 되는 과정을 문헌자료를 통해 고찰하였다. 문헌으로 나타난 오행, 음양과 오행의 결합, 음양오행의 월령月令과의 결합, 사시四時와의 결합, 오방五方과의 결합, 주역周易과의 결합, 팔괘八卦와의 결합 등을 통한 음양오행의 다양한 적용에 대해 알아보고 우주만물의 생성변화 핵심요소로써 특성을 파악하였다.

　태극을 도상圖象을 통해 설명한『태극도설太極圖說』이 나오기까지 도상학의 연원이 된 상수학과 역위건착도를 문헌에서 살펴보았고,『태극도설』의 역사적·사상적 배경과 성리학의 시작점을 알렸던『태극도설』의 평가와 이해 및 후대에 끼친 영향을 알아보았다.『주역』에 입각하여『태극도설』을 논하면서 우주생성원리를 '무극이태극 음양 오행 만물無極而太極 陰陽 五行 萬物'로 무극無極과 오행五行을 도입하여 도상圖象으로 설명한 것을 고찰하고, 무극이태극無極而太極이라는 용어가 쟁점이 된 '주륙논쟁朱陸論爭'을 통해 무극과 태극의 관계와 실체, 개념 정립과정을 살펴보았다. 또 조선에서의 '무극태극無極太極'논쟁에서 조선성리학이 독자적인 영역을 개척한 의의 등을 찾아보았다. 또한『태극도설』이 태극기의 사상적 체계에 어떤 영향을 미쳤는가를, 송대 성리학의 태극사상을 받아들이더라도 우리 민족에 내재된 태극사상에 수용, 흡수되어 발전을 이루었는지를 살펴보았다.

 우리 전통문화 속에 태극의 의미와 태극의 쓰임 등을 고찰하고, 태극 문양의 변천 과정과 생활 속에서 반영된 태극사상, 놀이 문화 속의 태극사상 등을 파악하였다. 또한 태극사상이 잘 반영된 훈민정음 제자 원리를 통해 세계최고 문자로 인정받는 이유를 살펴보았고, 전 세계에 걸쳐 존재하는 수많은 놀이의 원형으로 각광받은 윷놀이에 담긴 태극사상을 알아보았다. 태극기에 담긴 태극사상의 원류가 태호복희씨에서 비롯되어 어떻게 우리 민족사상으로 전개되어 펼쳐져 왔는지를 문헌자료를 통해 다각도로 살펴보았다.

 태극기의 제정과정, 태극기의 철학적 의의 등도 조명하였다. 또, 현대 사상 속에 태극사상이 어떻게 발현되고, 한류의 원동력이 되었는지를 분석했으며 나아가 태극사상이 오늘날 우리에게 어떤 의미를 주며 인류미래의 지향점으로써 영향을 미칠 수 있는가를 고찰하였다.

 태극기와 관련된 기존의 논문들은 태극기의 제정과정에 관한 것과 태극기의 역사적·원리적·미학적 관점의 논문이 주를 이루었지만, 이 책에서는 태극기에 내재된 태극사상과 철학이 어떻게 우리 민족의 사유체계로 형성되어왔는지, 그리고 우리 민족의 역동성과 연계성을 살펴보며, 태극기에 담긴 사상과 철학의 심오한 원리를 밝혀 현대사회가 안고 있는 많은 문제들을 풀 수 있는 새로운 가치관과 세계관 등의 비전을 제시하는 것을 목적으로 하였음을 밝힌다.

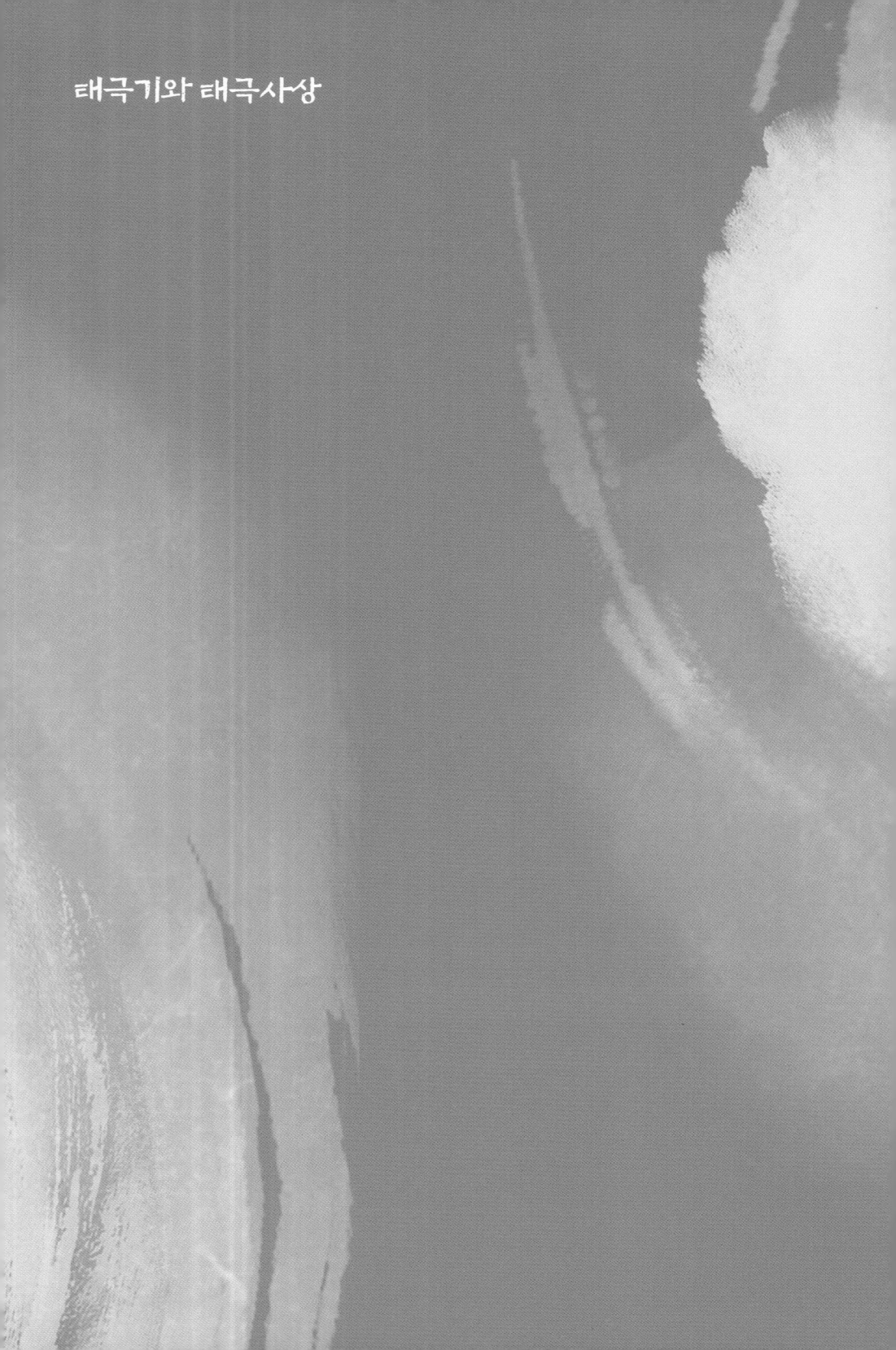

태극기와 태극사상

2장

태극론의 연원과 전개

太極

1.
태극론,
태극기의 원천

1) 만물의 근원, 태극

『주역周易』「계사전繫辭傳」에 "역易에 태극太極이 있으니, 비로소 양의兩儀를 낳고, 양의가 사상四象을 낳으며, 사상이 팔괘八卦를 낳는다."[1] 라는 짧은 글에서 '태극'이 인간과 우주만물의 생성원리生成原理를 담은 철학적 용어로 문헌에 등장하게 된다. 『주역』은 곧 '태극'이라 할 만큼 태극은 중요한 의미를 가진다.

우리는 끊임없는 변화 속에서 살아가고 있으며 이 변화의 중심에 음양이 있다. 낮에서 밤으로 이어지는 하루도 음양의 변화요, 봄·여름·가을·겨울 사시四時도, 나라의 흥망성쇠興亡盛衰, 인간의 생로병사生老病死도 한번 양이 되었다 음이 되는 음양의 변화이다. 하늘의 운행은 인간에 영향을 주어 변화시키고, 인간이 다시 하늘과 땅에 그 영향을 미치는 상호교감相互交感 작용을 끊임없이 순환·반복한다. 삶 자체가 곧 음양이요, 이 음양의 작용이 태극이며 역易이다. 이러한 자연의 운행질서와 인간사회의 근본원리를 담은 학문이『주역周易』이다. 역은 천지자연의 변화·순환하는 우주운행 질서를 함축하여 괘상卦象으로 내었으니 역易에 삼라만상의 이치가 있는 것이다.

『주역』「계사전」에 "역易은 천지天地와 더불어 서로 같다. 그러므로 어기지 않는다."[2], "대저 역易은 넓구나. 크구나. 이 때문에 멀기로 말하면 한계가 없고, 가깝기로 말하면 조용하고 바르며 천지天地의 사이로 말하면 모두 갖추었다."[3] 하였으니, 천지가 곧 '역'인 것이다.

---

[1] 『周易』「繫辭上傳」"易有太極 始生兩儀 兩儀生四象 四象生八卦"
[2] 『周易』「繫辭上傳」"與天地相似 故不違"
[3] 『周易』「繫辭上傳」"夫易廣矣大矣 以言乎遠則不御 以言乎邇則靜而正 以言乎天地之間則備矣"

역은 우주자연을 괘卦와 효爻로 상징하고, 문자로 나타낸 최고의 경전이며, 철학서이다. 역은 문자 이전에 우주자연의 법칙을 괘로서 상징하여 나타내었으니, 역의 본뜻을 알려면 먼저 괘상卦象에서 찾아야 할 것이다.

『설문해자說文解字』에서 역을 이렇게 설명하였다.

"석역·언정·수궁으로 형상이다. 비서祕書[위서緯書]의 설에 '일日과 월月'이 역易이 된다. 음양을 상형한 것이다. 일설에는 '물勿'로 구성되었고, 무릇 역부易部에 속하는 자字는 모두 역의 의미를 따른다."[4]

『설문해자』의 세 가지 해석에서 보면 하나의 설에서는 일日은 도마뱀의 머리, 물勿은 네 다리를 형상화하여 색깔이 자주 변하는 특성으로 인식하였다. 둘째, 『위서』에 인용한 역은 일日과 월月의 조합으로 일日은 양陽, 월月은 음陰의 의미이다. 또 하나의 설에서 물勿은 깃발[기물旗勿]로 보았으며 바람이 불면 끊임없이 움직이는 변화의 의미로 해석하였다. 요컨대 '역'은 인간의 오랜 경험을 통한 지혜로 변화의 의미를 부여했음을 알 수 있다.

역은 '변역變易, 불역不易, 간역簡易'으로 불린다. 역이란 사계가 춘하추동으로 끊임없이 변하는 이치를 나타내어 변역變易이며, 이 변하는 이치는 바뀌지 않아 불역不易이며, 변역과 불역의 원리는 누구나 알기 쉽고 간단하여 간역簡易이다. 『설문해자』 주注에서 정현鄭玄은 역을

---

4 『說文解字』易部 "蜥易, 蝘蜓, 守宮也. 象形 祕書說曰 日月爲易 象陰陽也 一日 从勿 凡易之屬皆从易"

찬贊하여 다렇게 말하였다.

"역(易)이라는 이름은 하나의 말로 세 가지 뜻을 포함한다. 쉽고 간단하다는 의미가 하나요, 변한다는 의미가 두 번째요, 바뀌지 않는다는 의미가 세 번째다"[5]

자연 질서와 인간의 삶이 잠시라도 정지함이 없으므로 변역이라 하였고, 이 변화하는 현상이 한 치의 어긋남이 없이 질서정연한 법칙으로 나타나니 불역이요, 이러한 이치가 인위적이 아니라 누구나 쉽게 알 수 있는 자연법칙이므로 간역이라 하였던 것이다.

우주 자연과 만물은 『주역』의 이치 속에 살고 있는 것이다. 우주질서 법칙과 더불어 살아가는 인간의 삶도 우주 법칙에 조화로운 것이 선善이 되며, 우주법칙에 조화롭지 못한 것은 해害가 된다. 『주역』은 이러한 이치를 알아 상황에 맞게 실천하는 시중時中의 철학이며, 동시에 미래를 여는 학문이기도 하다.

역은 고대로부터 연산역連山易 · 귀장역歸藏易 · 주역周易 세 가지가 전해왔다. 그러나 연산역은 하夏나라, 귀장역은 은殷나라 때 있었다고 전해지나 주周나라 때 역인 주역만 남았다고 『주례周禮』「춘관春官」에서 전한다.[6] 또 「춘관」에서는 『연산역』은 산山을 상징하는 중산간괘重山艮卦를 수괘首卦[앞머리에 놓는 괘]로 정월正月을 인월寅月로 하였고, 『귀장역』은 땅을 상징하는 중지곤괘重地坤卦를 수괘로 놓고 정월을 축월丑月로 하였

---

[5] 『說文解字』〈周易正義序〉"第一論易之三名"'鄭氏贊易曰 易之爲名也 一言而函三義 簡易一也 變易二也 不易三也"
[6] 『周禮』「春官」〈宗伯〉"掌三易之法 一曰連山 二曰歸藏 三曰周易 其經卦皆八 其別皆六十四"(춘관은 점치는 것을 주관한 부처이다)

태극기와 태극사상

으며, 주나라 때 완성된 『주역』은 하늘을 상징하는 중천건괘重天乾卦를 수괘로 하며 세수歲首를 자월子月로 삼았다고 전한다.

『주역』은 5천여 년 전 문자 이전 시대에 성인 태호복희씨가 천지자연이치를 괘卦와 효爻의 부호로써 나타내면서 비롯되어 그 후 2,000여 년 지난 은대殷代 말에 문왕文王이 하夏 · 은殷의 역에 64괘의 차서次序와 괘상卦象의 설명을 붙였고, 주공周公이 부친 문왕의 역을 계승하여 각 괘의 효(384효)마다 효사爻辭를 붙여 『주역경문周易經文』이 되었다. 괘효는 바뀌고 변하므로 바꿀 역이라 하였고, 성인의 글이기에 『역경易經』이라 하였다.

이후 700여 년이 지난 후 공자孔子가 『역경』에 십익十翼[열 가지 날개]을 찬술撰述 · 보익補益하여 집대성함으로써 오늘날 접할 수 있는 『역전易傳』 · 『주역周易』이 되었다. 『주역』은 복희씨로부터 문왕[주공] · 공자 세 분의 성인에 의해 약 3,000년에 걸쳐 완성되었고, 또 2500년이 지난 현재에 이르기까지 동 · 서양 시공을 초월한 최고의 학문이자 철학이요 경전이 된 것이다. 오랜 세월 최고 경전으로 칭송받으며 수많은 학자들의 연구와 수만 권의 해설서가 나왔다. 21세기 『주역』은 인문학적 영역을 넘어 현대 최첨단 물리학과 과학에서도 응용되며 그 빛을 발하고 있다. 따라서 새로운 조명과 평가가 있어야 할 것이다.

이러한 역의 위상과 범위를 가늠해 볼 수가 있는 내용이 『주역』에 나온다.

"역은 천지와 더불어 기준이다. 그러므로 천지의 도를 빈틈없이 짜놓을 수 있다. 우러러서는 천문을 관찰하고, 구부려서는 땅의 이치를 살피니라. 이런 까닭에 어둠과 밝음 이유를 알고 시작을 근원으로 삼고 마침으로 돌아간다."[7]

"역(易)이란 글은 넓고 커서 모두 갖추어 거기에 천도(天道)가 있고, 인도(人道)가 있고, 지도(地道)가 있으니 삼재(三才)를 겸해서 둘로 만든 것이다."[8]

"대저 역(易)이란 무엇인가? 무릇 역은 만물을 열어주고 모든 일을 완성하는 것으로 천하의 도를 덮으니 이와 같을 뿐이다."[9]

이러한 최고의 경전, 주역이 담고 있는 핵심이 곧 태극이다. 이 태극사상은 '낳고 낳음, 살리고 살림'[10]의 정신으로 인류와 만물이 함께 잘 사는 상생의 홍익인간弘益人間 사상으로 구체화되고, 대한민국의 국기 태극기로 상징되어 우리들 가슴과 삶 속에 항상 함께하고 있다.

'태극기太極旗'는 우주만물의 생성·변화원리를 담고 있는 진리의 표상이기에 세계 어느 나라와도 비교할 수 없는 단연 으뜸 국기이다. 태극기가 닫고 있는 사상은 한 나라에 국한된 것이 아니다. 태극기에는 우주사적 진리뿐만 아니라 전 인류사적 소명이 담겨 있다. 즉, 대한민국이 세계문명의 중추적인 역할을 담당할 주체적 의미를 함의하고 있다.

만물의 근원을 태극이라고 부르게 된 과정을 살펴보면 다음과 같다. 고대로부터 현재에 이르기까지 인간은 늘 근원적인 의문—우리는 어디서부터 와서 어디로 가는 것일까? 우주만물은 어떻게 생겨나고 어

---

7 『周易』「繫辭上傳」"易與天地準 故能彌綸天地之道 仰以觀於天文 俯以察於地理 是故知幽明之故 原始反終"
8 『周易』「繫辭下傳」"易之爲書也 廣大悉備 有天道焉 有人道焉 有地道焉 兼三才而兩之"
9 『周易』「繫辭上傳」"夫易 何爲者也 夫易 開物成務 冒天下之道 如斯而已者也"
10 『周易』「繫辭上傳」"生生之謂易", 「繫辭下傳」"天地之大德曰生"

떻게 구성되었는가?—을 가지고 사고를 해 왔다. 21세기 현대물리학에서는 태초에 빅뱅(Big Bang; 우주대폭발)[11]이 일어나 우주가 탄생하였다고 한다. 동양학에서는 우리가 살고 있는 이 공간을 우주宇宙라고 한다. 서양에서는 코스모스(cosmos) 즉 과거, 현재, 미래를 통시적, 통합적으로 존재케하는 우주질서로 간파한다.

우주 천문에 관한 자료 가운데 가장 오래된 자료는 『회남자淮南子』[12]다. 『회남자』「제속齊俗」편에 '우주'는 "과거와 현재, 미래를 '주宙'라고 하고, 동서남북 사방과 상하를 일러 '우宇'라고 한다."[13]라고 하여 단순한 공간만이 아니라 시간과 공간을 포괄하는 의미로 정의하여 동서양의 우주 개념은 일치한다.

『회남자』「천문훈天文訓」에서는 우주 생성과 만물 형성을 이렇게 말하고 있다.

"하늘과 땅이 아직 형체를 갖추기 전 어지럽고 무성한 기운만 무성할 뿐 아무런 형체도 존재하지 않으므로 태소[태시]라고 한다. 도(道)는 허확(虛霩, 끝없이 넓고 텅 비어 있는 곳)에서 시작되었고, 허확이 우주를 낳고 우주는 기(氣)를 낳는다. 기(氣)에는 무한한 경계가 있으니 맑은 양이라는 것은 얇게 퍼져 하늘이 되었고, 무겁고 탁한 것은 엉기고 가라앉아 땅이 되었다. 맑고 묘함의 합함은 오직한 곳으로 쉽고, 무겁고 탁함의 응김은 막히니 어렵다. 그러므로 하늘은 먼저

---

11 11칼 세이건(Carl Edward Sagan 1934-1996)의 빅뱅이론은 우주(Cosmos)가 점과 같은 상태에서 약 137억 년 전 엄청난 양의 에너지와 물질을 뿜어내며 대폭발이 일어나 팽창하여 현재에 이르고 있다는 것이다. 우주에 대략 1000억 개의 은하가 있으며, 지구가 속한 태양계는 대우주 한 모퉁이 은하수의 아주 작은 점만한 크기라고 한다.

12 『회남자』는 한 고조(유방)의 손자인 유안(劉安)이 회남(淮南) 지역 회남왕으로 봉해졌을 때 여러 빈객들과 함께 저술하여 한무제에게 헌상한 책이다. 내편 21편과 외편 33편이었으나, 현재는 내편 21편만 전한다.

13 "淮南子」「齊俗」往古來今 謂之宙 四方上下 謂之宇, 道在其間 而莫知其所; 도는 宙와 宇 사이에 있지만 그것이 있는 곳을 알지 못한다."

이루어지고 땅은 나중에 정해졌다. 하늘과 땅의 엄습한 정기가 음양이 되고, 음양의 하나로 된 정기가 사계절이 된다. 사계절의 분산된 정기가 만물이 된다."[14]

인용문에서는, 도는 허확에서 시작하고, 허확이 우주를 낳고, 우주가 기를 낳고, 기는 음양으로 나뉘고, 음양 작용으로 사시가 만들어지고, 사시를 통하여 만물이 형성된다는 우주의 생성·발전과 만물의 형성에 대해 정의를 하고 있다.

『도덕경道德經』「42장」에 "도는 하나를 낳고, 하나는 둘을 낳고, 둘은 셋을 낳고, 셋은 만물을 낳는다."[15]고 하였는데『도덕경』의 '도道'와『회남자』의 '허확虛霩'을 만물의 근원으로 같은 의미라 말할 수가 있다. 그러나 노자가 말한 만물을 생성하는 도의 개념은 추상적이나『회남자』에서는 우주와 만물을 이어주는 매개체로 '우주는 기를 낳는다.'고 하여 만물형성의 요소를 기로 말함으로써 구체적 근거를 제시했다. 기는 태극의 본질로 해석되고, 자연과 인간이 기로 연결되어 천인합일의 사상으로 발전하는 기초 논리가 되었다.

또 이와 같은 내용의 글이『열자列子』[16]「천서天瑞」에도 나타나는데 다음과 같다.

옛날 성인께서 음양으로써 하늘과 땅을 통솔하니, 무릇 형체가 있는 것은 형

---

14 『淮南子』「天文訓」"天墜未形 馮馮翼翼 洞洞灟灟 故曰太昭[始] 道始于虛霩 虛霩生宇宙 宇宙生氣 氣有涯垠 淸陽者薄靡而爲天 重濁者凝滯而爲地 淸妙之合專易 重濁之凝竭難 故天先成而地後定 天地之襲精爲陰陽 陰陽之專精爲四時 四時之散精爲萬物"

15 老子『道德經』「42장」"道生一 一生二 二生三 三生萬物"

16 전국시대 열어구의 저작이라고 한다.『한서(漢書)』「예문지(藝文志)」에는「열자」8편이라고 기재되어 있으나 지금 전해지는「열자」는 내용과 표현상으로 보아 진(晉) 때에 저작된 것으로 추측되며 내용은 고사, 신화, 전설 등으로 구성되어 있다. 당 천보(天寶) 원년(742)에「열자」는「충허진경(沖虛眞經)」으로 존중되어 도교 경전의 하나가 되었다.

체가 없는 것에서 생겨났으면 천지는 대체 어떻게 이어 생겨난 것인가? 말하기를, 그것은 태역(太易)이 있고, 태초(太初)가 있고, 태시(太始)가 있고, 태소(太素)가 있다. 태역이라는 것은 아직 기가 드러나지 않은 것이고, 태초라는 것은 기의 시작이요, 태시라는 것은 형체의 시작이며, 태소라는 것은 물질의 시작이다. 기와 형과 질이 갖추어지되 아직 서로 분리되지 않았으므로 혼륜(渾淪)이라 말한다. 혼륜이라는 것은 만물이 서로 뒤섞여 아직 서로 떨어지지 않음을 말한다. 보아도 보이지 않고, 들어도 들리지 않고, 좇아도 잡히지 않기 때문에 역이라고 말했다.[17]

『열자』에서는 우주를 천지라고 했다. 형체가 있는 것은 형체가 없는 것에서 생겨났다는 구절은 노자老子의 "천하 만물은 유有에서 나왔고, 유는 무無에서 나왔다."[18]는 말과 같은 의미라 할 수 있는데, 태역을 무로 보고, 태역은 태시로, 무는 유로 하여 천지와 만물의 근원을 말했다. 이는 송대宋代 주렴계의 『태극도설』에서 무극이태극無極而太極이라는 말과 상통한다고 볼 수 있다. 즉, 우주의 생성과 만물의 형성은 도와 허확과 태역이 곧 역이라고 한 것이다.

『주역』	역 – 태극 – 양의(음, 양) – 사상 – 팔괘 – 만물

‖

『회남자』	허확(서양의 Big Bang; 우주대폭발) - 우주 – 기(음, 양) – 만물

---

17 『列子』「天瑞」"昔者聖人 因陰陽以統天地 夫有形者生於無形 則天地安從生 故曰 有太易 有太初 有太始 有太素 太易者未見氣也 太初者氣之始也 太始者形之始也 太素者質之始也 氣形質具而未相離 故曰渾淪 渾淪者 言萬物相渾淪而未相離也 視之不見 聽而不聞 循之不得 故曰易也"
18 『道德經』「40章」"天下萬物生於有, 有生於無"

‖

| 『열자』 | 천지[음양] – [태역·태초·태시·태소] – 만물 |

주백곤朱伯崑(1923~2007)은 선진시대先秦時代 우주생성론을 유가儒家사상과 도가道家사상의 둘로 분류하여 우주 생성관점을 밝혔다.[19]

| 유가계통 | 『주역』「계사전」 "역유태극 시생양의 양의생사상 사상생팔괘 易有太極 是生兩儀 兩儀生四象 四象生八卦" |
| 도가계통 | 『道德經』「42장」 "도생일 일생이 이생삼 삼생만물 道生一 一生二 二生三 三生萬物" |

이 중『주역』「계사전」의 내용은, 역에 태극이 있으니, 태극이 양의[음양]를 낳고, 음양이 사상[태양太陽·소양少陽·태음太陰·소음少陰]을 낳으며, 사상이 팔괘[건乾☰·태兌☱·리離☲·진震☳·손巽☴·감坎☵·간艮☶·곤坤☷]를 낳는다는 뜻이다. 이처럼 태극은 만물의 근원으로 최초·최고·최대의 정점이요, 낳고 낳음[20]의 음양–사상–팔괘의 일생이법一生二法[2진법]의 거듭된 분화로 삼라만상을 낳는 변화의 핵점核点으로 만물의 근원과 생성변화 원리를 담고 있다. 『주역』에서 비롯된 태극의 철학적 용어는 우주만물 총체적 진리의 근원·근본·원리·법칙·표준·본체 등을 일컫는 말이 되었다.

---

19 朱伯崑『易學哲學史』第1卷, 北京, 崑侖, 2005, 74p
20 『周易』「繫辭上傳」"生生之謂易,

태극기와 태극사상

2) 태극 개념 변화과정과 도와의 관계

태극에 대한 해석은 선진시대 이래 많은 학자들에 의해 다양하게 해석되었다. 태극이라는 개념의 용어가 가장 먼저 나타난 것은 『장자莊子』[21] 「대종사大宗師」편이다.

무릇 도는 실정과 믿음은 있지만 작용이 없고 형체가 없으므로 전할 수는 있으나 받을 수는 없고, 깨달을 수는 있으나 볼 수는 없다. 스스로 뿌리가 되고 스스로 근본이 되어 천지가 생기기 이전 옛날로부터 본래 존재하였다. 귀신이나 상제를 신령하게 하고 하늘과 땅을 낳는다. 태극보다 위에 있지만 높은 듯이 하지 않고 육극 아래에 머물면서도 깊은 척하지 않으며 천지보다 먼저 생겨났으면서도 오래되었다 하지 않으며 먼 옛날보다 더 오래면서도 오래되었다고 여기지 않는다.[22]

여기에서는 '태극'을 공간적 개념으로 설명하고 있는데, 이는 만물의 근원을 '도'로 보고, 도의 높음을 설명하기 위해 태극을 인용한 것이다. 「계사전」에서 말한 것처럼 태극을 만물의 근원으로 보지 않고, 도가 태극을 능가한다고 본 것이다.

태극을 지칭하는 용어와 의미는 시대에 따라 조금씩 다르게 나타난

---

21 장자(B.C.369~B.C.289년경), 도가 사상가로 성은 장(莊), 이름은 주(周)이다. 장자에 관한 자료는 『史記』의 「老莊申韓列傳」에 "莊子者 蒙人也 名周 周嘗爲蒙漆園吏 與梁惠王 齊宣王同時 其學無所下窺 其然要本歸於老子之言 故其著書十餘萬言 大抵率寓言也, : 莊子는 몽인(蒙人)이며, 이름은 주(周)이다. 일찍이 몽(蒙)의 옻 정원 관리직을 지냈고, 양혜왕(梁惠王) 제선왕(齊宣王)과 같은 시대였다. 그 학문은 엿보지 않는 것이 없었다. 그리하여 구한 것은 본래 노자의 말에 귀의했으며 그의 저서 십여만 언(言)은 대체로 우화에 따른 것이다." 이로보아 노자를 계승한 장자는 전국시대 말, 맹자와 동시대이며, 공자보다 약 150년 뒤 태어났음을 알 수 있다. 도가의 사상가들이 『장자』를 편찬할 때, 장주에게 가탁하여 『장자』라 명명한 듯하다.
22 「莊子」「大宗師」"夫道 有情有信 無爲無形 可傳而不可受 可得而不可見 自本自根 未有天地 自古以固存 神鬼神帝 生天生地 在太極之先而不爲高 在六極之下而不爲深 先天地生而不爲久 長於上古而不爲老"

다. 『여씨춘추呂氏春秋』[23] 「중하기仲夏紀」〈대악大樂〉편에 다음과 같은 내용이 있다.

> 음악이 유래되어 나온 것은 오래 전부터이다. 도량(度量)에서 생겨 태일(太一)에 근본했다. 태일에서 양의(兩儀)가 나오고, 양의에서 음양(陰陽)이 나온다. 음양이 변화하여 한 번 위로 가고, 한 번 아래로 가서 합하여 문장(文章)을 이룬다. 만물이 나오는 것은 태일에서 만들어져 음양에서 조화한다.[24]

『여씨춘추』에서 태일太一의 개념은 『주역』 '역유태극 시생양의 易有太極 是生兩儀 … 생만물生萬物'에서 태극과 같은 개념임을 알 수 있다. 〈대악〉편의 내용을 살펴보자.

> 도라는 것은 보려고 해도 볼 수 없고, 들으려 해도 들을 수 없으며 형상을 지으려 해도 그릴 수 없다. 보려 해도 볼 수 없고 들으려 해도 들을 수 없고 형상할 수도 없다. 보이지 않는 것을 보고, 들리지 않는 것을 듣고, 형상이 없는 것을 형상함을 알 수 있으면 거의 알았다고 할 것이다. 도라는 것은 지극히 정묘한 것이어서 형용할 수도 없고 이름 지을 수도 없으니 억지로 이름 하여 태일(太一)이라고 한다.[25]

---

23 『여씨춘추』는 진시황 8년에 재상 여불위(呂不韋)가 주도하여 천문·지리·음악·농학·의술 등을 종합하여 편찬한 백과사전으로 여람(呂覽)이라고도 한다. 여불위는 식객 3,000명을 모아 춘추전국시대의 모든 사상을 절충·통합시키고 분석하여 정치와 율령의 참고로 삼기 위해 저술했다. 총 26권 160편으로 「십이 기(十二紀)」, 「팔람(八覽)」, 「육론(六論)」으로 구성되어 있다. 특히 「십이 기」는 춘하추동 사계를 맹(猛)·중(仲)·계(季)로 나누어 계절의 순환에 따른 만물의 변화, 세상의 흥망, 인간의 길흉 등을 기록했다.

24 『呂氏春秋』「仲夏紀」〈大樂〉 音樂之所由來者遠矣 生於度量 本於太一 太一出兩儀 兩儀出陰陽 陰陽變化 一上一下 合而成章 萬物所出 造於太一 化於陰陽

25 『呂氏春秋』「大樂」 道也者 視之不見 聽之不聞 不可爲狀 有知不見之見 不聞之聞 無狀之狀者 則幾於知之矣 道也者 至精也 不可爲形 不可爲名 强爲之名 謂之太一

이는 『노자』에서 "천하의 어머니라 할 수 있다. 나는 그 이름을 알지 못하니, 그것을 글자를 지어 도라 하고, 억지로 그것을 '크다' 말할 뿐이다."[26]고 한 의미와 일맥상통한다. 즉, 『노자』의 도는 『여씨춘추』 태일이요, 「계사전」의 태극임을 알 수 있다.

'태일'을 '대일大一'로 나타내기도 했다. 『예기禮記』 「예운禮運」편에 "무릇 예禮는 반드시 대일大一에 근본하며, 나누어져 천지가 되고, 옮겨서 음양이 되고, 변화하여 사계절이 되고, 펼쳐서 귀신이 되며 그 내린 것을 명命이라 하며 그것은 하늘을 본받는다."[27]라고 하였다. 「예운」에서는 '태극'을 '대일大一'로 달리 표현했지만, 근본임을 나타내는 같은 의미이다.

『역위건착도易緯乾鑿度』에는 '태일太一'과 '태초太初'를 함께 사용하였다. "태일은 그 수數를 취하여서 구궁九宮을 움직인다. 사정四正과 사유四維는 모두 합이 15이다."[28]고 하였는데 정현은 『역위건착도易緯乾鑿度』주석하면서 "태을太乙은 북극성 신의 이름이다. 태을太乙 역시 태일太一이다.[29]라고 하였고, 이후 조선시대 추사 김정희는 『역위건착도易緯乾鑿度』와 정현의 주석에 더해 태일과 태극을 북극(북극성)을 동일한 우주만물의 근본 개념으로 파악하였다. 추사 김정희가 『완당전집阮堂全集』에서 다음과 같이 말했다.

"태극(太極)은 북극(北極)이다. 천지가 함께 극(極)으로 삼는 곳이니 북극을 버리고 별도로 극이라 이를 곳이 없다. 『이아(爾雅)』에 '북극은 북신(北辰, 북극성)

---

[26] 『老子』「25章」"可以爲天下母 吾不知其名 字之曰道 强爲之名曰大"
[27] 『禮記』「禮運」"是故夫禮 必本於大一 分而爲天地 輔而爲陰陽 變而爲四時 列而爲鬼神 其降曰命 其官於天也"
[28] 『乾鑿度』"故太一取 其數以行九宮 四正四維 皆合于十五"
[29] 『史紀·封禪書』「易緯·乾鑿度』"太乙取其數以行九宮." 鄭玄注 "太乙, 北辰神名也. 太乙亦作 太一.

이라고 한다.'하였고,『주역』계사(繫辭)에는'역(易)에 태극이 있다.'하였는데, 우번(虞翻)은 즈석에서 '태극은 태일(太一)이다.'하였고, 정현의『역위건착도(易緯乾鑿度)』주석에서'태일(太一)이라는 것은 북극성 신(神)의 이름이다.'하였다. 정현의 설에 비록 태일이 아래로 구궁(九宮)의 법을 행하나 태극은 바로 태일이고, 태일은 곧 북극성이고, 북극성은 곧 북극인 것이다.『주역』계사전에 '역(易)에 태극이 있으니, 이것이 양의(兩儀)를 낳고, 양의가 사상(四象)을 낳고, 사상이 팔괘(八卦)를 낳는다.'하였는데 그렇다면 팔괘는 사시(四時)에 근본하고, 사시는 천지에 근본하며, 천지는 태극에 근본하며 태극은 바로 북극성이다."[30]

추사 역시 북극성은 항성恒星으로 그 자리가 거의 변하지 않는 별로 그곳에 태일이 거주한다고 보았다.『사기史記』[31]「천관서天官書」에서는 "중궁에 천극성(북극성)이 있는데 그중에 가장 밝은 것으로 태일太一이 항상 머무는 곳이다."[32]고 하였다.

고대인들은 북극성을 보면서 위치를 알았고, 길잡이로 삼아 변하지 않는 절대적 진리로 인식하여 인간 정신과 행위에 표준으로 '태일'과 '북극성'을 동일시했던 것이다.

한편『역위건착도』에는『열자』「천서」와 거의 같은 내용이 있는데 여기서는 태초太初라 하였다.

---

30 『阮堂全集』"太極北極也 天地所共之極 舍北極 別無所謂極也 爾雅曰 北極謂之北辰 易繫辭 易有太極 虞注曰 太極太一也 鄭注乾鑿度曰 太一者北辰之神名 鄭說 雖爲太一下行九宮之法 然太極卽太一 太一卽北辰 北辰卽北極 易繫辭曰 易有太極 是生兩儀 兩儀生四象 四象生八卦 然則八卦本乎四時 四時本於天地 天地本于太極 太極卽北極也.

31 『사기』는 중국 전한 시대 사마천(司馬遷)이 지은 역사책. 중국 상고시대의 황제(黃帝)로부터 사마천이 살았던 당시 한무제에 이르는 3천여 년을 기록한 통사(通史)이다.『사기』는 모두 130편, 다섯 분야로 구성되어 있는데, 제왕을 기록한 12본기, 제후를 기록한 30세가, 뛰어난 인물을 기록한 70열전 그리고 각종 제도를 기록한 8서, 연대기에 해당하는 10표가 있다. 본래『사기』는 '태사공서' 또는 '태사공기'라고 일컬어졌다. 이 '태사공기'의 약칭이 바로 '사기'다.

32 『史記』「天官書」"中宮天極星 其一明者 太一常居也"

옛날 성인이 음양으로 인해 소식(消息 ; 천운의 시운이 변화하고 순환하는 것)을 정하고, 건곤(乾坤)을 세워서 천지를 통솔했다. 무릇 형체가 있는 것은 형체가 없는 것에서 생겼는데 건곤은 어디에서 생겨났는가? 말하기를 태역(太易)이 있고, 태초(太初)가 있으며, 태시(太始)가 있고, 태소(太素)가 있다. 태역이라는 것은 아직 기(氣)가 드러나지 않은 것이고, 태초라는 것은 기의 시작이며, 태시라는 것은 형체의 시작이요, 태소라는 것은 바탕의 시작이다. 기와 형체와 바탕이 갖추어져 있으되 아직 분리되지 않으므로 혼돈이라 말한다. 혼돈이라는 것은 만물이 서로 뒤섞여 있어서 아직 서로 떨어지지 않은 상태를 말한다. 보아도 보이지 않고, 들어도 들리지 않고, 좇아도 잡히지 않기 때문에 역(易)이라고 한다.[33]

『역위건착도』와 『열자』 「천서」에서는 건곤乾坤을 천지로 보았다. 우주의 생성과정을 태역-태초-태시-태소의 네 단계로 구분하여 기의 무와 유의 변화를 통해 형과 질로 분류하여 설명하고 있다. 태초는 태극과 동일한 의미로 나타냈고, 아직 기가 나타나지 않은 기의 혼돈상태인 원기元氣를 태역으로 하여 『주역』의 '역유태극易有太極'의 '역'과 같은 의미로 나타내어 태초 앞에 태역을 둠으로써 『태극도설』의 무극이태극無極而太極의 이론적 근거가 되었다.

『회남자』에서는 태극을 어떻게 보고 있을까? 다음 내용을 살펴보자.

도는 일(一)에서 시작되고, 하나로는 살지 못한다. 그러므로 나뉘어 음과 양이 되고, 음양이 합하고 조화하여서 만물이 생겨난다. 그러므로 일이 이(二)를 낳고,

---

[33] 『易緯乾鑿度』 "昔者聖人 因陰陽定消息 立乾坤 以統天地也 夫有形生於無形 乾坤安從生 故曰 有太易 有太初 有太始 有太素也 太易者未見氣也 太初者氣之始也 太始者形之始也 太素者質之始也 氣形質具而未離 故曰渾淪 渾淪者 言萬物相渾成 以未相離 視之不見 聽之不聞 循之不得 故曰易也"

이가 삼(三)을 낳고 삼이 만물을 낳는다.[34]

이 내용을 얼핏 보면 노자『도덕경』42장의 내용과 같아 보이나, 실은 전혀 다르다.『도덕경』의 '도생일 일생이道生一 一生二, 도(道)는 일(一)을 낳고 일(一)은 이(二)를 낳'를『회남자』에서는 '도시어일 일이불생道始於一 一而不生. 도(道)는 일(一)에서 시작되고 일(一)은 생성하지 못한다.'라고 했다. 노자는 도道와 일一이 각각 하나의 명사로서 도道라는 하나의 실체가 일一이라는 하나의 실체를 생성하는 것으로 말했다. 그러나 회남자는 도와 일이 개별의 사물이 아니라 도의 시작점, 근원으로 일을 말하였다. 그래서 하나가 태극이며 태극이 음양으로 나누어져 서로 조화하고 만물을 생성한다는 것이다. 이는 노자의 '도생일道生一'을 주역적周易的 사고로 구체화한 것이다.

『춘추번로春秋繁露』에는 만물의 근원을 '원元'이라 하고, 이를 '태극'과 같은 뜻으로 표현했다.

일원(一元)이라는 것은 대시(大始)를 말한다. … 오직 성인만이 하나에서 만물을 귀속시켜 그것을 번성시킬 수 있는 근원이다. … 원(元)은 근원(原)과 같다. 그 의미는 천지의 마침과 시작을 따르기 때문이다. … 그러므로 원이란 만물의 근본되며 사람의 근원도 이에 존재한다. 언제 있었는가? 바로 천지가 생기기 전에 이미 존재했다.[35]

---

[34]『淮南子』「天文訓」"道始於一 一而不生 故分而爲陰陽 陰陽合和 而萬物生 故曰 一生二 二生三 三生萬物"
[35]『春秋繁露』「玉英」"謂一元者 大始也 … 惟聖人能屬萬物於一而繫之元也 … 元猶原也, 其義以隨天地終始也 … 故元者 爲萬物之本 而人之元在焉 安在乎 乃在乎天地之前"

동중서董仲舒는 만물과 사람이 저마다 시원이 있으며 원元이라고 했다. 이 원은 태극의 다른 표현이기도 하며, 근원, 근본의 원原으로도 보았다.

또 송대 장재張載(橫渠)는 우주의 본체와 도덕의 연원을 '태허太虛'로 표현하며 다음과 같이 말하였다.

> 태허는 형체가 없는 기의 본체이다. 기가 모이고 흩어지는 것은 변화한 일시적인 형태일 뿐이다.[36]

이 태허의 용어는 도가사상의 영향을 받은 것이나 그 의미는 다르다. 태허는 먼저 『장자』 외편外篇 「지북유知北遊」[37]에 나오는데 여기서 태허는 하늘·공간·허공의 뜻으로 보았고, 우주의 가장 큰 덩어리로 보았다. 장재는 태허를 이렇게 말하고 있다.

> 둘이 서지 않으면 하나를 볼 수가 없다. 하나를 볼 수가 없으면 둘의 작용이 그치게 된다.[38]

> 한 사물은 두 본체(本體)로 기(氣)이다. 하나이기에 신묘하며, 둘이기 때문에 조화를 이룬다.[39]

---

36 『正蒙』「太和篇」"太虛無形 氣之本體 其聚其散 變化之客形爾"
37 『莊子』「外篇 知北遊」"以無內待問窮 若是者 外不觀乎宇宙 內不觀乎太初 是以不過乎崑崙 不遊乎太虛, 진실함 없는 궁색한 물음에 답하는 이런 사람은 밖으로는 우주를 잘 관찰하지 못하고, 안으로는 태초의 이치를 알지 못하고, 그래서 곤륜산 같은 경지에 가보지 못하고, 태허의 막힘없는 세계를 노닐지 못하는 것이다."
38 『正蒙』「太和篇」"兩不立 則一不可見 一不可見 則兩之用息"
39 『正蒙』「參兩篇」"一物兩體氣也 一故神 兩故化"

태허에는 음양의 기가 있고, 둘이기 때문에 만물을 낳고 낳는다는 장재의 말은 『주역』「계사전」의 내용과 동일한 것으로, 곧 '태허'의 의미가 '태극'과 같음을 알 수 있다.

> 둘이 있으면 하나가 있으니 이것이 태극(太極)이다.[40]

장재는 그 '하나'를 태화太和, 태극이라 불렀다. 하나는 시간과 공간이 성립하는 시원始原이며, 태화는 하나의 조화작용으로 우주론적 생성을 뜻하는 태극과 의미가 같다. 문헌에 실린 우주 본체의 개념은 다음과 같다.

「중하기」, 「천관서」, 『역위건착도』 등	태일(太一), 북극성(北極星)
「예운」편	대일(大一)
『열자』와 『역위건착도』	태초(太初)
『춘추번로』	원(元), 원(原), 일(一)
『도덕경』과 『장자』	도(道), 무(無), 유(有) 등
『정몽(正蒙)』	태허(太虛), 태화(太和)

위와 같은 우주의 근원과 만물생성의 원리를 담은 태극의 개념은 전국시대와 진秦·한漢대를 거치며 송宋대 초까지 다양하게 불러왔다. 이는 『주역』「계사전」 '역유태극易有太極'의 구절을 바탕으로 우주론, 생성론적 관점과 본체론적 관점에서 태극을 뜻하는 다양한 용어인데, 이

---

40 『易說』 "有兩則有一 是太極也"

로써 태극을 우주 만물의 근원과 생성 원리를 담은 철학으로 인식하게 되었음을 알 수 있다.

3) 태극의 철학적 의미와 본질

태극의 본질을 송대 이전의 학자들은 혼돈미분의 기氣로 보았고, 북송대 주자朱子 때부터는 태극을 리理로 보는 시각이 지배적이었다.

태극의 철학적 의미와 본질에 관해 살펴보자. 먼저 후한 초 반고班古는 『한서漢書』[41] 「율력지律曆志」에서 태극의 본질이 원기元氣임을 말했다.

> 태극 원기(元氣)는 셋을 함유하여 하나 된다. 극(極)은 알맞음이요, 원(元)은 시작이다. 십이신(十二辰)으로 운행하되 비로소 자(子)에서 움직인다. … 이것은 음양이 덕(德)으로 합하여 기(氣)가 자(子)에서 거듭하여 만물을 화생시키는 것이다.[42]

> 태극은 중앙의 원기(元氣)이다. … 태극은 위에서 삼신(三辰, 일월성신)과 오성(五星, 금성·목성·수성·화성·토성)을 운행하고, 원기는 아래에서 삼통(三統, 천통·지통·인통)과 오행(五行)을 선회한다.[43]

---

41 『한서』는 후한 초기 반고가 저술한 것으로 후한시대부터 삼국시대에 걸쳐 응소(應邵)·복건(服虔)·여순(如淳)·맹강(孟康) 등 20여 명이 주석을 달았다. 당(618~907)나라 초기, 안사고(安師古)가 이 주석들을 집대성하고 자신의 주를 덧붙인 것이 현재의 『한서』이다.

42 『漢書』「律曆志」"太極元氣 函三爲一 極中也 元始也 行於十二辰 始動於子 … 此陰陽合德 氣鐘於子 化生萬物者也"

43 『漢書』「律曆志」"太極中央元氣 … 太極運三辰五星於上 元氣轉三統五行於下"

삼국시대 위魏의 맹강孟康도「율력지」를 인용하여 다음과 같이 말한 바 있다.

> 원기는 자(子)에서 비로소 일어나는데, 원기가 분화되기 전에는 천지인이 혼합되어 하나(一)로 되어 있다. 그러므로 자(子)의 수는 오로지 일(一)이다.[44]

「율력지」와 맹강은 모두 태극을 원기로 보았으며 태극의 원기가 자子에서 출발하여 십이신의 해亥까지 이르며 만물을 화생하는 원리를 수리로 설명하였다. 또 이것은 음양이 덕德으로 합하여 만물을 화생시킨다고 하였다.

한편 후한대 정현鄭玄[45]은 "태극太極은 순박하고 온화하여 나누어지지 않은 기氣"[46]라 하였으며, 우번虞翻[47]은 만물의 근원을 태일太一이라 하고, 구성하는 질료를 원기라 하였으며, 당唐대 공영달孔穎達[48]은『주역정의周易正義』에서 "태극은 천지가 나누어지기 전 원기가 섞여있으면서 하나인 것을 말한다. 곧 태초太初, 태일太一이다. 그러므로 노자가 도는 일一을 낳는다 한 것이 바로 태극이다."[49]라고 하였다.

공영달의 말 중에서 태극을 근원으로 보아 태초太初라고 한 것은『열자』와『역위건착도』에서 비롯된 것이고, 태일太一이라 한 것은『여씨춘

---

[44]『漢書』卷21上 "孟康曰 元氣始起於子 未分之時 天地人混合爲一 故子數獨一也"
[45] 정현(127~200)은 자 강성(康成), 동한 말 사람이다. 재야학자로 지나며 경학의 대성자로 경학과 훈고학의 시조로 존경을 받았다. 학문은 고문경학을 위주로 하면서 금문경설도 채용하여 일가를 이루었는데, 이를 일러 '정학'이라 부른다.
[46]『周易 注』"太極是淳和未分之氣"
[47] 우번(146~233)은 자 중상(仲翔)이며, 한말 삼국시대 사람이다. 맹희(孟喜)를 계승하고, 경방(京房) 역학을 종합하여 한역(漢易) 상수역학자(象數易學者)의 대표자로 후대에 많은 영향을 미쳤다.
[48] 공영달(574~648)은 당나라 학자이다. 문장·천문·수학에 능통하였다. 오경(五經) 해석의 통일을 시도하여「오경정의(五經正義)」170권을 편찬하였다.
[49]『周易正義』「易有太極條」"太極謂天地未分之前 元氣混而爲一 卽是太初太一也 故老子云 道生一 卽此太極是也"

추』「중하기」와 『사기』「천관서」, 우번 등에서 비롯된 것이다. 당대에는 천지에 앞서 만물의 근원을 태극이란 말로써 정의하며, 태극을 물질적 측면에서는 원기로 보았다.

도가에서도 태극을 기로 보았다. 도가사상의 장자는 이렇게 말하였다.

> 사람의 생(生)이란 기(氣)의 모임이고, 기가 모이면 삶이 되고, 흩어지면 죽음이 된다.[50]

송대 이전에는 태극을 기氣로 보았다. 『한서』「율력지」, 후한대 정현, 우번, 위魏의 맹강, 당대 안사고安師古 · 공영달, 송대 장재 등은 우주의 생성 본체인 태극을 기라 하였다. 송대에서 장재는 기철학氣哲學으로 잘 알려져 있다. 주렴계와 동시대의 장재는 태극의 본질을 기라고 하여 기일원론氣一原論, 기본체론氣本體論을 주장했다.

『주역』을 바탕으로 한 그의 기철학은 송대 이전까지의 기에 대한 개념을 가장 구체적이며, 명확하게 밝혔다. 그가 설명한 기의 특성을 살펴보자. 그는 『정몽正蒙』[51]에서 태허[태극]는 곧 기이고, 기는 형체가 없지만 만물의 근원이 됨을 말하였다.

> 태허는 곧 기다, 인온(絪縕, 천지간의 원기)의 본체다. 태허는 형체가 없는 기의 본체이다.[52]

---

50 『莊子』「知北遊」"人之生氣之聚 聚則爲生 散則爲死"
51 『正蒙』"熙寧九年秋 先生感異夢 忽以書屬門人 乃集所立言 謂之正蒙 出示門人曰 此書予歷年致思之所得 其言殆與前聖合" 『정몽』은 그의 행장에 따르면, "희령 9년 가을, 선생은 이상한 꿈을 꾸고 홀연히 제자에게 글을 써 보냈는데 그 후 그 글들을 모아 정몽이라 불렀다. 그것을 제자들에게 보여주며 '이 글은 내가 수년간 깊이 생각해서 얻은 결과인데 아마 옛 성인에 부합한 것 같다.'고 말했다."
52 『正蒙』"太虛卽氣 絪縕之本體","太虛無形 氣之本體"

장재는 태허를 '크게 비어 있음'이라는 문자적 의미나 형이상적 실체가 아닌 만물의 근원인 기로 보았다. 즉, 태허를 원초적인 상태이자 기의 본래 상태로 현재 이 순간에도 작용하고 있는 만물의 원질로 보았다. 나아가 우주의 본체와 인간의 도덕적 연원도 태허로 표현했다. 또 장재는 태허의 개념을 다음과 같이 말하였다.

> 태허는 형체가 없는 기의 본체이고, 기가 모이고 흩어지는 것은 변화의 일시적인 형태일 뿐이다. … 기가 태허에서 모이고 흩어지는 것은 마치 물에서 얼음이 얼었다가 녹는 것과 같다. 태허가 바로 기라는 것을 알면 무(無)는 없다.[53]

> 기가 모이면 이명(離明, 눈으로 보는 것)이 베풀어짐을 얻어서 형체가 있고, 기가 모이지 않으면 이명(離明)이 베풀어짐을 얻지 못해서 형체가 없다. 모름지기 그것이 모이는 것은 어찌 손님이라고 말할 수 없겠는가? 모름지기 그것이 흩어지는 것은 어찌 갑자기 무(無)라고 이르겠는가? 그러므로 성인은 우러러 살피고, 아래로 굽어 관찰하여 단지 어둠과 밝음의 까닭을 안다고 말했지만, 유(有)와 무(無)의 까닭을 안다고 하지 않았다.[54]

여기서 말하는 무형은 실재가 없는 것이 아니라 기의 취산聚散(모이고, 흩어지는 것)에 따라 달리 느껴질 뿐 그 실체에는 변함이 없는 것, 즉『태극도설』에서 말한 무극無極으로도 볼 수 있을 것이다.

또 그는 기를 통해 천명天命을 인간내면으로 연결하여 삶의 본질로

---

53 『正蒙』「太和篇」"太虛無形 氣之本體 其聚其散 變化之客形爾", "氣之聚散於太虛 猶冰凝釋於冰 知太虛卽氣則無無"

54 『正蒙』「太和篇」"氣聚則離明得施而有形 氣不聚則離明不得施而無形 方其聚也 安得不謂之客 方其散也 安得遽謂之無. 故聖人仰觀俯察 但云知幽明之故 不云知有無之故"

승화시켰다.

　허공(虛空)이 곧 기임을 알면 유와 무, 가려짐과 드러남, 신묘함과 조화로움, 본성과 천명이 둘이 아니라 하나로 통한다. … 천지의 기가 비록 모이고 흩어지며 공격하고 빼앗음이 백가지로 다르지만 그 이치는 순조롭고 망령됨이 없다.[55]

　그는 「신화편神化篇」에서 신神과 화化를 덕德과 도道로 하여 하늘의 체體와 용用으로 보았으며, 기에서는 하나라고 하여 우주의 본체이자 작용으로 보았다. 이처럼 장재는 한결같이 기일원론을 주장하였다.

　신(神)은 하늘의 덕(德)이고, 조화는 하늘의 도(道)이다. 덕은 그 본체이고 조화는 그 작용이다. 기(氣)에서는 하나일 뿐이다.[56]

　정호程顥(程明道)도 우주의 본체인 태극을 건원일기乾元一氣라 하며 음양의 두 기운이 작용하여 만물이 생성된다는 기일원론을 주장하였다. 그러면서 우주의 본성과 인간의 성性이 본래 동일하다고 했다.
　반면 그의 아우 정이程頤(程伊川)는 우주 만물의 생성 변화는 태극의 기에서 일어나지만 기가 변하는 것은 리理에 근거한 것이라며 기와는 별도로 리의 세계를 주장하여 기와 리를 구별함으로써 이기이원론理氣二元論의 단초를 열었다. 후에 주자朱子는 장재의 기와 정이의 리를 수용하여 자신의 독자적인 이기설의 체계를 세워 리와 기의 개념을 구분하였으나 장재의 태허를 기로 본 것과는 다르다.

---

55 『正蒙』「太和篇」"知虛空 卽氣則有無隱顯神化性命 通一無二 … 天地之氣 雖聚散攻取之塗 然其爲理也 順而不妄"
56 『正蒙』「神化篇」"神天德 化天道 德其體 化其用 一於氣而已"

'氣'의 금문

송대 이전에는 태극의 본질을 기라고 하였다. 존재의 모든 만물은 기로부터 나와 기로 돌아간다는 것이다. 이러한 기에 대한 생각들은 상고시대부터 있어 왔는데 은나라 갑골문에서는 구름이 세 가닥 하늘에 펼쳐있는 모습으로 '气'자와 비슷하여 금문에서 아래 획을 조금 구부려 나타냈다.
『설문해자說文解字』에서도 기气는 구름의 기운을 뜻하는 상형이라 했다.

　　기(气)는 구름의 기운을 뜻하는 상형이다. 무릇 기(气)부에 속하는 한자는 모두 기(气)의 의미를 따른다. 기(气)는 기(氣)의 옛 자(字)다.[57]

『설문해자주說文解字注』에서는 기气는 구름이나 김이 피어나는 모습으로 상형했으며, 기气는 기氣와 통하는 것으로 보았다. 기에 대한 초기의 사유, 즉 구름의 모습, 아지랑이, 수증기 등의 의미로 기를 인식했다.
『예기』「저의祭儀」편에서는 '기는 신神의 왕성함이다[氣也者 神之盛也].'라고 하였고, 후한 정현鄭玄의 주注에서는 기를 '숨이 들락거리는 것[氣謂噓吸出入者也]', '손님에게 드리는 음식물[氣, 饋客之芻米也]', '희자饎字를 만들어 늠기廩氣(곡식을 먹어 얻는 기운)'라는 뜻의 기氣 자로 삼았다.
즉, 기氣 자를 기운(왕성하다)과 호흡·숨의 생명 기운으로 보았고, '미米'를 추가해 인체 에너지의 뜻으로 확대했음을 알 수 있다. 기氣 자의 적용범위가 시대를 거치면서 점차 다양해지며 기气는 운기雲气라는

---
[57] 『說文解字』"气, 雲气也. 象形, 凡气之屬皆从气", "气氣古今字" 淸代段玉裁《說文解字注》雲也, 气氣古今字, 自以氣爲雲气字(기를 운기로 삼은 것부터이다.)

본래 뜻에서 모든 기운을 뜻하는 말이 되었고, 이로써 기氣를 만물의 원질, 만물생성 작용의 원인자로 인식하게 된 것이다.

다양하게 적용된 기氣 자의 용례를 살펴보자. 『장자』「지북유」편에서 "사람이 태어남은 기가 모인 것이다. 기가 모이면 태어나고, 기가 흩어지면 죽는다."[58]고 하여 기를 생명의 에너지로 보았고, 『순자荀子』「왕제王制」편에서는 "물과 불은 기가 있지만 생명이 없고, 풀과 나무는 생명이 있지만 지각이 없고, 새와 짐승은 지각이 있지만 도의가 없다. 인간은 기도 있고, 생명도 있고, 지각도 있고, 또한 도의道義도 있다. 그러므로 천하에 가장 귀한 존재다."[59]라고 하여 음양이기陰陽二氣는 만물만상萬物萬象에 존재하지만 생명과는 다른 뜻으로 해석했다.

또 맹자는 호연지기浩然之氣라 하였는데, 「공손추公孫丑」편에 '호연지기'에 대해 공손추가 묻고 맹자가 답하는 구절이 있다.

> 감히 묻습니다. 무엇을 호연지기라고 합니까?
> 말하기가 어렵다. 그것은 기(氣)이니 지극히 크고 지극히 굳세어 곧음으로써 기르고 해침이 없다면 하늘과 땅 사이에 꽉 찬다. 그 기운이 됨이 의(義)와 도(道)가 짝하니 이것이 없으면 굶주린다.[60]

맹자는 호연지기를 '크고 드넓은 지극한 기운'이라는 뜻으로 보았고, 이를 기르기 위해서는 올바른 길을 의롭게 가야함을 강조하였다. 이

---

58 『莊子』「知北遊」 "人之生 氣之聚也 聚則爲生 散則爲死"
59 『荀子』「王制」 "水火有氣而無生 草木有生而無知 禽獸有知而無義 人有氣有生有知亦且有義 故最爲天下貴也"
60 『孟子』「公孫丑」 "敢問何謂浩然之氣 曰難言也 其爲氣也至大至剛 以直養而無害 則塞于天地之間 其爲氣也配義與道 無是餒也"

처럼 기는 구름의 변화를 나타내는 초기적 모습에서 점차 만물의 기원과 현상과 작용을 이끄는 원질로써 인식하는 기본적인 사유가 되었다.

송대에 주렴계周濂溪의 『태극도설太極圖說』을 필두로 장횡거張橫渠의 '태허일기설太虛一氣說', 소강절邵康節의 '선천상수학先天象數學', 정명도程明道의 '건원일기설乾元一氣說', 정이천程伊川의 '이기설理氣說'등 자신들의 성리철학을 대변한 '북송北宋 오자五子'[61]는 형이상적 실재를 지칭하는 '태극太極'이란 용어를 기氣로 볼 것인지, 리理로 볼 것인지 논구했다. 이들의 논의는 통일은 되지 않았으나 그 실재가 구체적이고, 인간의 내면으로까지 연구 영역을 넓히면서 태극의 본질에 대한 담론의 전성기를 열었다는 점에서 그 의의를 찾을 수 있다.

소강절은 태극이 곧 도이며, 마음이라 하였다. 그리고 태극은 만물의 근원적 이치인 도로써 변함없는 으뜸이고, 근본이며 음양이 발현되어 생성과 조화를 낳는 신神이라고 했다.

> 도(道)는 태극(太極)이요, 마음이 태극이다.
> 태극은 일(一)이고, 움직이지 않으며 이(二)[음양]를 낳는데 이(二)는 바로 신(神)이다. 신은 수(數)를 낳고 수는 상(象)을 낳고 상은 기(器)를 낳는다. 기(器)는 변화하여 다시 신으로 돌아간다.[62]

---

[61] 북송北宋오자五子는 주돈이(周敦頤, 1017~1073), 소옹(邵雍, 1011~1077), 장재(張載, 1020~1077), 정호(程顥, 1032~1085), 정이(程頤, 1033~1107) 다섯 학자를 일컫는다.

[62] 『皇極經世』,「觀物外篇」,"道爲太極", "心爲太極", "太極一也 不動 生二 二則神也, 神生數 數生象 象生器 器之變 復歸於神也"

정이程頤의 이기설을 수용한 성리학의 집대성자 주자朱子는 리理[63]를 최고의 가치로 삼았다. 그는 우주의 본원을 태극으로 보고, 태극은 리라고 하였다.

> 태극은 단지 하나의 리(理)라는 글자다. 태극은 단지 천지만물의 리다.[64]

> 천지가 있기 전에 만물이 이미 있었고, 이 본체 가운데 작용이 있었다. 천지가 이미 자리 잡아 이 이치 역시 존재했다.[65]

> 역(易)에 일음일양(一陰一陽)을 일러 도라고 말한 것은 이것은 바로 리 속에 기를 겸해서 말한 것이다. 음양은 기요. 한 번 음하고, 한 번 양하면 리이다.[66]

주자는 앞서 정이천의 "일음일양 하는 까닭을 도라고 한다[是以一陰一陽之爲道].", "도는 리이고 음양은 기이다"라는 구절을 통해 자신의 음양이기론에 대한 철학적 입장을 확고히 하였다.

또한 주자는 「계사전繫辭傳」에서 "음양이 번갈아 운행하는 것이 기요, 그 이치를 즉 이른바 도다."[67]라고 하여 음양이 변화하는 것을 기로, 그 변화하게 하는 소이연所以然을 도라고 하였다. 주자는 "단지 이

---

63 청대 단옥재(段玉裁)는 『설문해자주』에서 리(理)에 대해 말하기를 "쪼개어 나눈다는 뜻이다. 옥은 극히 견고하지만 그 결을 가공하면 기물을 만드는 것이 어렵지 않다." 고대에는 리는 조리, 무늬의 뜻에서 철학적으로 '본래 마땅히 이와 같이 되어야 하는 것'의 의미다.
64 『朱子語類』券1 "太極只是一箇理字 太極只是天地萬物之理"
65 『朱子語類』券67 "天地未有 萬物已其 此是體中有用 天地旣位 此理亦存"
66 『朱子語類』券74 端蒙錄 "易說一陰一陽之謂道 這便兼理與氣而言 陰陽氣也 一陰一陽則是理矣"
67 『周易』「繫辭上傳」5章〈本義〉"陰陽迭運者 氣也 其理則所謂道"

기가 존재하면, 리가 바로 그 속에 존재한다."[68], "천하에 리 없는 기가 없고 또한 기 없는 리도 없다."[69]라고 하였는데, 이는 리와 기를 이물二物로 본 것이 아니라 하나로 본 것이다. 주자는 리와 기는 다르지만 서로 분리될 수 없고, 반드시 함께 존재한다고 하여 자신의 이기론을 정립하였다.

리(理)와 기(氣)는 본래 선후를 말할 수 없다.[70]

리(理)가 있으면 반드시 기(氣)가 있어 분리하여 말할 수 없다. 모든 것이 리(理)이고, 기(氣)이다. 어떤 것이 리가 아니고, 어떤 것이 기가 아니겠는가?[71]

태극은 형이상의 도(道)이고, 음양은 형이하의 기(器)이다. 그러므로 그 드러난 것을 보면 동정(動靜)이 동시에 이루어지지 않고 음양이 같은 위치에 있지 않지만 태극이 있지 않음이 없다.[72]

주자는 태극을 이렇게 표현했다.

대개 통일된 본체가 하나의 태극이다. 그러나 또 하나의 사물은 각기 하나의 태극을 갖추고 있다.[73]

---

68 『朱子語類』1卷 3條目 "但有此氣 則理便在其中"
69 『性理大全』卷26 "天下未有無理之氣亦未有無氣之理"
70 『朱子語類』1卷 2條目 "理與氣本無先後之可言"
71 『朱子語類』3卷 53條目 "有是理 必有是氣 不可分設 都是理 都是氣 那箇不是理 那箇不是氣"
72 『周濂溪集』卷1 「太極圖說解」 "太極形而上之道也 陰陽形而下之器也 是以自其著者觀之 則動靜不同時 陰陽不同位 而太極無不在焉"
73 『朱子語類』券94 "蓋統體是一太極 然又一物各具一太極"

> 사람마다 하나의 태극을 가지고 있으며 사물마다 하나의 태극을 가지고 있다.74

그는 전체로 보면 전체가 하나의 태극이요, 나누어 개별적 사물로 보면 사물마다 각각의 태극을 구비하였다고 했다. 모든 사물은 태극을 갖추고 있어 태극으로써 보면 똑같다. 태극이 곧 리라고 했으니 만물은 리로서도 하나이다. 만물의 영장인 사람이 소우주가 됨도 이러한 이치에 기인한다.

주자는 만유에 총체로서 태극이자, 각 사물마다 태극이 구비되어 있다고 본 것이다. 이를 두고 풍우란은 그의 저서『중국철학사中國哲學史』에서 "태극은 천지만물의 이치의 총체적인 화합"이라고 했다.

이기론을 정립한 주자의 학설은 후대 학자들로부터 태극의 이기론을 논함에 있어 근거해야 할 선행 연구 자료의 표준이 되었음은 물론이고, 교과서적 역할을 하였다. 이 시기의 유학儒學은 후대에 성리학性理學, 정주학程朱學, 주자학朱子學, 이학理學, 도학道學, 성학聖學, 송학宋學, 신유학新儒學 등으로 다양하게 불리었다.

남송대 주희朱熹(朱子, 號 晦庵)가 이들의 철학을 종합, 정리하며 '태극'이란 용어를 핵으로 삼아 자신의 성리철학을 집대성했기 때문에 주자학이라고도 불리며, 동양사상사에 절대적인 영향을 미쳤다. 이 시기의 유학을 20세기말 풍우란은 '신유학'이라 표현하였다.

---

74 『朱子語類』券94 "人人有一太極 物物有一太極"

송대 기철학은 장재張載, 소옹邵雍으로 대표되며 리철학은 정이程頤와 주자朱子로 대표된다.

장재	太虛無形 氣之本體(태허는 형체가 없는 氣의 본체이다.)
소옹	本一氣(근원은 하나의 기이다.)
정이	萬物皆只是一個天理(만물은 모두 다 단지 하나의 천리이다.)
주자	太極只是天地萬物之理(태극은 단지 천지 만물의 리이다.)

장재와 소옹은 만물의 근원을 기氣 위주로 보았고, 정이와 주자는 리理로 보았다. 주자는 정이천의 이기철학을 계승하여 리·기의 본질을 더욱 확연하게 구별시켜 존재론적 의미로 소이연所以然[그러하게 된 까닭]과 법칙론적 의미로의 소당연所當然[이치가 마땅히 그러함]이라는 양자로 규정하여 기의 내부에 항상 리가 존재하는 것으로 파악함으로써 독자적인 이기론의 사상적 체계를 정립하였다.

그는 기는 형질을 가지고 운동을 하지만 리는 형질도 없고 운동도 하지 않고, 그 실재는 기를 통하여 관념적으로만 파악되는 것으로 보았다. 이것을 윤리에 적용하여 기에서 희노애락喜怒哀樂의 정情이 성립되고, 또 리로 마음속에 내재화되어 선善한 성性이 된 것으로 보았다. 이 태극의 이기설, 즉 윤리적 입장에서 리에 중점을 두느냐 기에 중점을 두느냐에 대한 관점은 특히 조선 성리학자들에 의해 다양한 논점으로 발전하였다.

송대 성리학의 시조가 되는 주렴계는 만물의 근원인 태극이 음양을 낳고, 음양에서 오행五行을 낳고, 오행에서 남녀가 생기고 또 만물이 화생化生한다고 했다.

『주역』에서는 모든 만물이 태극에서부터 나왔기에 저마다 태극을 내포하며 천하 만물은 그 자체가 태극이며 도라고 하였다.

> 사물마다 모두 하나의 표준을 가지고 있는데 이것이 궁극적인 이치이다. … 천지만물의 이치를 총괄하는 것은 바로 태극이다.[75]

주자는 사물마다 본래 지닌 이치가 있는데 그 이치대로 되게끔 하는 것이 태극으로 보았으며 태극은 개별 사물과 전체로서의 궁극적 표준이며, 그 속성은 전체 총화로써 일뿐 아니라 개별마다 지닌 품성으로 정의 하였다.

이상 정리하여 태극을 시간적으로 보면, 처음 '태太', 마지막 '극極'이 되어 처음부터 마지막까지 태초로부터 궁극에 이르는 시간을 뜻한다. 또한 공간적으로는 클 '태太', 덩어리 '극極'이 되어 우주 전체의 공간을 뜻하여 문자의 의미로서도 태극은 우주만물 모든 사물의 근원이요, 끝과 시작임을 알 수 있다.

앞서 태극太極의 개념에서 보았듯이 태극은 태초太初 · 태일太一 · 대일大一 · 원元 · 원기元氣 · 일一 · 무無 · 태허太虛 · 태화太和 · 북극성北極星 등으로 불리며 우주의 태초, 시작, 시원, 원초 등 생성의 의미와 근본, 근원, 표준, 준칙, 기본, 본체 등 모든 것의 중심이요, 큼이요, 높음이요, 으뜸을 의미하는 본질의 의미와 더불어 만물을 주재 관장하

---

[75] 『朱子語類』卷94 "事事物物皆有個極 是道極至 … 總 天地萬物之理 便是太極"

고 다스리는 상제上帝를 뜻하며 천지만물의 생성과 근원을 총칭한 궁극적 이치이다.

태극은 그것을 리理로 보든 기氣로 보든 관계없이 우주만물의 근본이며, 인간 가치의 최고 근원이다. 우주의 근원 태극[理]이 인간에게 그대로 발현되는 것을 '성性'이라 했다. 태극기 속에 내재된 태극은 창조주이신 하느님의 표상이요, 만물의 근원이며 참된 이치 즉, 진리 그 자체이다.

2. 음양론

1) 음양의 기원

태극기의 태극은 음과 양, 이기二氣를 담고 있지만 음양기陰陽旗라고 하지 않는다. 이는 음과 양, 그 자체의 의미보다 음과 양이 어우러져 순환하도록 하는 근원이 태극이기 때문이다.

음양은 우주현상을 설명하는 데 가장 기본이 되는 핵심 개념이다. 『주역』에서 "음양은 일월日月과 짝을 한다."[76]고 했는데, 여기서 일日은 양陽이요, 월月은 음陰이다. 그래서 '역易'자를 일日과 월月의 회의문자會意文字라 본다. 일월, 즉 밤과 낮이 변하는 모습에서 인간이 음양의 철학적 인식을 갖게 된 것이다. 우주만물은 음양으로 구성되었으며, 음양 두 기의 작용을 통해 생성·변화하며, 음양의 이치 속에 살아간다.

고대인들은 음과 양을 춥고, 더움을 나타내는 기후 변화에 대한 의미로 사용했고, 문헌에 등장할 때에도 자연현상에 대한 의미로 나타내었다. 음과 양이 처음 나타난 갑골문甲骨文에서도 음陰은 언덕 '부阜'와 구름 '운雲'으로 이루어진 글자이며, 양陽은 언덕에서 해가 비치는 모습, 또는 햇빛 속에 휘날리는 깃발을 나타내는 글자이다. 음양은 각각 언덕을 매개로 해가 비치지 않는 음달, 해가 비치는 양달로 음은 춥고, 양은 따뜻한 기로 보았다.

『설문해자』에서 음과 양의 자의字義를 살펴보자. 음의 고자古字는 '음霒'으로 이는 구름이 해를 가려 빛을 발하지 못한 상태를 뜻한다. '음霒'은 '운雲'과 '금今'의 조합으로 '운雲'에서 뜻을 취하고, '금今'에서 소리를 취했다. '음霒'은 '음侌'으로 간소화되었으며 후에 '부阜'가 붙어 '음陰'이 되었다.

---

[76] 『周易』「繫辭上傳」"陰陽之義 配日月"

『설문해자』 단옥재段玉裁 주注에 산 북쪽이 '음陰'이라 '부阜'를 붙였다고 했다.[77] 『설문해자』에서 '음陰'은 어둡다는 뜻으로 강의 남쪽, 산의 북쪽으로 가리키며 산언덕의 북쪽은 응달로 어두워 '음陰'이라 했고, '양陽'은 높고 밝다는 뜻으로 산의 남쪽을 가리키며 산언덕의 양지쪽에 햇빛이 많아 밝으므로 '양陽'이라 하였다고 설명했다. '양陽'은 볕 양昜으로 열다는 의미이며 '日 + 一 + 勿'의 합성으로 태양에서 파생되었다.[78]

구로다 겐지黑田源次(1886-1957, 일본인 고고학자, 저서로는 '氣의 硏究'가 있다.)는 '양昜'을 '단旦'과 '물勿'이 결합된 글자로 '단旦'은 태양이 떠오르는 모양을 상징한다고 했으며, 서복관徐復觀[79]은 '양昜'의 '물勿'을 태양이 처음 떠오를 때 빛이 아래로 내려쬐는 형상의 상징으로 보았다.

'음솔'과 '양昜'은 후에 응달과 양달의 매개 기준으로 언덕의 뜻 'ß'를 더해 '음陰'과 '양陽'이 되었다. 갑골문이나 『설문해자』에서도 '음陰'과 '양陽'의 의미는 기후의 변화를 나타내었음을 알 수 있다.

'음'과 '양'이 문헌에 처음 나타난 것은 『시경詩經』[80]이다. 『시경』에서도 음과 양은 자연현상의 의미를 나타내었다.

봄에 햇빛이 따뜻해져 꾀꼬리가 울거든 아가씨 아름다운 광주리를 잡고

---

77 『說文解字』 [阜部] "陰 闇也 水之南 山之北也 從侌聲"

78 『說文解字』 [勿部] "開也 從日一勿一日飛揚一日長也 一日彊者"

79 徐復觀(1903-1982) 字는 佛觀이며, 원명은 秉常이다. 1950년대 이후 대만과 홍콩에서 여러 분야에서 깊이 있는 학문적 업적을 쌓았으며, 특히 고증 작업을 통한 객관적 학문자세는 특징이라고 할 수 있다.
한국에 번역된 저서로 『中國藝術精神』과 『中國人性論史』가 있다. 서복관은 勞思光의 『中國哲學史』(明淸篇)에서 중국철학 이해에 영향을 주었다.

80 가장 오래된 시가 모음집인 『시경』은 3,000여 년 전 서주(西周)시대부터 춘추시대까지 전해 내려온 3,000여 편의 민요와 시들 중에서 공자(孔子)가 300여 편을 골라, 내용에 따라 민요를 모은 풍(風, 160편)과 조정의 음악에 맞추어 부르던 노래인 아(雅, 105편), 종묘의 제사 음악에 맞추어 부르던 노래 송(頌, 40편)의 세 부분으로 분류하고, 형식에 따라 흥(興)·부(賦)·비(比)로 나눈 육의(六儀)로 편집한 책이다. 『시경』의 원명은 『시(詩)』 또는 『삼백편(三百篇)』이었다. 이 책에 『경(經)』자가 붙은 것은 남송 초기 요강(廖剛)의 『시경강의(詩經講義)』에서부터다. 그 후 주자가 『시경』이라 하였고, 명대 이후 『시(詩)』, 『서(書)』, 『역(易)』 등의 경서에 『經』자가 붙어 『시경』은 『역경』, 『서경』과 더불어 『삼경(三經)』이 되었다.

하늘에 기르러 음우가 내리지 않아 저 뽕나무뿌리를 주워서

— 「빈풍(豳風)」

훈훈한 봄바람 펴져 날씨가 흐려지고 비가 내리니

— 「패풍(邶風)」

무성하고 무성한 옻 싹을 음우가 살찌워주는구나

— 「조풍(曹風)」

흠뻑 맺힌 이슬이여 햇빛이 아니면 말리지 못하니
돌아감이여, 돌아감이여, 해가 또한 양월이 되리로다

— 「소아(小雅)」

은은히 울리는 우레는 남산(南山)의 남쪽에 있고

— 「소남(召南)」

창대한 그대가 노산의 남(南)쪽에서 나와 만났구나

— 「재풍(齋風)」

씀바귀를 캐고, 카기를 수산(首山)의 남(南)쪽 산꼭대기에서

— 「당풍(唐風)」

군자가 양양하여 왼손에는 황을 잡고

— 「왕풍(王風)」

음달과 양달을 두루 살펴 헤아리고 흐르는 샘물 자세히 살핀다.[81]

— 「대아(大雅)」

『시경』에서는 음과 양을 개별로 나타났으며 일기日氣에 관한 의미로 사용하였다. 다만 「대아」편에서는 한 문장에 음과 양이 함께 나오나 역

---

[81] 『詩經』「豳風」春日載陽 有「鳴倉庚 女執懿筐」「迨天之未陰雨 徹彼桑二」「邶風」「習習谷風 以陰以雨」「曹風」「芃芃黍苗 陰雨膏之」「小雅」湛湛露斯 匪陽不晞」「日歸日歸 歲亦陽止」「召南」殷其靁 在南山之陽」「齋風」「子之昌兮 遭我乎狃之陽兮」「唐風」「采苓采苓 首陽之巔」「王風」「君子陽陽 左執簧」「大雅」「相其陰陽 觀其流泉」

시 추움과 따뜻함의 날씨 변화를 나타냈다. 『시경』에서 음과 양은 자연 현상인 날씨와 방위와 모양 등의 의미를 보인다. 음은 비·그늘·어두움·북쪽을 의미했고, 양은 산이나 강의 남쪽·햇빛·따뜻함·빛남·득의得意(뜻을 얻음)한 모양 등을 의미했다.

춘추시대 초 소공昭公 원년(B.C.541년)에 음양에 관한 기록이 있다.

> 하늘에 여섯 가지 기(氣)가 있어 땅으로 내려와 오미(五味)를 낳고, 발휘되어 오색(五色)이 되고 불러서 오성(五聲)이 된다. 어긋나 여섯 가지 병을 낳는다. 육기(六氣)는 음(陰)·양(陽)·풍(風)·우(雨)·회(晦)·명(明)을 말한다. 나뉘어 사시(四時)가 되고 질서가 정해져 오절(五節)이 된다. 지나치면 이렇게 된다. 음(陰)이 어긋나 추운 병이 되고 양(陽)이 어긋나 더운 병이 되고 풍(風)이 어긋나 말질(末疾)이 되며 우(雨)가 어긋나 복부의 병이 되고 회(晦)가 어긋나 감질(感疾)이 되고 명(明)이 어긋나면 심장병이 된다.[82]

여기에서는 음陰·양陽·풍風·우雨·회晦·명明을 하늘의 육기六氣로 인식하며, 음은 춥고 양은 따뜻한 기운으로 나타내어 우雨·회晦·풍風은 음陰의 의미로, 명明은 양陽의 의미로 사용하였다. 한편 『국어國語』에 이런 말이 나온다.

> 유왕 3년에 서주(西周) 세 곳의 강에서 지진이 났다. 백양부(伯陽父)가 말하기를 주(周)는 장차 망할 것이다. 대저 천지의 기운이 그 차례를 잃지 않는데, 만약 그 차례를 잃으면 백성들은 어지러워진다. 양(陽)이 잠복하여 나올 수가 없고, 음(陰)이

---

[82] 『春秋左氏傳』「昭公 元年條」"天有六氣 降生五味 發爲五色 徵爲五聲 淫生六疾 六氣日陰陽風雨晦明也 分爲四時 序爲五節 過則爲 陰淫寒疾 陽淫熱疾 風淫末疾 雨淫腹疾 晦淫感疾 明淫心疾."

숨어 올라가지 못해 이에 지진이 있게 된다.[83]

주나라 태사太史 백양부伯陽父는 양기陽氣가 나오지 못하며 음기陰氣가 증발하지 못해 백성이 혼란하고 지진이 발생한다고 하여 음양의 부조화가 인간과 만물에 재앙을 미치는 것으로 이해했다. 이때의 음과 양은 상반된 대립적 상호작용의 현상으로 그 범위가 확대되는 초기 철학적 모습을 나타낸다.『춘추좌씨전』과『국어』가 좌구명左丘明[84]의 저작임을 감안한다면, 그가 살았던 시기보다 후대에 첨삭되어 음양에 대한 기록에 차이가 나는 것으로 추측할 수 있다.

2) 음양의 개념

음양이 우주론의 철학적 의미로 먼저 사용된 것은 노장사상老莊思想에서이다.『노자』에서 "만물은 음을 떠맡고 양을 감싼 따뜻하고 부드러운 기운으로서 조화를 이룬다."[85]고 하여 음양을 만물을 구성하는 기본요소로 보았고,『장자』「외편外篇 추수秋水」에서는 "저절로 천지에서 형체를 본받았고, 음양에서 기를 받았기 때문이다."[86]라고 하여 만물을 음양의 기로 보았으며,「외편 재유在宥」에서 "사람이 크게 기뻐하니

---

83 『國語』"幽王三年 西周三川皆震 伯陽父曰 周將亡矣 夫天地之氣 不失其序 若過其序 民之亂也 陽伏而不能出 陰迫而不能蒸 於是有地震"
84 좌구명(?B.C.502~ B.C.422)은 춘추시대 말 학자, 정치가로 노나라 사관을 지냈고,『국어(國語)』와『춘추좌씨전(春秋左氏傳)』을 지었다고 한다.『국어』는『춘추좌씨전』에 빠진 주(周)·노(魯)·제(齊)·진(晉)·정(鄭)·초(楚)·오(吳)·월(越) 등 8국의 역사를 기록한 책이다. 공자와 사마천은 좌구명을 군자로 칭송했다. 그의 저서『춘추좌씨전』은 좌구명이 지었다 하나 분명하지 않고 전한 때 제작된 것으로 보는 견해가 있다.
85 『老子』第43章"萬物 負陰而包陽 沖氣以爲和"
86 『莊子』「外篇 秋水」"自以比形於天地而受氣於陰陽"

양에 떨어지고, 사람이 크게 노하니 음에 떨러진다. 음양이 나란히 떨어져 사시四時가 미치지 않고, 춥고 더움이 조화가 이루어지지 않아 그것은 도리어 사람을 상하게 하는 형태인가!"[87]고 하여 만물을 움직이는 음양의 기운이 '음양병비陰陽竝毗'로 지나치게 치우쳐 조화가 깨어지면 자연과 인간이 함께 재앙이 된다고 하였다. 노장사상에서 음양의 균형과 조화를 강조함으로써 음양은 비로소 철학적인 모습을 갖추게 된다.

음양은 자연현상인 태양과 구름, 언덕 등으로 시작하여 『노자』, 『장자』, 『역전』을 거치면서 우주론적 의미로 심화되었다.

한편 『관자管子』 「승마乘馬」편과 「사시四時」편에 각각 이런 말이 나온다.

> 봄, 가을, 겨울, 여름은 음과 양이 차차 옮기고 변하는 것이다. 계절의 짧고 긴 것은 음양이 행해지는 작용이며, 낮과 밤이 바뀌는 것은 음양의 조화이다. 그래서 음양이 바른 것이다.[88]

> 음양이라는 것은 천지의 큰 이치이다. 사시(四時)라는 것은 음양의 큰 법칙이다. 형덕(形德)이란 사시와 합해지는 것이니, 형덕이 사시에 합하면 복을 낳고, 어기면 재앙을 낳는다.[89]

『관자』에서는 이렇게 음양을 만물의 생성과 이치의 근원으로 보았고, 음양이 순환하여 사시를 움직이고, 사시의 순리에 순응하는 것

---

[87] 『莊子』「外篇 在宥」"人大喜邪? 毗於陽. 大怒邪? 毗於陰. 陰陽竝毗, 四時不至, 寒暑之和不成, 其反傷人之形乎!"
[88] 『管子』「乘馬」"春秋冬夏 陰陽之推移也 時之短長 陰陽之利用也 日夜之易 陰陽之化也 然則陰陽正矣"
[89] 『管子』「四時」"是故陰陽者 天地之大理也 四時者 陰陽之大經也 刑德者 四時之合也 刑德合于則生福 詭則生禍"

이 인도人道임을 말하였다. 이로써 음양이 유학적인 모습으로 나타나기 시작했다.

관중管仲은 음양오행 이치로써 백성을 교화했고, 경세제민經世濟民과 부국강병富國强兵으로 제齊나라를 반석에 올렸다. 이를 두고 공자는 『논어』에서 "관중이 아니었다면 나는 아마 머리를 풀고 옷깃을 왼쪽으로 여몄을 것이다."[90]라고 하며 약 200년 앞서 살다간 그를 높이 평가하였다.

『관자』[91]에는 음양의 개념이 여러 곳에 정의되어 있다. 그런데 『관자』보다 『논어』에서 음양의 개념이 뚜렷하지 않고, 『관자』의 머리말을 전한시대 유안劉安(淮南王)이 적은 것을 보면 『관자』는 관중이 살았던 시대보다 훨씬 후대에 편집된 것으로 보인다.

공자는 『예기』「교특생郊特牲」에서 음양을 예禮와 악樂으로 연결하여 인간 심성의 교양적 개념으로 한층 승화시켰다.

> 음악(音樂)은 양(陽)에서 오는 것이요, 예(禮)는 음(陰)에서 생기는 것이다. 음양이 조화하고 만물이 마땅한 바를 얻는다.[92]

순자荀子는 예와 악에 대해 음양으로는 '이체二體'이나 예악으로서는 '동체同體'가 된다고 하여 음양 대대성의 조화 원리를 말하고 있다.

---

90 『論語』「憲問」"微管仲 吾其被髮左衽矣"
91 『관자』는 춘추시대 제나라 명재상이었던 관중(管仲, ?~B.C.645) 곧 관자(管子)가 지은 것으로 되어 있으나, 전국시대에서 한대에 걸쳐 완성된 것으로 보인다. 법가적 요소가 주를 이루고, 유가적, 도가적 사상이 섞여 『한서(漢書)』에서는 도가편으로, 『수서(隋書)』에서는 법가편으로 분류하였다. 정치의 삼요체(三要諦)를 백성을 부유하게 하고, 이치로써 교화하며, 신명(神明)을 공경하는 것으로 정의하며 그중 백성을 윤택하게 하는 일이 으뜸이라고 하였다.
92 『禮記』「郊特牲」"樂由陽來者也 禮由陰作者也 陰陽和而萬物得"

악(樂)은 안으로부터 나오고, 예(禮)는 밖으로부터 생겨난다. 음악은 안으로부터 나오는 까닭에 조용하고 예는 밖으로부터 일어나는 까닭에 문식이 있다. 큰 음악은 반드시 쉽고, 큰 예는 반드시 간략하다. 음악이 지극하면 원망이 없고, 예가 지극하면 다툼이 없다. 서로 양보하며 천하를 다스리는 것은 예악(禮樂)을 두고 한 말이다.[93]

또, 「교특생」에서는 음양과 하늘의 법, 땅의 재물을 대비하여 음양을 덕성으로 말하였는데, 이로써 음양이 하늘과 땅, 인간 근원의 본질로 심화되었음을 볼 수 있다.

땅은 만물을 싣고, 하늘은 상을 드리운다. 재물을 땅에서 취하고, 법은 하늘에서 취한다. 그런 때문에 하늘을 존경하고, 땅을 친하는 것이다. … 만물은 하늘을 근본으로 하고, 사람은 조상을 근본으로 한다. 이것은 상제께 배향하는 까닭이다. 성 밖에서 제사란 크게 근본에 보답하고 시작한 곳으로 돌아가는 것이다. … 혼기(魂氣)는 하늘로 돌아가고 형백(形魄)은 땅으로 돌아간다. 그러므로 제사는 음양의 이치에다가 그것을 구한다.[94]

『예기』에서 만물은 하늘을 근본으로 하고, 사람은 조상을 근본으로 하며 혼기魂氣는 하늘로 돌아가고 형백形魄은 땅으로 돌아감으로 제사는 음양의 이치에다 구한다고 하였는데 음양의 외연이 확대되었음을

---

93 『禮記』「樂記」"樂由中出 禮自外作 樂由中出故靜 禮自外作故文 大樂必易 大禮必簡 樂至則無怨 禮至則不爭 揖讓而治天下者 禮樂之謂也"
『禮記』 가운데 많은 부분이 『荀子』와 중복되어 나옴으로 『禮記』를 荀子가 짓거나 추가했을 것으로 추정하기도 한다.
94 『禮記』「郊特牲」"地載萬物 天是以尊天而親地也 … 萬物本於天 人本乎祖 此所以配上帝也 郊之祭也 大報本反始也 … 魂氣歸於天 形魄歸於地 故祭 求諸陰陽之義也"

알 수 있다.

공자의 유가사상을 이어받은 동중서董仲舒도 『춘추번로春秋繁露』에서 천天에서 인간으로 연결한 천인합일天人合一의 매개체로 음양의 개념을 설명했다.

> 하늘에 음양이 있고, 사람 역시 음양이 있다. 천지에 음의 기운이 일어나서 사람도 상응하여 음기가 일어나고 반대로 사람에 음의 기운이 일어나서 천지의 음기운도 역시 마땅히 그것에 상응하여 일어나니 이것은 도(道)가 하나인 것이다.[95]

또한, 음양의 범위는 인체의 병을 다스리는 의학과도 연관 시켜 해석된다. 『황제내경黃帝內經』[96] 「소문素問」 '음양응상대론陰陽應象大論'에서는 천지, 만물, 변화, 삶과 죽음, 신명의 근원적 개념과 함께 병을 다스리는 데도 음양의 조화를 강조하며 모든 사물에 적용되는 근간이며 만물구성 원질原質의 핵심개념으로 음양 이원기二元氣를 설명하였다.

> 음양은 천지의 도이고, 만물의 벼리이며 변화의 부모이고, 죽고 사는 것의 근원과 시작이며 신명(神明)이 머무는 곳이다. 병을 고치는 것은 반드시 근본[음양]에 있다.[97]

---

95 『春秋繁露』「同類相同」,"天有陰陽 人亦有陰陽 天地之陰氣起 而人之陰氣應之而起 人之陰氣起 而天地之陰氣亦宜應之而起 其道一也"

96 『黃帝內經』은 의학에 관한 가장 오래된 책으로 『內經(內經)』이라고도 한다. 소문(素問) 9권과 영추(靈樞) 9권으로 구분된다. 상황 중 한 부분인 황제(黃帝)와 기백(岐伯)의 의술에 관한 묻고 대답하는 기록이라 하나 『황제내경소문(黃帝內經素問)』은 전국시대부터 후한에 이르러 여러 사람들에 의해 정리된 것이라 보는 것이 정설이다. 소문은 천인합일설·음양오행설 등에 입각한 이론을 주로 하고, 영추는 침구와 방역 등을 주로 상술하여 한의학의 기초를 다졌다.

97 『黃帝內經』「素問」〈陰陽應象大論〉"陰陽者 天地之道也 萬物之綱紀 變化之父母 生殺之本始 神明之府也 治病必之本"

앞서 살펴본 바와 같이 음양의 의미는 시대 흐름에 따라 다양하게 해석되어 왔는데 이러한 음양론의 철학적 면모는 「역전」의 토대에서 전개되었다. 『역전』은 공자가 붙인 것으로 알려진 '십익十翼'을 지칭하며, 일반적으로 『주역周易』[98]이라고 한다. 공자의 글은 모두 경經이 되었는데 『역전』만은 경이라 하지 않았다. 그것은 앞선 성인들의 경에 십익十翼을 보태어 저작되었다는 겸양의 뜻이 담겨있다.

『역전』인 십익을 공자가 지었다는 데에는 사마천의 『사기』와 반고의 『한서』에서부터 시작되어 오랫동안 의심의 여지가 없었다.

『사기』 「공자세가孔子世家」에 "공자는 만년에 역을 좋아하여 서괘전, 단전, 계사전, 상전, 설괘전, 문언전을 서술하였고, 역을 읽으며 가죽 끈이 세 번이나 끊어졌다. 말하기를 나에게 수년을 빌려 더하면, 내가 역에서는 빛나게 될 것이다."[99]라는 말이 나오며, 『사기』 「공자가어孔子家語」에 공자는 만년에 역경易經을 좋아하여 가죽으로 맨 책 끈이 세 번 끊어질 정도로 읽었다.[100]

또, 『한서』 「예문지藝文志」에서 반고班固는 "공씨孔氏는 단, 상 계사, 문언, 서괘 등 10편을 만들었다."[101]고 하였고, 같은 책 「유림전儒林傳」에서는 "공자는 만년에 역易을 좋아해서 가죽으로 맨 끈이 세 번 끊어질 정도로 읽고, 전傳을 만들었다"[102]고 하였다. 또, 「예문지」에서는 "역은

---

[98] 『주역』에는 경문(經文)과 전문(傳文)이 있다. 경문을 『역경(易經)』, 전문을 『역전(易傳)』으로 구별하나 통칭 『주역』으로 부른다. 경문은 괘사(卦辭)와 효사(爻辭)를 말하며, 경문에 대한 해설서가 전문이다. 경문은 복희, 문왕·주공에 이르러 완성되었으며, 전문은 공자가 지은 것으로 알려져 있다. 『역전』은 경문 해설에 열 개의 날개를 달았는데, 그래서 십익(十翼)이라 한다. 십익은 「단전(彖傳) 상·하」, 「상전(象傳) 상·하」, 「문언전(文言傳)」, 「계사전(繫辭傳) 상·하」, 「서괘전(序卦傳)」, 「설괘전(說卦傳)」, 「잡괘전(雜卦傳)」이다.

[99] 『史記』 권47, 「孔子世家」 제17(中華書局, 1964), 1937쪽 "孔子 晚而喜易 序彖繫象說卦文言 讀易 韋編三絶 曰 假我數年 若是 我於易則彬彬矣"

[100] 『史記』 「孔子家語」 孔子晚而喜易 ── 讀易韋編三絶"

[101] 『漢書』 「藝文志」 孔氏爲之象 象, 繫辭 文言 序卦之屬十編"

[102] 『漢書』 「儒林傳」 孔子晚而好易 讀之韋編三絶 而爲之傳"

삼대三代에 걸친 세 성인聖人을 거쳐 완성된 것으로서 매우 깊은 뜻이 담겨져 있다"[103]고 했다.

여기서 세 성인이란 복희씨伏羲氏, 주문왕周文王[周公], 공자를 일컫는다. 상고上古시대 복희씨가 처음 괘卦를 창시하였고, 중고中古시대 주문왕이 괘사卦辭를, 그 아들 단旦이 효사爻辭를 만들었고, 하고下古시대 공자가 십익十翼을 편찬했다는 것이다.

『역전』이 공자孔子만의 저작이 아니라는 견해가 공자 사후 1,500년이 지난 송대 구양수歐陽修[104]에 의해 제기되었으나 주목을 받지 못하다가 현대에 와서 여러 학자들이 주장함으로써 설득력을 얻고 있다.[105]

공자는 만년에 역을 좋아하여 단전, 계사전, 상전, 설괘전, 문언전을 서술하였고, 가죽으로 맨 끈이 세 번 끊어질 정도로 역을 읽었다.[106]

위 구절에서도 저작에 논란이 있어왔다.[107] 하지만 음양론은 「역전」

---

103 『漢書』「藝文志」"易道深矣 人更三聖 世歷三古"
104 歐陽修(1007~1072), 『歐陽修全集』권61 『居士外集』"亦非一人之言也, 역시 한 사람의 말이 아니다."
105 『역전(易傳)』에 대해 노사광은 『중국철학사』「한당편(漢唐編)」에서 공자와 성립 시기에 관해 네 가지로 기술하고 있다. "첫째 금본(今本) 『역전』 10편이 모두 공자가 지은 것이라고 보는 견해이다. 동한의 반고, 정현, 당대 육덕명, 안사고, 공영달, 근래의 고실, 상병화 등이다. 둘째, 『역전』 중 단전과 상전만 공자가 지었고, 나머지는 제자나 후학들이 지었다는 견해다. 송의 구양수, 근래의 장심장 등이다. 셋째, 『역전』이 결코 孔子의 저작이 아니며 전국 중기나 말기 혹은 서한 때로 보는 견해이다. 송의 조여담, 청의 최술, 료평, 강유위, 근래의 고힐강, 이경지, 곽말약 등이 있다. 넷째 기본적으로 공자의 저작이지만 뒷사람이 함부로 끼워 넣고, 탈문(脫文)이나 착간(錯簡)도 있다고 보는 견해로 그는 이 관점을 지지한다고 했다. 『역전』은 『역경』이 나오고 700년 후 공자가 괘효사(卦爻辭)의 설명을 담은 십익(十翼)을 찬술한 것으로 전하진다. 그러나 『역전』의 성립연대가 각 전마다 다르다는 것이 오늘날 일반적인 견해다. 학자들마다 그 편집 시기에 대해 이견이 있고, 특히 노사광은 『역전』의 내용이 전국시대에서 진한시대에 이르러 여러 학설을 모아 집집하여 이루어진 것이라 했다. 『역전』의 내용으로 보아 전국시대에 성립되었다는 인식이 많다. 또한 1973년에 발굴된 마왕퇴 출토 『백서주역(帛書周易)』에는 지금의 『주역』과 64괘의 배열과 괘명이 다르게 나타나는 것도 있어 노사광의 말에 설득력을 더한다.
106 『史記』「孔子世家」"孔子 晚而喜易 序彖繫象說卦文言 讀易韋編三絶"
107 孔子 晚而喜易 序彖繫象說卦文言; '序'자를 동사로 보느냐 명사로 보느냐에 따라 내용이 달라진다. 序를 동사로 볼 때 공자는 만년에 역을 좋아하여, 「단(彖)」, 「계사(繫辭)」, 「상(象)」, 「설괘(說卦)」, 「문언(文言)」의 차례를 매긴 것이므로 저작이 되고, 명사로 볼 때는 「서괘」, 「단」, 「계사」, 「상」, 「설괘」, 「문언전(傳)」을 좋아했다는 뜻이 된다.

에 의해 더욱 구체화되고, 체계적인 철학적 개념으로 자리를 잡게 되었다. 역易의 기본적인 두 부호인 음효陰爻[--]와 양효陽爻[—]는 『역전易傳』을 통해 철학적인 핵심개념으로 발전하였다. 음양의 상호작용에 의해 우주만물이 생성·변화하고, 또 모든 사물은 음양으로 상대相對, 대립對立, 보완補完, 대대待對의 관계로 구성되어 있다.

음과 양을 상대로 보면 다음과 같다.

천지 자연	음양·일월·천지·동정(動靜)·건곤(乾坤)·수화(水火)·주야·명암·상하·좌우·전후·한서(寒暑)·대소·시종(終始)·장단·내외·고저·기우(奇偶)·동서·남북·생성·원방(圓方) 등
인사(人事)	남녀·노소·신귀(神鬼)·부모·군신·강유(剛柔)·인의(仁義)·선악·생사·길흉·화복·진위·허실·영욕·공과·혈기(血氣)·부부·귀천·존비·진퇴 등

이처럼 음양에는 상반된 대립적 에너지가 상호 관계성 속에 공존한다. 「계사전」에 "한 번 음하고 한 번 양하는 것을 도道라고 한다."[108] 즉 '일음일양지위도一陰一陽之謂道'는 음과 양의 두 기가 상반상성相反相成의 상호작용을 통해 우주 삼라만상이 생성·변화하는 자연의 질서를 나타내고 있다.

전국시대 말 음양가로 대표되는 추연鄒衍(B.C.305?~B.C.240?)은 음양의 소식消息이 계절의 변화와 만물의 변화를 낳고 역사 변화와 왕조교

---

108 『周易』, 「繫辭上傳」 "一陰一陽之謂道."

체로까지 이어진다고 보았다. 음양의 개념은 이후 진秦대 여불위呂不韋(?~B.C.235)의 『여씨춘추呂氏春秋』, 전한前漢 유안劉安(3.C.179~B.C.122)의 『회남자淮南子』, 한漢대 동중서董仲舒(B.C.179~B.C.104)의 『춘추번로春秋繁露』 등을 거치면서 우주만물과 인사人事에 적용되며 동양철학의 핵심개념으로 발전하였다.

특히 동중서는 음양오행을 설명하면서 하늘을 최고의 범주로 한 우주관적 철학체계를 펼쳤다. 또한 음양의 개념을 인간사회의 질서와 인간의 내면으로까지 확대하여 음양을 체계화시켰으나 음양에 가치개념을 부여하며 존비·귀천의 관념론으로 변질시키는 오류를 범했다.

> 위에 있는 모든 것은 모두 그 아래에 대해 양(陽)이 되고, 아래에 있는 모든 것은 모두 그 위에 대해 음(陰)이 된다. … 무릇 남편은 비록 비천하다고 하더라도 모두 양이 되고, 부인은 비록 고귀하다고 하더라도 모두 음이 된다.[109]

> 하늘은 양(陽)에 의지하지 음(陰)에 의지하지 않고, 덕(德)을 좋아하고 형(形)을 좋아하지 않는다.[110]

그는 모든 사회의 질서를 양 위주로 하여 왕조의 정월正月을 제정할 때나 길일吉日을 정할 때도 양에 의거했다. 반면 군주의 나쁜 것과 신하의 좋은 것을 거르지 않으면 음의 힘은 두루 미칠 수 없다고 하였다. 이러한 양귀음천陽貴陰賤 사상을 남존여비男尊女卑, 양선음악陽善陰惡의 군주 중심, 남성 중심의 가치규범에 의한 유교 사회질서의 통치이

---

[109] 『春秋繁露』, 「陽尊陰卑」, "諸在上者 皆爲其下陽 諸在下者 皆爲其上陰.", "丈夫雖賤 皆爲陽 婦人雖貴 皆爲陰"
[110] 『春秋繁露』, 「陰陽位」, "天之任陽不任陰 好德不好形"

념으로 만들며 음양의 본래 있는 그대로의 뜻을 왜곡하였다.

다음은 음양의 특성에 대해 알아보자.

3) 음양의 특성

음과 양의 특성을 최영진은 '대대관계(待對關係)'라고 말한다.

특히 「역전(易傳)」에서 말한 음양론의 가장 큰 특징은 양자가 서로 대립 투쟁하는 모순관계가 아니라 '일음일양지위도(一陰一陽之謂道)'라는 상반상성(相反相成)하는 대대관계(待對關係)로 설명된다는 것이다.[111]

대대(對待)는 마주 대하며 서로를 기댄다는 의미로 대립적이면서도 서로를 의존한다는 것이다.

또 한장경(韓長庚)은 '대대'를 태양과 대지 사이의 향심력(向心力)과 이심력(離心力)의 작용으로 비유하였다.

체용(體用)의 작용이 곧 대대(對待)이다. 대(對)는 상반상적(相反相敵)하는 뜻이요, 대(待)는 상합상수(相合相需)하는 뜻이다.[112]

---

[111] 崔英辰, 「易學思想의 哲學的 探究」, 성균관대 박사학위논문, 1989.
[112] 한장경 저, 「周易正易」, 도서출판 삶과 꿈, 2001.
"만물은 단일한 개체나 또는 여러 개체의 집성된 총체 내를 막론하고, 반드시 체(體)와 용(用)의 관계를 가진 양 작용이 있어 어느 것이 상반상적(相反相敵)하지 않는 것이 없고, 또 어느 것이 상합상수(相合相需)하지 않는 것이 없다. 예컨대 태양과 대지의 사이에는 향심력(向心力)과 이심력(離心力)이 있는데, 향심력은 서로 향응하려 하고 이심력은 서로 격리하려 하여 양력이 상지(相持)하면서 항상 일정한 궤도를 보유하니, 이 이심력의 작용은 상반상적하는 대(對)요, 향심력의 작용은 상합상수하는 대이다."

음양은 항상 서로 대립하면서도 그 뿌리를 함께하여 물극필반物極必反, 사물의 전개가 극에 달하면 반드시 반전한다. 종즉유시終則有始의 원리로 소장성쇠消長盛衰의 순환을 거듭하며 변화를 낳는다. 대대는 음과 양이 동시에 존재하여야만 성립되는 것이다. 양이 있으면 반드시 음이 있어야 양의 뜻을 가지게 되는 이러한 속성을 서로 대립하면서도 기댄다는 뜻의 '대대'로 표현한 것이다.

일찍이 『장자』에서도 대대적 음양을 말하고 있다.

> 방금 태어나고 방금 죽는다. 방금 죽고 방금 태어난다. 방금 옳다가 방금 옳지 않다. 방금 옳지 않다가 방금 옳다. 옳음으로 말미암아 그름이 비롯되고, 그름으로 말미암아 옳음이 비롯된다. 그래서 성인(聖人)은 이에 의하지 않고 하늘에 그것을 비춘다는 것 역시 이런 이유이다.[113]

장자는 여기서 대립을 초월한 절대적인 경지를 말하고 있지만 상대성의 핵심을 압축적으로 표현하고 있다.

송대 유학에서는 음양의 대대성 개념을 잘 나타내고 있다. 송대 의리학파義理學派의 타두泰斗 정이程頤는 『이천역전伊川易傳』에서 자연의 이치에는 반드시 대대가 있고, 대대는 생생生生의 근본이라고 말한다.

> 바탕에는 반드시 문채가 있음은 자연의 이치이고, 이치에 반드시 대대(待對)가 있어 살리고 살리는 것의 근본이다. 위가 있으면 아래가 있고, 이것이 있으면 저것이 있어 바탕이 있으면 문채가 있다. 하나는 홀로 설 수 없다. 둘이면 문채가

---

[113] 『莊子』「內篇」〈齊物論〉"方生方死 方死方生 方可方不可 方不可方可 因是因非 因非因是 是以聖人不由而照之於天 亦因是也"

된다. 도를 아는 자가 아니라면 누가 그것을 알겠는가? 천문은 하늘의 이치이고, 인문은 인간의 도리이다.[114]

또 그의 형 정호程顥는 "천지 만물의 이치는 홀로가 없고 반드시 상대가 있다. 모두 저절로 그러한 것이지 인위적으로 안배한 것이 아니다."[115]라 하였고, 선천역학의 창시자 소옹邵雍도 『황극경세서皇極經世書』에서 "양陽은 홀로 설 수가 없다. 반드시 음陰을 얻은 뒤에 선다. 그러므로 양은 음으로서 기반하고, 음은 스스로 드러날 수가 없고, 반드시 양을 기다린 뒤에 드러난다."[116]고 하여 음과 양이 독립하여 존재할 수 없다는 대대적 관점을 제시했다.

성리학을 집대성한 주자朱子도 음과 양을 '유행流行'과 '대대待對'의 이중적 관점으로 말하여 음양의 특성을 잘 나타내었다.

역(易)에는 두 가지 뜻이 있다. 하나는 변역(變易)으로 곧 유행(流行)하는 바탕이고, 하나는 교역(交易)이니 곧 대대(待對)하는 바탕이다.[117]

유행流行이란 음양의 소장消長으로 물극필반物極必反의 순환적 변화가 일어나며 생生·장長·염斂·장藏의 우주질서가 끊임없이 이어지는 것을 말한다. 대대待對란 음양이 짝을 이루어 반드시 상반상성相反相成의 상호작용이 있은 후 만물을 생성하는 것을 말한다.

---

114 『伊川易傳』「彖傳」〈賁掛〉에 "質必有文, 自然之理, 理必有對待, 生生之本也. 有上則有下, 有此則有彼, 有質則有文, 一不獨立, 二則為文, 非知道者孰能識之, 天文之理也, 人文人之道也."
115 『近思錄』「道體」〈程氏遺書 第11〉 "天地萬物之理 無獨必有對 皆自然而然 非有安排也."
116 『皇極經世書』「觀物外篇」"陽不能獨立 必得陰而後立 故陽以陰爲基 陰不能自見"
117 『通書解』「誠上 第一」"易有兩儀 一是變易 便是流行底 一是交易 便是待對底"

그는 또 음양을 따로 본다는 것은 상대적, 대대적 관점을 말하고, 하나로 본다는 것은 음양의 동정 관점으로 소장消長에 따라 사라짐과 자라남의 순환적 변화를 말하여 이러한 상호작용을 통하여 만물의 생성변화가 이어진다고 보았다.

음양은 하나로 볼 수도 있고, 또한 두 개로 볼 수도 있다. 두 개로 본다면 음으로 나뉘고 양으로 나뉘어 양의(兩儀)가 서는 것이다. 하나로 본다면 단지 하나의 줄어듦과 자라남이다.[118]

음양의 상대적, 대대적 특성에 대해 주자가 설명한 예를 몇 가지 더 살펴보자.

천하의 만물은 상대가 없는 적이 있지 않았다. 음(陰)이 있으면 곧 양(陽)이 있고, 인(仁)이 있으면 곧 의(義)가 있고, 선(善)이 있으면 곧 악(惡)이 있고, , 말이 있으면 곧 침묵이 있고, 움직임이 있으면 곧 고요함이 있다.[119]

그 모든 것은 음양이다. 음양 아닌 사물은 없다.[120]

하나의 사물에 음양(陰陽)·건곤(乾坤)을 가지지 않은 것은 없다. 지극히 미세하고 지극히 섬세한 초목·금수에 이르기까지 역시 암컷과 수컷, 음과 양을

---

118 『朱子語類』卷65「文蔚錄」"陰陽 做一箇看亦得 做兩箇看亦得 做兩箇看 是分陽分陰 兩儀立焉 做一箇看 只是一箇消長"
119 『朱子語類』卷35 "天下之物未嘗無對 有陰便有陽 有仁便有義 有善便有惡 有語便有黙 有動便有靜"
120 『朱子語類』卷65「淳錄」"都是陰陽, 無物不是陰陽."

가지고 있다.[121]

　음(陰) 속에 저절로 음양이 나누어지고, 양(陽) 속에 저절로 음양이 나누어진다. 건도(乾道)는 남성을 이루고, 곤도(坤道)는 여성을 이룬다. 남성이 비록 양에 속하나 음이 없다고는 못할 것이고, 여성이 비록 음에 속하나 역시 양이 없다고는 못할 것이다.[122]

　이처럼 주자는 음양의 구조를 모든 사물과 각 개체 내에서도 대립적인 이중구조로 보았다. 한마디로 독음독양獨陰獨陽은 설 수가 없는 것이다.

　지금까지 살펴본 음양의 특성을 정리해 보자. 음과 양은 양기兩氣로서, '일음일양一陰一陽'의 음과 양은 독자적인 서로 다른 속성을 갖고 있지만 도道로써 하나의 작용을 한다. 음과 양은 서로 대립하지만 서로 의존하며 한 쪽이 생장하면 다른 쪽은 줄어들고, 또 극에 도달하면 서로 바뀐다.
　음양은 체體와 용用의 일물一物의 관계이며, 하나의 사물 구성 요소가 되어 음陰 속에 양이 있고, 양陽 속에 음이 있는 '음중양 양중음陰中陽陽中陰'의 특징도 갖는다. 음양 양자는 상반·대립의 관계뿐만 아니라 서로 의존하고 뿌리가 되는 상호호근相互互根의 특성과 물극필반物極必反의 전화작용轉化作用을 하는 상반相反·상성相成의 대대對待적 특성을

---

121 『朱子語類』 卷85 「砥錄」 "無一物不有陰陽乾坤, 至於至微至細草木禽獸, 亦有牡牝陰陽."
122 『朱子語類』卷94 "陰中自分陰陽 陽中自分陰陽 乾道成男 坤道成女 男雖屬陽 而不可謂其無陰 女雖屬陰 亦不可謂其無陽"

가진다. 음과 양은 이런 종합적이며 다양한 특성을 가진 태극太極이다.

  음양의 개념은 자연의 변화를 나타내는 단순한 의미에서 출발하여 점점 추상적, 철학적 개념으로 발전해 왔다. 음양의 이치를 말로써, 글로써 다할 수는 없지만 음과 양은 일日과 월月에서 보듯 하루라는 시간 속에 낮에서 밤으로, 밤에서 낮으로 바뀌며 끊임없이 변화하며 만물을 생성하는 이치를 나타낸 것이다.

  음양은 오행과 결합하여 학술적 의미를 부가하게 되는데 주렴계의 『태극도설』을 통해 음양은 오행五行으로 분화되어 인의仁義의 윤리적 개념으로 한층 확장하였다.

3. 음양오행론

1) 오행의 기원

『주역』에서는 음양이 나오지만 오행五行이 나오지 않고, 주렴계의『태극도설』에서 음양陰陽과 오행五行이 결합되어 나온다. 음양은『주역』의 핵심어이다. 오행은『서경書經』「홍범洪範」에서 자연적 개념으로 첫 선을 보인다. 전국시대 말 추연에 의해 음양과 결합한 음양오행陰陽五行은 진秦·한漢대를 거치면서 동양철학의 기본적인 사유 방식이 되어 정신문화의 발전에 큰 영향력을 미치며 현실 생활에 광범위하게 활용되고 있다.

음양과 오행은 본래 각각의 독립된 개념이다. 음과 양은 그늘과 햇빛을 뜻했고, 오행은 水·火·木·金·土[물·불·나무·쇠·흙]로 우리가 일상에서 접하는 다섯 원소들이다. 음양과 오행은 자연의 현상과 인간의 삶에 필요한 다섯 가지 재료를 나타내는 의미였으나 전국시대 중·말엽에 이르러 음양오행이 하나의 결합된 체계로 외연과 의미가 확장되었고, 인간과 만물이 상호 연관성을 가진 상관적 관계로 이어주는 핵심 개념이 되었다.

음양오행으로 연결된 상관적 사유에서는 우주만물이 각 개별의 다양한 특성들로 이루어져 있지만 이들이 서로 간의 상상과 상극의 상호 감응의 영향력을 주고받으며 존재한다고 보는 것이다. 이러한 상관적 관계 속에 우주의 구성은 인간과 자연의 연계로 커다란 하나의 생명체를 이루는 유기체적 인식으로 확대되었으며 음양오행의 체계는 정치·경제·사회·문화 등 전체 삶에 적용되어 왔고, 지금도 동양적 사고의 기본적인 틀로써 작용하고 있다. 특히 음양오행은 동양학과 한의학의 기본적 이론의 근거가 되었다.

고대인들에게 하늘은 숭배의 대상이었다. 하늘의 해와 달, 그리고 별들을 통칭해서 '일월성신日月星辰'이라 했다. 일월성신은 일日과 월月, 수성水星·화성火星·목성木星·금성金星·토성土星의 다섯 행성과 28수宿 별자리이다. 우주만물의 이치가 하늘에서 비롯되었다고 생각했기 때문에 일월에서 음양, 다섯 행성에서 오행을 취했다. 오행은 木·火·土·金·水의 다섯 가지 원소를 지칭했고, 인간생활에 필요한 다섯 가지 소재로 운행한다는 의미다.

오행이 문헌에 처음 나타나는 것은 『서경』「대우모大禹謨」·「감서甘誓」·「홍범洪範」에 등장한다.

> 덕으로 오직 정치를 잘할 수 있고, 정치는 백성을 잘 기르는데 있으니 수화목금토(水火木金土)의 오행(五行)과 곡식(穀食)을 잘 다스리고 덕(德)을 바르게 하여 쓰임을 이롭게 하고, 생활을 풍요롭게 하고 오직 화합 하소서.[123]
>
> —「대우모」

> 내가 명세하여 너에게 고하노라. 유호씨는 오행을 업신여겨 능멸하고, 세 가지 옳은 일[정덕, 이용, 후생][124]을 태만히 하여 내버리니 하늘이 그들에 명을 없애 끊으신다.[125]
>
> —「감서」

「홍범洪範」[126]은 주문왕周文王이 은殷을 정벌하고 천하를 다스리는 요

---

[123] 『書經』「大禹謨」"德惟善政 政在養民 水火金木土穀 惟修 正德利用厚生 惟和"
[124] "正德[三神道], 利用[五行], 厚生[井田法]"으로 홍범구주에 있다.
[125] 『書經』「甘誓」"予誓告汝 有扈氏威侮五行 怠棄三正 天用勦絶其命"
[126] 하도(河圖)는 복희씨 때 황하에서 용마(龍馬) 등에 그림을 지고 나온 것으로 주역 팔괘의 근원이 되었고,

체요諦를 물었을 때 기자箕子가 답한 것이다. 「홍범」에서는 오행을 이렇게 설명하고 있다.

첫째 오행은 일(一)은 물이고, 이(二)는 불이고, 삼(三)은 나무고, 사(四)는 쇠고, 오(五)는 흙이다. 물은 적시고 내려가는 것이고, 불은 타면서 올라가는 것이고, 나무는 굽고 곧은 것이고, 쇠는 따르고 바뀌는 것이고, 흙은 심고 거두는 것이다. 적시고 내려가는 것은 짠 것을 만들고, 타면서 올라가는 것은 쓴 것을 만들고, 굽고 곧은 것은 신 것을 만들고, 따르고 바뀌는 것은 매운 것을 만들고, 심고 거두는 것은 단 것을 만든다.[127]

「대우모」에서 오행은 '수화금목토곡水火金木土穀'으로 생활에 밀접한 관련이 되는 6종의 재료를 의미했다. 오행이 곡穀이 함께 나타났는데 이는 『춘추좌전春秋左傳』에서도 "물과 불과 쇠와 나무와 흙과 곡식을 육부六府라 말한다."[128]고 하였듯이 오형과 곡식을 인간생활에 필요한 여섯 가지 재료로 보아 곡식을 매우 중요한 물질로 인식하였기 때문이다. 후에 곡식은 토土에 수용되어 오행으로 자리 잡았다.

반면 「감서」에는 '오행五行'이란 용어만 나온다. 또 「홍범」에서는 오행은 인간 생활에 직접적인 영향을 주는 '水火木金土'의 생성 순서를 밝혀 '생성오행生成五行'이라 하며 오행의 성정性情과 오미五味를 설명하고 있다. 이들은 오행의 의미를 가장 잘 나타낸 것이라 할 수 있다. 그런데

낙서(洛書)는 하우씨가 9년 치수 때 낙수에서 신귀(神龜)에 있었다는 글로써 홍범구주(洪範九疇)의 기원이 되었다. 홍범구주는 홍익인간사상을 구체화한 것으로 증원문명의 7 초가 되어 한·당대 사상을 이끌었다.
127 『書經』 「洪範」 "一五行 一曰水 二曰火 三曰木 四曰金 五曰土. 水曰潤下 火曰炎上 木曰曲直 金曰從革 土爰稼穡 潤下作鹹 炎上作苦 曲直作酸 從革作辛 稼穡作甘"
128 『春秋左傳』 「文公七年」 "水火金木土穀 謂之六府"

여기에는 음양의 개념이 없어 음양과 오행이 아직 결합되지 않았음을 알 수 있다. 『서경』에서도 각 편에 나타난 오행이 뜻하는 의미가 일정하지 않아 그 편집시기가 같지 않음을 알 수 있다.

『좌전左傳』에 양공襄公 27년에 자한子罕이 "하늘은 다섯 가지 재료를 낳았고, 백성들은 함께 그것을 사용하니 하나라도 없앨 수 없는데 누가 무기를 없앨 수 있겠는가?"[129]는 기록이 나온다. 인간 생활에 필수적인 물질로써 오행을 오재五材로 표현했다. 『좌전』에는 "자산子産이 말하기를 … 육기六氣가 생겨나고 오행을 이용하면 … 색깔로는 오색五色이 되고, 소리는 오성五聲이 된다."[130]고 하여 육기를 천天에 배속시키고, 오행을 지地에 배속시켜 천에서 육기가 생겨 오행을 이용하면 오색五色[靑黃赤白黑]이 되고, 오성五聲[宮商角緻羽]이 된다고 하였다.

『서경』[131]과 『좌전』에서 보이는 오행은 '민용 오재民用五材', 즉 생활에 필수적인 다섯 가지 재료를 의미하였다. 그러나 같은 '오행'에 대해 앞서 「문공文公 칠년七年」에서는 '육부六府'라 하였고, 「양공襄公 이십칠년二十七年」에서는 '오재五材'라 하였으며, 「소공昭公 이십오년二十五年」에는 '오행五行'으로 하였다. 『춘추좌전』 속에서도 오행에 대한 용어가 통일되지 않음으로 보아 후대에 첨삭된 것으로 보인다. 이때까지는 오행을 사물 간의 관계를 연관하여 보지 않고, 생활에 필요한 근본 재료인 오재五材로 보았다.

---

129 『春秋左傳』「襄公二十七年」"天生五材 民竝用之 廢一不可 誰能去兵"
130 『春秋左傳』「昭公二十五年」"子産曰 … 生其六氣 用其五行 … 發爲五色 章爲五聲"
131 『서경』은 고대 국가였던 우(虞), 하(夏), 상(商), 주(周) 시대의 역사적 기록으로 우서 5편, 하서 4편, 상서 17편, 주서 32편으로 이루어져 있다. 한대에 이르러 『상서(尙書)』라 하였으며, 송대부터 『서경』이라 불렸다. 판본으로는 『금문상서(今文尙書)』와 『고문상서(古文尙書)』가 있다. 『서경』은 분서갱유 후 진위여부와 유래의 불확실함으로 논란이 있었으나 오랜 세월동안 유가 최고 경전 중 하나로 권위를 지녀왔다. 『사기』의 「공자세가(孔子世家)」에 공자가 『상서』를 편정하였다 했으며, 『한서』「예문지(藝文志)」에는 공자가 『상서』 1백 편을 엮었다고 하였다. 공자는 『서경』의 1백 편을 편찬 또는 정리한 것으로 되어 있지만 정황을 볼 때 전국시대의 작품으로 본다.

전국시대 음양오행은 『관자』와 『좌전』, 『여기』 등에서도 나오는데 음양과 오행을 결합하여 이론적 체계로 음양오행설을 확립시킨 학자는 제齊의 추연鄒衍이다. 추연에 관한 평이 『사기』 「맹자순경열전孟子荀卿列傳」에 나온다.

> 이에 음양(陰陽)의 사라짐과 자라남을 깊이 관찰하고, 이상하고 우원한 변고의 종시(終始), 대성(大聖) 편 등 십여만 자의 책을 지었다. 그 말들은 공허하고 크지만 표론이 되지 못했다. 반드시 작은 사물을 먼저 검증하고 미루어서 크게 하여 무한에 까지 이르렀다. … 하늘과 땅이 둘로 갈라진 이래로 오덕(五德)은 전환하여 바뀌고 다스림이 각각 마땅함을 가지고 있어서 징표에 응답함이 여기에 드러났다.[132]

또, 『사기』 「역서曆書」에서도 "이때에 오직 추연이라는 사람이 있어 오덕五德이 전하여지는 법을 밝히고 음양의 사라짐과 자라남을 구분하는 학설을 퍼뜨려 제후들에게 알려지게 되었다"[133]라 하였는데 추연의 책들은 남아 있지 않지만 음양오행의 주창자로서 그 위치를 보여주는 '오덕종시설五德終始說'이 『사기』에 전한다.

'오덕종시설'에서 추연은 오행을 자연계의 운행질서에서 인간사로 끌어와 자연과 인간을 동일한 범주로 인식하는 상관론적 사유의 틀을 만들며 오행의 영역을 확대시켰다. '오덕종시설'은 오행에서 발생한 오덕의 사라짐과 자라남이 음양의 기氣와 합하여 사물의 변화가 일어나

---

132 『史記』 「孟子荀卿列傳」 "乃深觀陰陽消息 而作怪迂之變 終始 大聖之篇十餘萬言 其語閎大不經 必先驗小物 推而大之 至於無限 … 稱引天地剖判以來 五德轉移 治各有宜 而符應若玆"
133 『史記』 「曆書」 "是時獨有鄒衍 明於五德之傳 而散消息之分 以顯諸侯"

고 오행 생生·극剋의 운행논리에 따라 왕조가 바뀌는 것을 주장하며 하루도 끊이지 않은 참담한 전쟁의 전국시대가 종결되기를 희망했고, 오행을 인사人事로 끌어들이며 다양한 영역에 적용하였다.

　오행상승五行相勝이 목승토木勝土, 금승목金勝木, 화승금火勝金, 수승화水勝火, 토승수土勝水의 순서로 되는데, 이는 오덕五德의 전이轉移가 토덕土德에서 목덕木德, 금덕金德, 화덕火德, 수덕水德으로 변하고, 다시 토덕土德으로 반복하는 이치에 따라 왕조가 교체된다는 역사철학을 담은 것이다. 오행상승의 순환 법칙은 오행상극설五行相剋說과 같다. 오행의 상생설相生說과 상극설相剋說은 동시에 나타난 것이 아니다. 상생설은 이미 『홍범』에서 나타났고, 상승설相勝說은 추연에 의해 이론적 체계를 갖추게 되었다. 오행의 상생·상극은 이미 하도河圖의 좌선左旋과 낙서洛書의 우선右旋에 나타나 있었으나 구체적인 논증을 못한 것이다.

　조셉 니담[134]은 그의 책에서 "추연이 오행설을 창시한 것은 아니지만 그의 시대까지 기껏 백년 안팎에 제齊와 연燕과 같은 동해안의 나라들에서 널리 유포되고 있던 이 주제에 대한 여러 관념을 체계화하여 확립시켰다."[135]고 했다. 당시 같은 산동성 일대의 고조선에서도 발달하였을 터인데 사료가 남아 있지 않아 안타깝다.

　추연에 의해 체계가 갖추어진 음양오행설은 진秦·한漢대 정치·경제·사회·문화·학문 등 모든 분야에 적용되며 유행하여 전성기를

---

[134] 니담이 중국 전통시대의 과학이 세계 어느 문명권의 그것보다도 훨씬 더 뛰어났다는 점을 연구하고 밝혀내면서 왜 16~17세기에 이르러 중국이 서구과학에 뒤쳐지게 되었는가 하는 의문을 품게 된다. 그는 "왜 중국에서는 과학혁명이 일어나지 않았는가?"라는 Why not 질문을 던지게 되고 중국 전통사회의 과학과 자연관, 사상, 제도에 대해서 분석한다. Why not 질문에 대한 해답을 찾기 위해 많은 학자들이 중국 전통과학 분야에 뛰어들었고, 여러 가지의 대답을 촉발시키는 계기가 되었다. 이후 네이선 시빈(Nathan Sivin), 앵거스 찰스 그레이엄(Angus Charles Graham) 등이 서구 중심의 세계관에 따른 Why not 질문의 한계를 지적하기도 하였다.(『인터넷 위키백과』 조지프 니덤)

[135] 조셉 니담, 『중국의 과학과 문명』(Ⅱ), 을유문화사, 1986.

이루었다. 이러한 영향으로 진시황은 주周나라 화덕火德을 극剋하기 위해 수덕水德의 왕조라 하여 수水의 색인 흑색을 숭상했고, 황하의 명칭도 흑수黑水로 바꾸었다고 「진시황본기秦始皇本紀」에 전한다. 그러나 진시황은 나라를 세우고 15년 만에 망하고 말았으니, 이는 사회현상을 무시하고 오직 음양오행설만을 절대적으로 신봉한 결과이다. 이를 두고 풍우란은 그의 저서에서 이 시대를 "완전히 역사적 관념론과 신비주의에 빠졌다."[136]고 비판했다.

당시 성행했던 음양오행의 해악으로서 부정적인 면과 학문으로서 긍정적인 면을 함께 볼 수 있는 글이 있다. 『사기』「논육가요지論六家要旨」에서 사마담司馬談[137]은 이렇게 적고 있다.

> 음양의 학술을 슬쩍 살펴본 적이 있는데 크게 상세하나 많은 사람이 기피하고 꺼려 사람들로 하여금 얽매고 두려워하는 바가 많다. 그러나 사시(四時)의 차례를 정한 것은 버릴 것이 없다.[138]

여기에서는 음양가들이 말하는 재이災異사상은 부정적이나 학문적인 면에서는 순기능을 했음을 말하고 있다.

또 하나의 글이 있다. 『사기』「태사공자서太史公自序」에서는 이렇게 말하고 있다.

---

[136] 馮友蘭 著 『中國哲學史新編(제2冊)』, 人民出版社, 1985, p.316.
[137] 사마담司馬談(?~B.C.110)은 전한 시대 사상가로 천문, 역법을 주관하고 황실 전적(典籍)을 관장했다. 『국어(國語)』, 『세본(世本)』, 『전국책(全國策)』, 『초한춘추(楚漢春秋)』 등을 근거로 사적을 편찬했다. 저서에 육가(六家)의 학문을 논한 「논육가요지(論六家要旨)」가 있다. 그의 아들 사마천은 『사기』을 집필했다.
[138] 『史記』「論六家要旨」嘗竊觀陰陽之術 大詳而衆忌諱 使人拘而多所畏 然其序四時之順 不可失也

무릇 음양은 사계절, 여덟 방위, 12도, 24절기가 각기 가르침의 훈령에 있어 그것을 따르는 자는 번창하고, 역행하는 자는 죽거나 망한다고 하나 반드시 그러한 것은 아니다. 그러므로 사람으로 하여 구속받게 하여 많이 두려워한다. 봄에 태어나고, 여름에 성장하며, 가을에 거두고, 겨울에 갈무리한다. 이것은 천도의 큰 법칙이니 순종하지 않으면 천하의 기강 됨이 없다. 그러므로 사시의 큰 순리는 버릴 수 없다.[139]

2) 음양오행의 적용

■ 월령(月令)에 나타난 음양오행

진秦・한漢 시대의 음양오행설은 시령설時令說을 중심으로 발전하였다. 고대사회에서 농사를 짓는 일은 생존과 직결되어 매우 중요했다. 자연의 질서에 따라 언제 씨를 뿌리고, 거둘 것인가? 하는 것을 왕조에서 직접 관여한 시책이 월령月令이다. 군주는 음양 소식消息의 자연 변화에 따라 매월 무엇을 해야 하는지를 월령을 통해 밝히고, 군주가 백성들에게 반포한 월중 행사 시책인 월령에 따라 행하지 않으면 천시天時에 영향을 주어 괴변이 생긴다고 함으로써 음양오행사상과 유교 정치사상을 결부시켰다.

월령은 월력月曆으로 절대적인 영향을 미쳤고, 음양오행의 순환에 따른 월령은 천자의 정령政令으로 사회질서를 유지하는 보편사상이 되

---

[139] 『史記』「太史公自序」"夫陰陽四時 八位十二度 二十四節各有教令 順之者昌 逆之者不死則亡 未必然也 故曰 使人拘而多畏 春生夏長 秋收冬藏 此天道之大徑也 弗順則無以爲天下綱紀 故曰 四時之大順 不可失也"

었다. 시령설은 12달을 오행에 배당하고, 계절의 변화를 음양오행 순환원리로 나타내어 인간이 이에 순응함으로써 안녕과 질서가 유지된다고 보았다.

월령에 관한 자료로는 『시경』「빈풍豳風」7월의 시"140가 있다. 여기에서는 절후에 맞게 해야 할 일에 대해 노래했고, 월령에 체계적인 이론은 갖추어지지 않았으나 12달로 나누어 노래하여 후에 『여씨춘추』의 「십이기十二紀」를 분류하는 데 영향을 주었다. 사시四時의 개념이 처음 등장하는 것은 『상서尙書』「우서虞書·요전堯典」이다. 그러나 이는 후대에 편집된 것으로 본다. 월령사상의 초보적인 기록들이 『일주서逸周書』141와 『하소정夏小正』142에 나타나지만 각 월의 자연현상에 대한 단순한 풍광의 묘사이므로 월령으로 보기에는 미흡하다. 『관자』143에도 월령사상이 나타나는데 「유관幼官」에서는 군주가 절기에 맞게 해야 할 일에 대해 기록하고 있고, 『관자』「오행五行」편에서는 "오행으로 천시를 바르게 하고, 오관으로써 사람의 지위를 바르게 한다."144고 하여 군주의 통치 행위가 강조되었다.

---

140 『詩經』"豳風""七月流火 七月授衣 一之日觱發 二之日栗烈 無衣無褐 何以卒歲 三之日于耜 四之日擧趾; 7월에 화성이 서쪽으로 내려가거든, 9월에 옷을 만들어 주네. 일양(一陽)의 시기(동짓달)에는 바람이 차갑고 이양(二陽)의 시기(섣달)에는 기온이 차가우니, 옷이 없고 갈옷이 없으면 어떻게 한 해를 마치리오. 삼양(三陽)의 시기(정월)에는 쟁기를 수선하고 사양(四陽, 2월)에는 밭꿈치를 들고 밭 갈러 나가세"

141 『逸周書』「時訓解」"立春之日 東風解凍 又五日蟄蟲始振 又五日魚_; 입춘이 되면 얼었던 것이 동풍에 녹아서 풀리고 다시 5일 후에는 겨울에 숨었던 벌레들이 나오기 시작하고 또다시 5일 후에는 물고기가 얼음 위로 올라온다."

142 『大戴禮記』「夏小正」"啓蟄 雁北鄉 雉震呴…魚陟負冰 農緯厥耒; 겨울잠을 자던 곤충이 움직이기 시작하고 기러기가 북쪽으로 날아가며 꿩이 큰 소리로 울고 물고기가 얼음위로 뛰어 오르며 농부가 쟁기질을 한다." 「하소정(夏小正)」은 현존하는 중국 최초의 역서로 알려져 있다.

143 『管子』「幼官」편에 "夏行春政風 行冬政落 重則雨雹 行秋政水; 여름에 춘정을 행하면 풍재가 발생하고, 동정을 하면 죽어버리고, 심하면 우박이 내리고, 추정을 행하면 수재가 생긴다.", 「四時」편에는 "其時日春 一治堤防 耕芸樹藝 正律梁 修溝瀆; 그때는 봄이라, 제방을 쌓고, 밭을 갈고 극식을 심으며 다리를 수리하고 물길과 도랑을 수리한다."고 하여 월령에 대한 간단한 구절들이 나타난다.

144 『管子』「五行」"五行以正天時, 五官以正人位"

본격적인 시령時令에 관한 책이 편집된 순서는 『여씨춘추』「십이기」 『회남자』「시칙훈時則訓」『예기』「월령月令」으로 보는 것이 일반적 견해이다. 그러나「십이기」보다 후에 편찬되었다는「시칙훈」이 시령의 형식면에서 떨어지고 『사시월령조조四時月令詔條』[145]나 『여씨춘추』「십이기」와 『예기』[146] 「월령」의 내용이 거의 동일한 점으로 보아 편찬시기가 비슷하거나 아니면 후대에 그 내용을 그대로 옮겨 기록했을 것이다.[147] 「월령」은 그 명칭이 『여씨춘추』의「십이기」, 『회남자』의「시칙훈」, 『예기』의「월령」 등으로 제각기 불리다가 『예기』가 오경五經의 경전이 되고, 유교 통치사상이 됨으로써 자연적으로「월령」이라 통칭하게 된 것이다.

『여씨춘추』「십이기」와 『예기』「월령」편은 「월령」에 관한 자료 중 가장 체계적으로 구성된 것이다. 「십이기」'맹동기孟冬紀'에는 이런 구절이 나온다.

초겨울에 봄철 때맞추어 하는 일을 행하면 얼음이 제대로 얼지 않아 지기(地氣)가 밖으로 빠져 백성들이 대부분 흩어져 떠돌게 된다. 여름철 때맞추어 하는 일을 행하면 나라에 폭풍이 많아지고 모름지기 겨울인데도 춥지 않아서 겨울잠을 자던 생물들이 다시 나온다.[148]

---

145 『사시월령조조』는 그 당시 통치의 일환으로 월령을 조칙으로 반포한 것이다.
146 『예기』는 그 성립연대가 정확하지 않지만 현재 전해지는 것은 전한시대 대성(戴聖)이 정리한 것으로 알려진 『소대예기(小戴禮記)』다. 분서갱유 후 한무제 때 유학이 관학이 된 후 세상에 다시 드러나게 되었다. 예(禮)에 관한 것으로 노의 고당생(高堂生)이「사례(士禮)」17편을 전했고, 하간헌왕(河間獻王)이 고례에 관한 기록 131편을 한무제에게 헌납했으며 이후「명당음양기(明堂陰陽記)」33편,「공자삼묘기(孔子三廟記)」7편,「왕씨사씨기(王氏史氏記)」21편,「악기(樂記)」23편이 추가되어 214편이 되었다.
147 선행 자료를 통한 자료의 검증이 힘든 것은 그 책 저자가 살았던 시기와 그 책의 편찬 시기가 맞지 않고, 또 후대 여러 사람들의 첨삭이 이루어지고 다듬어져 시대상 구분이 어렵다.
148 『呂氏春秋』「十二紀」〈孟冬紀〉孟冬行春令 則凍閉不密 地氣發泄 民多流亡 行夏令 則國多暴風 方冬不寒 蟄蟲復出"

「십이기」에서는 열두 달에 나타나는 천문현상과 자연현상, 동식물의 움직이는 모양, 인간의 생활, 국가의 행사 등을 체계적으로 정리하고, 해당 월에 행해야 될 일과 행하면 안 되는 일들을 구체적으로 열거하였다. 월령을 통해 음양오행사상은 추연의 오행종시설을 더욱 체계화했고, 그럼으로써 보편적인 사상으로 자리 잡게 된다.

■ **오행과 사시(四時)의 결합**

음양오행은 사시四時와 결합하면서 음양오행의 이론적 체계 확립을 탄탄히 뒷받침했다. 전국시대 사시와 오방五方이 결합되어 계절의 순차와 특성을 오행이 주관한다는 『관자』의 논리가 설득력을 얻으며 음양오행설은 철학적 사유의 중심에 서고, 『여씨춘추』「십이기」, 『회남자』「시칙」, 『예기』「월령」, 『춘추번로』, 『황제내경』 등을 통해 체계를 갖추면서 발전하였다.

『여씨춘추』「십이기」[149]에서는 음양오행을 사시와 연결시켜 춘하추동의 여름에 해당하는 맹하孟夏 · 중하仲夏 · 계하季夏 3개월 중에 계하를 오행의 중앙 토土에 배치시키며 다양하게 적용하여 월령을 세분화하였다. 또 오행을 통해 오제五帝 · 오율五律 · 오수五數 · 오미五味 · 오방五方 · 오취五臭 · 오신五神 · 오충五蟲 · 오음五音 · 오색五色 · 오곡五穀 등으로 분류하여 도식화하였다. 「십이기」는 천간天干 · 지지地支를 오행에 배치하고, 12개월에 28수宿를 배열하여 28수의 명칭을 문헌에 처

---

[149] 「십이기」는 「월령」에 관한 내용으로 『여씨춘추』에서 가장 강조된 부분이다. 「십이기」는 열두 달 각 달에 일어나는 자연현상에 따라 천자와 백성이 해야 할 일을 기록한 월력(月曆)이며 「월령」이다. 「십이기」에는 자연현상에 대한 세밀한 관찰로 각 달 태양과 별들의 위치와 이동 등에 따른 변화와 자연 생태까지도 자세하게 기록되어 있어 농사에 조력되며, 자연의 변화에 순응하는 삶의 자세를 보여준다.

음 나타냈다. 이는 지금도 변함없이 사용되고 있는데, 여기에서 당시 천문학의 높은 수준을 엿볼 수 있다. 천인감응의 사상, 즉 만물의 주재자로서 인격적 천天에 다가가고자 하는 염원이 천문학의 발전을 이끌었던 것이다. 오행은 오방五方으로 적용되며 체계화되기 시작했다. 『회남자』에서는 오행이 오성五星에서 나왔음을 설명하면서 다음과 같이 오행을 각각 배합하였다.

오행(五行)	목(木) · 화(火) · 토(土) · 금(金) · 수(水)
오방(五方)	동(東) · 남(南) · 중앙(中央) · 서(西) · 북(北)
오제(五帝)	태호(太昊) · 염제(炎帝) · 황제(皇帝) · 소호(少昊) · 전욱(顓頊)
오신(五神)	세성(歲星) · 형혹(熒惑) · 진성(鎭星) · 태백(太白) · 신성(辰星)
오수(五獸)	창룡(蒼龍) · 주명(主名) · 황룡(黃龍) · 백호(白虎) · 현무(玄武)
오음(五音)	각(角) · 치(徵) · 궁(宮) · 상(商) · 우(羽)
오일(五日)	갑을(甲乙) · 병정(丙丁) · 무기(戊己) · 경신(庚申) · 임계(壬癸)

『회남자』「시칙훈」에서도 천제天帝가 월령을 반포할 때 음양오행의 운행질서에 위배되면 하늘에서 재앙을 준다고 했다. 한대에서의 음양오행사상은 자연적 개념, 통치 개념, 재이災異 · 화복禍福 개념 등에 다양하게 적용되며 보편적인 사상으로 정착되었다.

자연과 인간 사이의 상호감응 관계는 두 가지로 볼 수 있다. 하나는 자연계의 현상이 인간계에 미치는 현상이고, 또 하나는 인간계의 행위가 자연계의 변화를 초래하는 것이다. 이러한 두 가지 유형에 따라 천天과 인간 관계를 고대 초기에는 천인상분天人相分으로 보다가 천인상합天人相合과 천인합일天人合一로 발전, 천과 인간의 관계에 대한 관점이 확대되었다. 이는 인간과 만물이 상호 연결되어 상응한다는 천인 감응설로 이어지게 된다.

사물은 같은 기운끼리 서로 감응한다. '초록은 동색이다', '가재는 게 편이다.'라는 속담이 있듯 초기 천인상응天人相應의 이론적 배경이 되었던 것은 『주역』의 "동성상응 동기상구同聲相應 同氣相求"라는 구절이다.

> 같은 소리는 서로 응하고 같은 기운은 서로 구하여 물은 젖은 데로 흐르며 불은 마른 데로 나아가며 구름은 용을 좇고, 바람은 범을 따른다.[150]

『회남자』에는 이런 내용이 나온다.

> 만물은 같은 종류가 서로 움직이고, 근본과 말단이 서로 응한다. 그러므로 양은 부싯돌이 햇빛을 받으면 연기가 나면서 불이 되고, 모름지기 거기에다 달빛을 받으면 습해져서 물이 되고, 호랑이가 울부짖어서 계곡바람이 일고, 용이 오르면 상서로운 구름이 모여든다.[151]
> ―「천문(天文)」

> 달이 가득차 위에서 쇠하면 가득 찬 펄 조개는 아래에서 호응한다. 같은 기운은 서로 같아 먼 것은 문제가 되지 않는다.[152]
> ―「설산훈(說山訓)」

---

[150] 『周易』「乾卦」"同聲相應 同氣相求 水流濕 火就燥 雲從龍 風從虎"

[151] 『淮南子』「天文」"物類相動 本標相應 故陽燧見日則燃而爲火 方諸見月則津而爲水 虎嘯而谷風至 龍擧而景雲屬"

[152] 『淮南子』「說山訓」"月盛衰於上 則蠃蛖應於下 同氣相同 不可以爲遠"

『회남자』에서는 천지의 형성과 만물의 영장인 인간이 천지자연을 닮은 천인상통天人相通으로 이어져 자연의 법칙을 따라 살아야 한다는 것, 그리고 서로 같은 기는 멀리 떨어져 있어도 서로 영향을 주고받는다는 감응感應현상을 말하고 있다.

천天과 인人의 세계가 일치한다는 천인동류의 논리가 『회남자』에서 체계적인 모습을 갖추면서 천인감응天人感應사상의 단초를 열었고, 동중서는 음양오행을 통해 천인관계를 체계적 논리로 정립하여 천인감응을 주장했다.

또 『회남자』「천문天文」에는 이런 말이 나온다.

> 천지가 세워져서 나뉘어 음양(陰陽)이 되었다. 양은 음에서 생겨나고, 음은 양에서 생겨난다. 음과 양이 서로 섞여 사유(四維)가 바로 통하고 어떤 것은 살고, 어떤 것은 죽으면서 만물이 이에 형성되었다. 기어가고 걸어 다니고, 부리로 호흡하는 만물 중 사람보다 더 귀한 것은 없다. 사람 몸에 갖추어져 있는 구멍과 팔다리와 몸은 모두 하늘에 통한다. 하늘에 아홉 겹의 하늘이 있듯이 사람 또한 아홉 구멍이 있다. 하늘에 사계절이 있어 12달을 제어하듯이 사람 역시 사지가 있어 열두 관절을 부린다. 하늘에 12달이 있어 360일을 제어하듯이 사람 역시 십이지(十二支)로 360관절을 부린다. 그러므로 일을 행하는데 하늘의 법칙에 따르지 않는 자는 그 삶을 거역하는 것이다.[153]

『회남자』「천문天文」의 다음 구절도 살펴보자.

---

[153] 『淮南子』「天文」"天地以設 分而爲陰陽 陽生於陰 陰生於陽 陰陽相錯 四維乃通 或生或死 萬物乃成 蚑行喙息 莫貴於人 孔竅肢體 皆通於天 天有九重 人亦有九竅 天有四時 以制十二月 人亦有四肢 以使十二節 天有十二月 以制三百六十日 人亦有十二肢 以使三百六十節 故擧事而不順天者 逆其生者也"

무릇 정(精)과 신(神)이라는 것은 하늘로부터 받은 것이요, 형체라는 것은 땅에서 부여받은 것이다. … 그러므로 머리가 둥근 것은 하늘의 형상을 본받은 것이고, 발이 네모난 것은 땅의 모습을 본받은 것이다. 하늘에 사시(四時)·오행(五行)·구허(九解)·366일이 있듯이 사람 역시 사지(四肢)·오장(五臟)·구규(九竅)·360개의 뼈마디가 있다. 하늘에 바람·비·추위·더위가 있듯이 사람 역시 취함·베풂·기쁨·성냄을 가지고 있다.[154]

『회남자』「천문天文」에서는 사람의 머리가 둥근 것은 하늘의 형상을 본 받았으며 하늘에 아홉 겹의 하늘이 있듯이 사람 또한 아홉 구멍이 있다고 했다. 이 글이 흥미로운 것은 하늘은 둥글고, 아홉 겹의 하늘로 구성되어 있다는 것이다. 우리가 사용하는 말 중 원한 등이 저승에까지 미친다는 의미로 구천에 사무친다고 하듯이 하늘이 아홉 개의 이루어져 있다고 보았다. 이와 유사한 글이 있는데 전국시대 초나라 시인 굴원屈原(기원전 343?-278?)이 쓴 시詩이다. 굴원이 하늘에 묻는다는「천문天問」의 내용이다.

태고(太古)의 처음을 누가 전해주었을까? 하늘과 땅이 형성되기 전에 어떻게 그것을 생각할 수 있었을까? … 천체는 곧 아홉 겹인데 누가 그것을 다듬고 정했을까? 도대체 이것은 누구의 공로인가. 누가 처음 이것을 만들었을까?[155]

굴원(기원전 343?-278?)이 살았던 시기는 한漢 고조 유방劉邦의 손자 회

---

154 『淮南子』「精神」"夫精神者 所受於天也 而形體者 所稟於地也 … 故頭之圓也 象天 足之方也 象地 天有四時五行九解三百六十六日 人亦有四肢五臟九竅三百六十節 天有風雨寒暑 人亦有取與喜怒"
155 屈原「天問」"曰遂古之初 誰傳道之 上下未形 何由考之 … 圜則九重 孰營度之 惟茲何功 孰初作之"

남왕淮南王 유안劉安(기원전179-기원전122)보다 약 200여년 앞선다. 문헌자료에 의하면 천문天文에 관한 연구는 이미 전국시대戰國時代때부터 심화되었음을 알 수 있다. 『회남자淮南子』에서는 28수 별자리 명칭을 처음 소개하였는데 하늘의 구역을 구천九天으로 나누고, 아홉 영역에 스물여덟 별자리를 배치하였다. 『회남자』의 다음 글을 보자.

"무엇을 구야(九野)라 하는가? 중앙은 균천(鈞天)이라 하며 그(에 해당하는) 별자리는 각(角) 항(亢) 저(氐)이다. 동방은 창천(蒼天)이라 하며 그 별자리는 방(房) 심(心) 미(尾)이다. 동북은 변천(變天)이라 하며 그 별자리는 기(箕) 두(斗) 견우(牽牛)이다. 북방은 현천(玄天)이라 하며 그 별자리는 수여(須女) 허(虛) 영실(營室)이다. 서북방은 유천(幽天)이라 하며 그 별자리는 동벽(東壁) 규(奎) 루(婁)이다. 서방은 호천(顥天)이라 하며 그 별자리는 위(胃) 묘(昴) 필(畢)이다. 서남방은 주천(朱天)이라 하며 그 별자리는 자(觜) 삼(參) 동정(東井)이다. 남방은 염천(炎天)이라 하며 그 별자리는 여귀(輿鬼) 유(柳) 칠성(七星)이다. 동남방은 양천(陽天)이라 하며 그 별자리는 장(張) 익(翼) 진(軫)이다."[156]

『회남자淮南子』에서 정의한 스물여덟의 별자리 명칭은 각角 · 항亢 · 저氐 · 방房 · 심心 · 미尾 · 기箕 · 두斗 · 견(牽)우牛 · 수(須)여女 · 허虛 · 위危 · 영(營)실室 · 동(東)벽壁 · 규奎 · 누婁 · 위胃 · 묘昴 · 필畢 · 자觜 · 삼參 · 동(東)정井 · 여(輿)귀鬼 · 류柳 · 칠(七)성星 · 장張 · 익翼 · 진軫이다. 위 내용을 도표로 보면 정리하면 다음과 같다.

---

[156] 『淮南子』「天文」"何謂九野? 中央曰鈞天, 其星角 亢 氐; 東方曰蒼天, 其星房 心 尾; 東北曰變天, 其星箕 斗 牽牛; 北方曰玄天, 其星須女 虛 危 營室; 西北曰幽天, 其星東壁 奎 婁; 西方曰顥天, 其星胃 昴 畢; 西南方曰朱天, 其星觜 參 東井; 南方曰炎天, 其星輿鬼 柳 七星; 東南方曰陽天, 其星張 翼 軫."

"회남자』「천문天文」의 구천九天과 28수宿 분포도

서북 – 유천(幽天) – 동벽(東壁) 규(奎) 루(婁).	북방 – 현천(玄天) – 수여(須女) 허(虛) 위(危) 영실(營室).	동북 – 변천(變天) – 기(箕) 두(斗) 견우(牽牛).
서방 – 호천(顥天) – 위(胃) 묘(昴) 필(畢).	중앙 – 균천(鈞天) – 각(角) 항(亢) 저(氐).	동방 – 창천(蒼天) – 방(房) 심(心) 미(尾).
서남방 – 주천(朱天) – 자(觜) 삼(參) 동정(東井).	남방 – 염천(炎天) – 여귀(輿鬼) 유(柳) 칠성(七星).	동남방 – 양천(陽天) – 장(張) 익(翼) 진(軫).

『회남자』「천문」에서 28수의 별자리 배당방식을 보면, 구천九天 즉, 아홉 개의 하늘에 세 개씩 별자리가 배당되어 하나가 남는데 북방 균천에 하나를 더 배당한 것이다. 『사기史記』「천관서天官書」에서는 28수를 4방으로 배치하였다.

『회남자』「정신精神」의 다음 구절도 살펴보자.

하늘을 어버이로 삼고, 땅을 어머니로 삼는다. 음양을 벼리로 삼고 사시를 기틀로 삼는다. 하늘은 조용하여서 맑으며, 땅은 안정되어서 편안하니 만물에 이치를 놓치는 자는 죽고, 다르는 자는 산다.[157]

『회남자』에서는 인간의 정신은 하늘로부터 부여받고, 형체는 땅으로부터 본받고, 천지자연에 부합한 생명이므로 자연에 순응하며 살아야 함을 말하고 있다. 즉, 음양오행은 천지만물의 조화와 질서를 이끄는 보편적인 원리인 것이다.

「천문」에서는 28수의 천구상 적도 사이에 형성되는 각도를 동서남북

---

157 『淮南子』「精神」"以天爲父 以地爲母 陰陽爲綱 四時爲紀 天靜以淸 地定以寧 萬物失之者死 法之者生"

으로 나누어 보여준다. 동쪽 하늘에 있는 성수星宿 각角·항亢·저氐·방房·심心·미尾·기箕의 합은 75도 4분의 1이고, 북쪽하늘에 있는 두斗·우(牽)牛·여(須)女·허虛·위危·실(營)室·벽(東)壁의 합은 98도이며, 서쪽 하늘에 있는 규奎·누婁·위胃·묘昴·필畢·자觜·삼參의 합은 80도이고, 남쪽 하늘에 있는 정井·귀鬼·류柳·성星·장張·익翼·진軫의 합은 112도이다. 전체 각 성수에 분도를 메겨 28분도의 합이 365도 4분의 1임을 밝혔다. 지금의 과학이 이를 증명했으니, 이천 년 전 천문학의 수준이 대단했음을 알 수 있다.

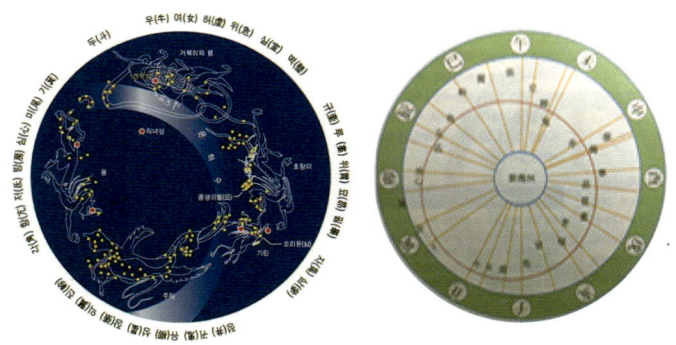

28수주분포도

또한 우리나라 문헌에서 28수宿가 나타나는 것은 조선태조 때 새긴 천상열차분야지도天象列次分野之圖가 있다. 이는 고구려 때 각석한 천문도天文圖 비석의 탁본을 바탕으로 돌에 새긴 것이다. 이 천문도天文圖에 적힌 설명문에 따르면, 이성계가 조선을 건국하였을 때 어떤 사람이 천문도의 탁본을 바쳤는데, 그 탁본의 원본 석각은 원래 평양성에 있었던 것이었으나 전쟁으로 인해 강물에 빠졌다고 한다. 이성계가 이 탁본을 귀중하게 여겨서 새로 돌에 천상열차분야지도天象列次分野之圖를 새긴 것이다. 성도星圖의 원형圓形중심에 북극이 있고, 그 중심으로 하여 관측지의 북극의 고도에 따른 작은 원과 더 큰 적도 및 황도권이 그려져 있다. 원의 주위에는 28수宿의 명칭과 적도수도赤度宿度가 기록되어 있으며 각 수宿의 거성距星과 북극을 연결하는 선에 의하여 개개의 별의 입수도入宿度가 눈으로도 매우 정밀하게 읽어갈 수 있게 그려져 있다.

또한 『회남자』에서는 『여씨춘추』와 『예기』에는 나타나지 않은 오위五位 · 육합六合 · 제도制度 등을 오행에 배속하였다. 오행의 근거로

〈천상열차분야지도天象列次分野之圖〉

보면 시간적으로 사시인 봄 · 여름 · 가을 · 겨울이 공간적으로 오위五位인 동 · 서 · 남 · 북 · 중앙과 맞지 않는데 『회남자』에서는 여름과 가을 사이에 '계하季夏'를 넣어 중앙에 토土를 배치함으로써 사시와 오행을 연결하였다.

「천문훈天文訓」과 「지형훈墜形訓」에는 오행의 상생과 상승 관계가 기술되어 있다.[158] 수隋대에 편찬된 『오행대의五行大義』[159]에서는 이전까지의 음양오행을 재정리하면서 오행 상승의 '승勝'을 '극剋'으로 바꾸었는데 이는 현재에도 이어지고 있다.[160] 또한 사계의 십이지지十二地支 중 '

---

[158] 『淮南子』「天文訓」"水生木 木生火 火生土 土生金 金生水", 「墜形訓」"木勝土 土勝水 水勝火 火勝金 金勝木"
[159] 『오행대의』는 수대에 소길(蕭吉)이 수대 이전까지 오행에 관련한 책들을 정리하여 수문제(隋文帝)에게 올린 책이다.
[160] 『오행대의』에서 '勝'을 '剋'으로 바꾸어 사용하면서 "木剋土 土剋水 水剋火 火剋金 金剋木"의 상극이란 용어

신술축미辰戌丑未'의 월月을 오행의 토土가 주재하는 달로 배정하였다.

전국시대 말부터 진秦·한漢대에 걸쳐 음양오행은 전 분야에 걸쳐 유행하였는데, 특히 의학에 대한 음양오행의 적용은 획기적인 발전을 가져왔다. 음양오행의 순환은 인간의 생리적 변화에도 절대적 영향을 미친다고 보고, 그 개념을 인체에 적용하여 오행을 오장五臟에 연결시켜 인체에서 상호 주고받는 영향에 따라 병의 치유와 예방을 다룬 최고最古의 의학서 『황제내경』이 저술되었다. 인체의 비장脾臟은 토土, 폐肺는 금金, 심장心臟은 화火, 간肝은 목木, 신장腎臟은 수水로 하여 오장을 오행에 대입하여 설명하였다. 이후 한의학의 기본 이론체계를 이룬 것이 음양오행이기에 역易과 의醫는 '역의동원易醫同源(역易과 의醫는 근원이 같다)' 또는 '역의일리易醫一理(역과 의는 이치가 하나다)'라고 한다.

또 오행은 모든 사물과 일, 기능 등에도 배속되었다. 오행은 소리에도 배속되었는데, 『예기』에 다음과 같은 구절이 나온다.

> 무릇 음악이라는 것은 사람의 마음에 생기는 것이다. 감정은 마음속에서 움직이기 때문에 소리에 나타나며, 소리를 글로 나타낸 것이 음악이라고 한다. 이런 까닭에 잘 다스려지는 시대의 음악은 편안하여서 즐겁다. … 성음(聲音)의 도는 정치와 통한다. 궁(宮)은 임금이 되고, 상(商)은 신하가 되고, 각(角)은 백성이 되고, 치(徵)는 일이 되고, 우(羽)는 물건이 된다. 이 다섯 가지가 어지럽지 않으면 가락이 조화를 이루지 못할 음은 없을 것이다.[161]

가 비롯되었다.

[161] 『禮記』「樂記」"凡音者 生人心者也 情動於中 故形於聲 聲成文謂之音 是故治世之音安以樂 其政和 … 宮爲君 商爲臣 角爲民 徵爲事 羽爲物 五者不亂 則無怗懘之音矣"

음양오행은 계절, 방위, 천간, 지지, 이십팔수二十八宿, 오음五音, 오장五臟, 오미五味, 오색五色 등으로 배당되어 천지만물의 기능과 생성변화를 설명했고, 천문, 율력, 문화, 의학, 정치 등 사회 전반에 걸쳐 다양하게 적용되며 체계화되었는데, 이를 통해 한대에서는 음양오행사상이 군주의 통치이념에서부터 민간에 이르기까지 얼마나 중요하게 작용했는지를 알 수 있다. 태극기는 건곤감리乾坤坎離 사괘四卦의 중심에 태극이 있어 오행이 배치되고, 태극에 음양이 있어 음양오행이 구비되었다.

■ 『주역』과 오행

『주역』을 오행으로 해석하는 것은 맹희孟喜[162]와 경방京方으로부터 시작되었다. 경방은 『경씨역경京氏易經』에서 주역을 오행으로 해석하여 송대 성리학의 정립에 기틀을 마련하였다.

> 길흉(吉凶)의 뜻을 낳는 것은 오행(五行)에서 시작하고 팔괘(八卦)에서 마친다. … 괘는 64로 나누고 384효를 짝지어 11,520책을 이루고, 기후 24절기를 정한다. 운명에서 오행(五行)을 살피니 인사, 천도, 일월성신은 손바닥이 가리키는 것에 국한되니, 길흉은 그 자리에서 드러난다.[163]

---

[162] 맹희는 『주역』을 통해 '음양재변(陰陽災變)'을 중시했고, 그의 학풍은 초정수(焦廷壽)를 거쳐 경방(京方)에게 전해졌다. 맹희에 관한 내용이 『한서』 「유림전(儒林傳)」에 있다. "맹희는 자가 장경(長卿)이고, 동해 난릉 사람이다. 부친의 호는 맹경(孟卿)이다. … 맹경은 예경(禮經)은 분량이 많고, 춘추(春秋)는 번잡하다고 생각하여 그의 아들 희로 하여금 전왕손(田王孫)의 역경(易經)을 이어받게 하였다. 孟喜 字長卿 東海蘭陵人也 父號孟卿 孟卿以禮經多 春秋煩雜 乃使喜從田王孫受易."

[163] 『京氏易傳』"生吉凶之義 始於五行 終於八卦 … 分六十四卦 配三百八十四爻 成萬一千五百二十策 定氣候二十四 考五行於運命 人事天道日斗星辰局於指掌"

『주역』을 오행으로 해석하는 것 못지않게 한대에 경經을 다루는 유생들은 『서경』「홍범」을 많이 등장시켰다. 『서경』은 고대 역사문헌이지만 「홍범」의 글에 의거해 오행재이五行災異를 논하였다. 음양오행설이 유학으로 편입된 경위는 미래의 길흉화복의 조짐이나 그에 대한 예언 등을 담은 '참위讖緯'이다. 참위은 도참圖讖으로 고대 사회에서는 자연스럽게 존재했고, 위緯는 위서緯書로 기원은 고찰할 수 없으나 한대 유가들이 경을 설명하면서 위서를 자주 인용하였기에 진秦·한漢대에 성행했음을 짐작할 수 있다. 참위는 음양오행설의 기초 이론이 된 것이다. 위서는 '위緯[씨줄]'과 '경經[날줄]'에 뜻을 담은 것이다.

『수서隋書』「경적지經籍志」에는 다음과 같은 기록이 나온다.

> 논자(論者)들은 또 말하기를 공자는 이미 육경(六經)을 지어 하늘과 사람의 도를 밝히면서 후세 사람들이 그 뜻을 제대로 알지 못할까봐 따로 위(緯)와 참서를 지어 후세에 남겼다. 그 글은 전한시대에 나온 하도9편, 낙서 6편이 있어 황제로부터 文王에 이르러 전수한 원본 문장이며 또 별도의 30편은 최초 성인부터 공자까지 9명 성인들이 덧붙이고 다듬어 그 뜻을 넓혀서 또 7경위 36편 역시 공자가 지었으니 모두 합쳐 81편이라고 주장했다. … 그러나 이들 글의 내용은 천박하고 저속하여 뒤죽박죽 어긋나고 거짓되어 성인의 뜻에 부합하지 않는다. 세상 사람들의 조작을 거쳐 글자들이 계속 은밀하게 고쳐졌던 만큼 사실적 기록은 아니다.[164]

참讖과 위緯를 연결하여 참위讖緯라고 하였지만 본래 이 둘은 상반된

---

[164] 『隋書』「經籍志」 "說子又云 孔子旣敍六經 以明天人之道 知後世不能稽同其義 故別立緯及讖 以遺來世 其書出於前漢 有河圖九篇 洛書六篇 云自皇帝至周文王所受本文 又別 有三十篇 云自初起至於孔子 九聖之所增演 以廣其意 又有七經緯三十六篇 並云 孔子所作 幷前合爲八十一篇 … 然其文辭淺俗 顚倒舛謬 不類聖人之旨 相傳疑世人造爲之 後或者又加點竄 非其實錄"

것이다. 참은 미신적 요소가 있고, 위는 경經에 대한 해석이다. 이렇게 참과 위는 서로 다르지만 위서에 참이 섞여 혼돈하여 후세 사람들이 참위로 칭했다. 위서는 대부분 현재 남아 있지 않다. 상수학象數學은 한 대에는 체계가 잡히지 않았지만『역위건착드易緯乾鑿度』의 상수학은 송 대에 비로소 확고한 틀을 잡았다.

3) 음양오행의 특성

음양오행설의 완성자는 동중서이다.『한서』「오행지五行志」에서는 다음과 같은 말로 그가 한 대 국교로서 유교의 위상을 높이는데 공로가 컸음을 말하고 있다.

> 동중서(董仲舒)는 춘추공양전(春秋公羊傳)을 익히고 비로소 음양(陰陽)을 확충하여 유가(儒家)의 조종이 되었다.[165]

그는 하늘과 사람은 서로 응한다는 천인감응天人感應사상의 바탕 위에 춘추대의春秋大義를 원칙으로 한 유교 중심의 세계관을 만들었다. 그의 철학 중심에는 천天이 있었다. '하늘은 변하지 않는다.'는 형이상학적 관점을 '천지–음양–사시–오행–만물'의 도식으로 만들어 천天을 우주의 주재자主宰者로 삼았다. 그래서 천을 '최고의 신神, 우주 전체'로 보았고, 또 우주만물은 하나의 유기체로 이루어져 그 구성에 열 가지

---

[165]『漢書』「五行志」"董仲舒治公羊春秋 始推陰陽 爲儒者宗"

¹⁶⁶가 있는데 곧 '천天이 주재主宰'한다고 보았다. 그는 천인상응설天人相應說로 하늘의 법칙이 곧 인간의 가치표준이 됨을 주창하며 한대 유학을 우주론적 중심사상으로 발전시켰고, 국교 유교를 통해 음양오행설은 보편적인 사상으로 자리 잡았다.

동중서는 음양오행을 『주역』이나 『서경』보다 『춘추春秋』¹⁶⁷에서 찾았다. 그의 역작 『춘추번로春秋繁露』라는 명칭에서 보듯 『춘추春秋』는 그의 사상적 지향점이었다.

『춘추번로』에서는 하늘의 음양 두 기운이 그대로 인간의 심성에 반영되어 있다고 하였다. 음양에서 음은 인간의 탐貪으로, 양은 인仁이라 하며 음양에 가치를 부여하여 천인상응天人相應으로 연결시켰다.

> 어질고 탐내는 기운은 둘 다 몸에 있다. 몸의 이름은 그것을 하늘에서 취한 것이다. 하늘에는 두 가지 음양의 품성을 가지고 있고, 몸 역시 두 가지로 탐(貪)과 인(仁)의 본성을 가지고 있다.¹⁶⁸

또, 『춘추번로』에는 주렴계가 『주역』의 태극과 음양오행설을 연결하여 설명한 『태극도설』의 이론적 근거를 제공한 글이 있다.

---

166 『春秋繁露』, 「五行之義」 "天地陰陽木火土金水九與人而十者 天之之數畢也 : 하늘과 땅, 음양오행의 아홉과 사람의 열 가지가 천지를 구성하는 필수적인 요소이다."

167 『춘추는 공자가 노나라를 중심으로 쓴 역사 평가서로 필삭(筆削)을 통한 사상과 이념을 담은 경전이다. 노나라 은공원년(隱公元年, B.C.722)부터 애공(哀公) 14년(B.C.481년)까지 편년체로 기록한 이 경은 12대 242년의 역사를 1,800조 16,500자로 압축하였고, 함축된 큰 이치가 담겨 있기에 해설서가 세 종류가 나왔다. 이를 〈춘추삼전(春秋三傳)〉이라 하며 모두 13경에 포함되었다. 〈춘추삼전〉은 전국시대 좌구명(左丘明)의 『춘추좌씨전(春秋左氏傳)』, 공양고(公羊高)의 『춘추공양전(春秋公羊傳)』, 곡양적(穀梁赤)의 『춘추곡양전(春秋穀梁傳)』이다.

168 『春秋繁露』「審察名號篇」 "仁貪之氣 兩在於身 身之名取諸天 天兩有陰陽之施 身亦兩有貪仁之性"

천지의 기(氣)는 합하여 하나가 되고, 나뉘어 음양이 되고, 가르면 사계절이 되고, 벌려 늘어놓으면 오행이 된다. 행(行)이란 가는 것이다. 그것은 가는 것이 같지 않으므로 오행(五行)이라 부른다. 오행이란 다섯 관직이다. 이것은 서로 생하고 사이를 두면 서로 극한다. 그러므로 다스림이 되니 오행을 거스르면 어지러워지고 따르면 다스려진다.[169]

「오행상생五行相生」의 내용인데, 천지의 기氣는 합해지면 하나가 되고 나누어지면 음양이 되고 쪼개져서는 사시四時가 되고 나열해서는 오행이 된다고 하여 음양과 오행의 관계를 명료하게 정의했다. 오행의 행行은 나아가는 길이요, 그 길이 같지 않아 오행이라 하며 이는 다섯 가지의 직무를 뜻한다고 하였다.

또 「오행상생」에서는 오행의 상생과 상극[상승]을 정의하고 있다.

오행의 순서	목(木) - 화(火) - 토(土) - 금(金) - 수(水)
상생	목생화(木生火), 화생토(火生土), 토생금(土生金), 금생수(金生水), 수생목(水生木)
상승	목승토(木勝土), 화승금(火勝金), 토승수(土勝水), 금승목(金勝木), 수승화(水勝火)

『한서』「예문지藝文志」에서는 "오행이라는 것은 오상五常의 형기形氣이다."[170]라고 했고, 동중서는 "오행은 다섯 가지 행실을 말하는 것과 같

---

[169] 『春秋繁露』「五行相生」"天地之氣, 合而爲一, 分爲陰陽, 判爲四時, 列爲五行, 行者行也. 其行不同, 故謂之五行, 五行者, 五官也. 比相生而間相勝也. 故爲治, 逆之則亂, 順之則治."
[170] 『漢書』「藝文志」"五行者 五常之形氣也"

다."[171]라고 하여 오행을 기로 보고, 인사人事와 연결하여 오상五常으로 나타내며 윤리의 덕목으로 부각시켰다. 또, 오행을 인간생활과 분리하여 생각할 수 없는 관계로 정의하였다.

『춘추번로』에서는 오행을 다음과 같이 말한다.

> 하늘에 오행이 있으니 일(一)은 나무, 이(二)는 불, 삼(三)은 흙, 사(四)는 쇠, 오(五)는 물이다. 목(木)은 오행의 시작이고, 수(水)는 오행의 마침이며, 토(土)는 오행의 중앙이다. 이것은 하늘 차례의 실마리이다. 나무는 불을 낳고, 불은 흙을 낳고, 흙은 쇠를 낳고, 쇠는 물을 낳고, 물은 나무를 낳는다. 이것은 오행의 부자(父子)관계이다. 나무는 왼쪽, 쇠는 오른쪽, 불은 앞, 물은 뒤, 흙은 중앙에 위치한다. 이것은 아비와 자식의 순서에 따라 서로 받아서 편 것이다. … 오행의 운행은 각기 그 순서에 따르고, 오행의 주관은 각기 그 역량을 발휘한다. 그런 까닭에 나무는 동방에 있으면서 봄기운을 주관하고, 불은 남방에 있으면서 여름기운을 주관하고, 쇠는 서방에 있으면서 가을기운을 주관하고, 물은 북방에 있으면서 겨울기운을 주관한다. 그런 까닭에 목(木)은 생(生)을 주관하고, 금(金)은 거둠을 주관한다. 화(火)는 더위를, 수(水)는 추위를 주관한다. … 흙은 자연의 으뜸이므로 그 덕성이 풍만하고 아름다워 한 계절로써 이름지울 수 없어서 오행으로서 사계절인 것은 토(土)가 함께하기 때문이다. 금(金) · 목(木) · 수(水) · 화(火)는 비록 각기 다른 역할이 있지만 토(土) 방위가 없으면 설 수 없다. 마치 신맛, 짠맛, 매운맛, 쓴맛 등이 단맛에 의지하지 않으면 각자 맛을 낼 수 없는 것과 같다. 단맛은 다섯 맛의 근본이고, 토(土)는 오행의 주재자이다. 오행의 주재자 토(土)의 기운은 다섯 맛 속에 단맛이 있어 단 맛을 얻지 않으면 이루지 못하는 것과 같다.[172]

---

171 『春秋繁露』, "五行之爲言也 猶五行與"
172 『春秋繁露』, 「五行之義」, 天有五行 一曰木 二曰火 三曰土 四曰金 五曰水 木五行之始 水五行之終也 土五行之中

오행은 각자의 기능이 있고, 운행의 순서가 있으며 위치가 정해져 계절의 변화로 나타내어 오행과 인사를 결부시키고 자연과 인간의 일체감을 주어 천인상응天人相應을 말하고 있다. 우리 사회는 이때 만들어진 오행의 차서次序에 의해 지금도 족보의 부자관계를 알 수 있는 성명학 항렬자行列字에 기본 공식으로 사용한다.

동중서는 천天이 주재하는 우주에 음양 두 기氣와 오행이 있고, 인간 역시 음양 오행이 있어 이를 매개로 우주와 인간이 상응하여 하나로 이어져 있다고 보았다. 그리고 천과 인간은 동일한 근원에서 비롯되었고 동일한 본성을 가져 천인감응이 가능하다는 당위성을 음양오행을 통해 논증하였다.

또 오행에 인간도덕율의 기본이 되는 오상五常[仁·義·禮·智·信]을 배속함으로써 인간 본성의 윤리, 도덕과 결부시켜 유교 정치이념으로 만들었다. 군주의 통치는 천天에 순응해야 하고, 그렇지 않고 민생을 해치는 경우에는 음양오행의 부조화로 자연재해가 일어난다는 휴상재리休祥災異의 사상을 강조하여 왕권을 강화하거나 위협하는 기능을 함께 제공했다. 그러나 동중서는 음양에 대하여 양·남성 우위, 양존음비陽尊陰卑 관점으로 유교질서를 만들어 음양이 가진 본래 뜻을 오용誤用하였고, 또한 오륜五倫¹⁷³에 삼강三綱(君爲臣綱 ; 임금은 신하의 벼리가 되고,

---

也 此其天次之序也 木生火 火生土 土生金 金生水 水生木 此其父子乜 木居左 金居右 火居前 水居後 土居中央 此其父子之序也 相受而布 … 五行之隨 各如其序 五行之官 各致其能 是故木居東方而主春氣 火居南方而主夏氣 金居西方而主秋氣 水居北方而主冬氣 是故木主生而金主殺 火主暑而水主寒 … 土者 天之一也 其德茂美 不可名以一時之事 故五行以四時者 土兼之也 金木水火雖各職 不因土方不立 若酸鹹辛苦之不因甘把之不能成味也 甘者 五味之本也 土者 五行之主也 五行之主 土氣也 猶五味之有甘肥也 不得不成

173 오륜 ; 인간으로서 마땅히 지켜야 할 다섯 가지 기본적인 윤리. 곧 부자(父子) 사이의 친애(親愛), 군신(君臣) 사이의 의리(義理), 부부(夫婦) 사이의 분별(分別), 장유(長幼) 사이의 차서(次序), 붕우(朋友) 사이의 신의(信義) 관계를 도덕적으로 확정하기 위해 제시된 유교의 기본 윤리. 이는 부자유친(父子有親)·근신유의(君臣有義)·부부유별(夫婦有別)·장유유서(長幼有序)·붕우유신(朋友有信)을 말한다. 오륜의 윤리 규범의 예는 서경(書經)에도 나오나 오륜의 내용이 분명하게 표현되는 것은 『맹자(孟子)』와 『중용(中庸)』에서이다.

父爲子綱 ; 아버지는 자식의 벼리가 되고, 夫爲婦綱 ; 남편은 아내의 벼리가 된다는 것)을 더한 것인데 오륜五倫은 인간관계 유지를 함에 있어 상호 배려하는 것임에 반해 삼강三綱은 왕권과 지배계급 강화를 위한 통치이념으로 만들며 정치적으로 활용하였지만 음양오행설로 자연과 인간을 연결하여 만든, 하늘을 최고 범주로 한 우주관을 통해 자연의 질서를 정치사상과 결합시켜 유교통치사상으로 만들면서 막강한 영향력을 행사했다.

동중서의 음양오행에 따른 재이설災異說은 점차 예언을 담은 참위설讖緯說로 바뀌어갔다. 참위설의 파급효과는 왕조교체의 역성혁명 예언으로 왕조의 권위를 위협하기도 했고, 왕조의 정당성을 제공하는 이론적 바탕이 되기도 하면서 음양오행은 왕조에서부터 민간에 이르기까지 절대적 영향을 미쳤다. 한대 유학은 분서갱유焚書坑儒의 영향으로 정통유학적 사상이 퇴보하고, 유가 속에 음양오행의 사상이 성행하였던 것이다.

살펴본 바를 정리하면, 음양과 오행에 대한 사고思考는 상고시대부터 있어 왔음을 알 수 있다. 음양과 오행은 본래 독립된 용어로 사용되었는데, 음양오행이 결합되고, 일월의 음양 두 기운이 오행의 운행 순서에 따라 우주에 펼쳐지며 만물이 생성 변화하는 철학적 모습을 갖추면서 동양학의 핵심개념이 되었다. 음양오행은 전국시대 동해안 지방에서부터 유행했던 오행사상을 제나라 추연이 자연질서와 인간질서를 연계한 오덕종시설五德終始說로 만들어 이론적 체계를 갖추기 시작했는데, 이후 전국시대, 전한시대를 거치면서 자연과 인간을 유기체적 관계로 설명하는 사상적 토대가 되었다.

특히 동중서는 음양오행을 국교인 유교와 결합시켜 인간의 행위규범인 오상과 연결하여 체계화하였고, 천인감응天人感應과 휴상재이休祥

災異(상서로운 징조와 재앙이 되는 괴이한 일) 사상은 왕권의 강화와 교체의 이론적 근거가 되었으며 모든 사상과 분야에 강력한 영향을 미치며 봉건제사회의 체제와 질서를 유지하는 보편적 사상으로 정착되었다.

음양오행의 전개과정은 송대 성리학에도 큰 영향을 미쳤고, 주렴계의 『태극도설』을 통해 우주생성원리로 제시되면서 성리학의 핵심개념이 되어 북송오자北宋五子와 주자朱子를 통해 체계적인 이론이 정립되어 심성론으로 발전하였다.

주자朱子는 음양과 오행의 관계를 별개로 보지 않고, 음양 두 기가 나뉘어서 오행의 기가 된다고 했다.

> 음양은 기(氣)이며 오행은 질(質)이다. … 그러나 음양 두 기가 나뉘어서 다섯으로 되는 것이지 음양 밖에 별도로 오행이 있는 것이 아니다.[174]

이후 성리학에서 태극을 리理로, 음양오행을 기氣로 한 이기론이 성립되어 만물 생성과 변화와 우주와 인간을 설명하는 근원의 사유의 기초 이론이 되었다.

그러면 동이족과 태극의 관계는 어떠할까? 동이족의 선조 태호복희太昊伏羲 황제께서 『주역』의 괘를 댄 처음 만들었고, 동이족이 세운 은나라가 한자의 원형 갑골문자를 만들었다. 그래서 태극기에는 『주역』의 핵심사상이 담겨 있다. 우리나라의 달력은 '일월화수목금토일日月火水木金土'로 구성되어 음양오행의 계속적인 순환을 나타내고 있다. 우리의 일상생활에는 태극이 녹아 있는 것이다.

---

174 『朱子語類』券1 高槼 "陰陽是氣 五行是質 … 然却是陰陽二氣截做這五箇 不是陰陽外別有五行"

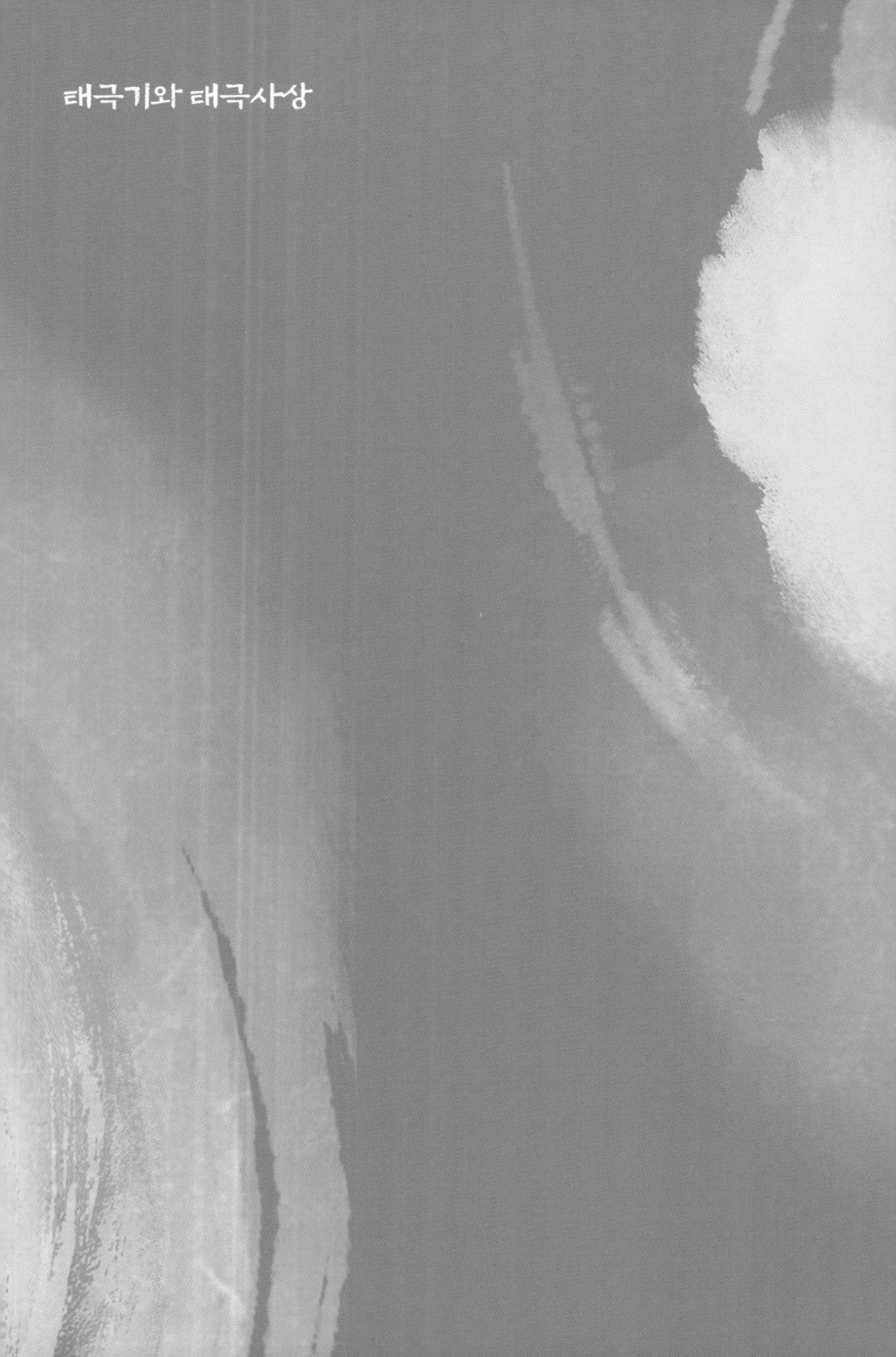

태극기와 태극사상

3장

『태극도설』

1. 『태극도설』의 연원

1) 상수학과 도상학

역易은 괘卦와 효爻의 부호를 만들어졌다. 부호로 만들어진 괘·효의 상象과 사辭로써 의미를 전달하기 때문에 상징적이고, 함축적이다. 그래서 보는 사람들의 시각에 따라 제각기 다양한 해석을 할 수도 있다. 「계사전繫辭傳」에 이런 구절이 나온다.

> 수(數, 대연지수)를 지극히 하여 미래를 아는 것을 점(占)이라고 한다. … 그 수(數)를 지극하여 마침내 천하의 상(象)을 정한다.[1]

> 상(象)을 세움으로써 뜻을 다한다.[2]

역의 핵심은 상象에 있는 것으로 괘상卦象은 상징의 함축이요, 효爻는 변화의 표현이요, 사辭는 구체적 설명이다. 『주역』은 상과 수와 이치를 담고 있다고 하여 '상수리象數理'라고도 한다. 상은 추상적이나 수의 거울이 되고, 상에 나타난 숫자는 정확하여 이치가 나온다.

> 지나 간 것을 헤아림은 순서대로 하고, 오는 것을 아는 것은 역(거스름)으로 한다. 그래서 역(易)은 거스름으로 헤아린다.[3]

상을 통해 나타난 수로써 이치를 설명하지만 역逆의 관계도 성립한

---

1 『周易』「繫辭上傳」"極數知來之謂占 … 極其數 遂定天下之象"
2 『周易』「繫辭上傳」"立象以盡意"
3 『周易』「說卦傳」"數往者順 知來者逆 是故 易逆數也"

다. 이치로써 수를 설명하고 상으로 표현하는 것도 가능하다는 것이다. 여기서 천지의 수는 모두 그 원리에 맞게 빈틈이 없고, 상은 수의 원리를 나타낸다. 다음 구절들에서 이러한 내용이 잘 드러난다. 두 번째는 주자의 말이다.

그 수(數)를 지극하게 하여 마침내 천하의 상(象)을 정한다. 천하의 지극한 변화가 아니면 그 누가 이에 함께할 수 있겠는가![4]

리(理)가 있으면 반드시 상(象)이 있고, 상이 있으면 반드시 그 수(數)가 바로 저절로 그 리(理) 안에 있다.[5]

역易을 해석하고 연구하는 방법의 비중에 따라 대체로 상수학파象數學派와 의리학파義理學派로 구분한다. 그러나 괘상卦象과 괘효사卦爻辭의 바탕에서 상수象數와 의리義理가 나오기 때문에 상수리象數理는 불가분不可分의 관계이다.

상수학象數學은 괘卦의 상象에 중점을 두고, 각 괘의 상을 취한 후 상괘上卦·하괘下卦의 물상物象이 상징하는 바에 따라 해석하는 것으로 취상설取象說이라고도 한다. 상수학은 송대에 도상학圖像學으로 이어졌고, 주렴계는 태극을 도상으로 나타냈다. 반면 의리학은 괘효사의 의미와 덕성에 중점을 두고 해석하는 것으로 취의설取義說이라고도 한다.

팔괘의 유래는 『주역』「계사하전繫辭下傳」에 잘 나타나 있다.

---

4 『周易』『繫辭上傳』"極其數 遂定天下之象 非天下之至變 其孰能與於此"
5 『朱子語類』"有是理 則有是象 有是象則 其數便自在這裡"

옛날에 복희씨가 천하의 왕일 때에 우러러서 천문을 살펴보고, 구부려서 땅의 이치를 관찰하며, 새와 짐승의 문채와 땅의 마땅함을 살펴보며, 가깝게는 몸에서 취하고 멀게는 사물에서 취하여 이에 비로소 팔괘를 그렸다. 이로서 신명의 덕을 통하여 만물들의 설정을 분류했다.[6]

「계사하전」에 따르면 팔괘는 자연계의 상을 통하여 만들어졌다. 상수학자들은 이를 통해 우주와 인간을 파악하고자 했기에 이 말에 이론 체계의 근거를 두고 있다.

상수학파들의 취상설과 의리학파들의 취의설을 「설괘전說卦傳」을 통해 살펴보면, 그 괘가 상징하는 팔괘의 물상을 취한 취상설取象說을 알 수 있다.

건(乾)은 하늘이다. 그러므로 아버지라 일컫고, 곤(坤)은 땅이다. 그러므로 어머니라 칭하고, 진(震)은 한번 찾아서 남(男)을 얻음이라 그러므로 장남(長男)이라 이르고, 손(巽)은 한번 찾아서 여(女)를 얻음이라 그러므로 장녀(長女)라 이르고, 감(坎)은 두 번 찾아서 남(男)을 얻음이라 그러므로 중남(中男)이라 이르고, 리(離)는 두 번 찾아서 여(女)를 얻음이라 그러므로 중녀(中女)라 이르고, 간(艮)은 세 번 찾아서 남(男)을 얻음이라 그러므로 소남(少南)이라 이르고, 태(兌)는 세 번 찾아서 여(女)를 얻음이라. 그러므로 소녀(少女)라고 말한다.[7]

이에 따르면 하늘의 물상을 보고 건乾이라 했고, 이를 아버지로 보

---

[6] 『周易』「繫辭下傳」"古者包犧氏之王天下也 仰則觀象於天 俯則觀法於地 觀鳥獸之文 與地之宜 近取諸身 遠取諸物 於是 始作八卦 以通神明之德 以類萬物之情"

[7] 『周易』「說卦傳」"乾天也 故稱乎夫, 坤地也 故稱乎母, 震一索而得男 故謂之長男, 巽一索而得女 故謂之長女, 坎再索而得男 故謂之中男, 離再索而得女 故謂之中女, 艮三索而得男 故謂之少男, 兌三索而得女 故謂之少女"

앉던 것이다.

취의설은 추상적인 괘를 사물화하여 괘명卦名의 의의와 괘의 덕성德性을 설명한 것이다.

건(乾)은 굳세고, 곤(坤)은 유순하고, 진(震)은 움직임이고, 손(巽)은 들어감이요, 감(坎)은 빠짐이요, 리(離)는 걸리고, 간(艮)은 그침이며, 태(兌)는 기뻐함이다.[8]

이렇게 팔괘의 덕성을 설명하면서 하늘의 덕성을 굳셈으로 보았고, 땅의 덕성을 유순함으로 보았다.

공자는 「역전易傳」을 지으면서 괘상에서 효상이 처한 상황으로써 괘효사를 설명한 효위설爻位說을 『주역』에 부가함으로 후대 역학에 절대적인 영향을 끼쳤고, 십익十翼을 찬술함으로써 역易은 자연발생적 복서卜筮의 기능에서 철학서로 기능을 더하게 된 것이다. 이를 두고 주자는 주역은 복서卜筮에서 출발하여 공자에 이르러 의리역義理易으로 발전했다고 했다.

상수학에 관련한 상象과 수數의 용어는 『좌전左傳』에서 가장 먼저 나온다. 『좌전』[9] 희공 15년에 한간韓簡은 다음과 같이 설명하였다.

거북 등은 상(象)이고, 서(筮)는 수(數)이다. 사물이 생긴 후 상이 있고, 상이 있은 이후에 번성함이 있고, 번성함이 있은 이후에 수(數)가 있다고 했다.[10]

---

[8] 『周易』「說卦傳」 乾健也 坤順也 震動也 巽入也 坎陷也 離麗也 艮止也 兌說也

[9] 『좌전』은 공자의 『춘추』를 노나라 좌구명(左丘明)이 해석한 책이다. 『좌씨춘추(左氏春秋)』는 한나라 때 『춘추좌씨전(春秋左氏傳)』으로 불렸고, 그 후 『좌씨전(左氏傳)』, 『좌전(左傳)』이라고도 하였다. 반고(班固)의 『한서』 「예문지(藝文志)」에 『춘추』에 대한 『전(傳)』이 모두 23가 948편이나 되었다고 기록하고 있다. 이 중 『춘추좌씨전』은 『춘추』에 기록된 사실에 대한 역사적·실증적 해석을 중심으로 하였다.

[10] 『左傳』 龜象也 筮數也 物生而後有象 象而後有滋 滋而後有數

거북 등은 상象이고, 서筮는 시초蓍草를 뽑는 수이다. 상과 수는 복서卜筮[11]로서의 기능을 하였음을 나타냈다. 『주례周禮』에는 "대부분 나라의 큰일은 먼저 서筮를 행하고 후에 복卜을 행하였다."[12]고 하였으나 당시 국가의 대소사는 물론이고 모든 일을 서筮와 복卜으로 점을 쳐서 결정했다. 상과 수를 병행하였고, '서'와 '복'의 순서는『좌전』과『주례』에 서로 바뀌어 있는 것으로 보아 편의에 따라 '서'와 '복'을 행했던 것으로 볼 수 있다.

『한서』「유림전儒林傳」에는 역易의 전수과정을 담은 내용이 있다.

> 진(秦)나라에 이르러 학문을 금하니,『역경(易經)』은 점치는 책이라 하여 홀로 금지되지 않은 까닭에 전수자가 단절되지 않았다.[13]

『역경』이 담고 있는 위상으로 볼 때 이러한 시대적 상황을 미리 예측하여 서복筮卜으로 포장된 것으로도 볼 수 있다.

양한兩漢시대에 역학은 복서卜筮의 '상수학파'와 사상서思想書의 '의리학파'의 발전이 두드러졌고, 연구방법과 관점에도 변화가 있었다. 진시황의 분서갱유焚書坑儒 후, 한 혜제惠帝 4년(B.C.191) 협서금법挾書禁法(유학자들이 모여서 이야기하지 못하게 하고, 책을 끼고 다니는 것을 금지하는 법)이 해제되자 외워두었던 경전을 당시 통용된 예서隸書로 복원하고 연구하는 금문경학파今文經學派들이 동중서에 의한 과거제도 시행으로 활기를 띠었다. 한 왕조도 유교를 통치이념으로 하여,『주역』은 최고의 경서가

---

11 '상(象)'은 귀갑(龜甲, 거북 껍질, 짐승의 뼈)으로 점을 친 '복(卜)'이고, 결과를 기록한 것이 복사(卜辭, 갑골문)다. '수(數)'는 시초(蓍草)로 한 '서筮'로 그 수를 조합하여 괘상(卦象)을 뽑아 점을 쳤던 것이다.
12 『周禮』「春官」"凡國之大事 先筮而後卜"
13 『漢書』「儒林傳』"及秦禁學 易爲筮卜之書 獨不禁 故傳受者不絶也"

되었다. 이때 금문경학파들이 관학을 주도하였고, 역학易學에도 큰 영향력을 끼쳐 관방역학官方易學이라 불리며 한역漢易의 주류를 이루었는데 대표적 인물이 맹희孟喜·초공焦贛14·경방京房15 등이다.

한역의 상수학파들은 「계사전」에서 하늘이 상을 드리우고 길흉을 나타내니 성인이 상을 보았다는 뜻에 따라 자신들의 상수학적 관점을 주장하였다.

역(易)이라는 것은 상(象)이다. 상이라는 것은 형상이다.16

성인이 천하의 심오한 것을 봄에 있어서 그 형용함에다가 본떠 그 물건에 마땅함을 형상하니, 이런 까닭에 상(象)이라고 말한다.17

한대 상수학파들의 선두 주자는 맹희로 그는 『주역』의 괘상에 천체의 변화와 기후절기를 대입한 『괘기설卦氣說』로 당시 천재지변의 재난에 대처하고자 했다. 이는 괘상을 사시·12월·24절기·72절후에 배분하여 기후 변화와 천재지변을 예측하고 인간 길흉사를 점쳐 대비하고자 한 것으로, 『주역』의 우주만물의 생성변화원리를 '상象'과 '수數'를 통해 자신들의 역학으로 발현한 것이다. 이는 후대에 상수학이라 불렸으며, 상수역학象數易學은 송대에 도상학圖象學 형성의 바탕이 되었다.

---

14 초공은 양인(梁人)으로 이름은 연수(延壽)이다. 맹희에게 『역』을 익히고 경방(京房)에게 전수하여 '한역(漢易) 상수학(象數學)'을 열었다.
15 경방은 서한(西漢)의 금문경학가(今文經學家)로 자는 군명(君明)이다. 성씨는 이(李)였으나 음률을 추론하여 스스로 경씨(京氏)라 하였다. 역을 초연수(焦延壽)에게 수업하여 점험술(占驗術)에 능하였고, '한역 상수학파'의 형성에 지대한 역할을 하였다.
16 『周易』「繫辭下傳」"易者象也 象也者 像也"
17 『周易』「繫辭上傳」"聖人 有以見天下之賾 而擬諸其形容 象其物宜 是故謂之象"

이후 주돈이周敦頤·소옹邵雍·주진朱震 등 상수학파들로 계승되었다. 한대 주역의 원리를 통한 연구는 학파 구분 없이 활발하였다. 『역전』 경문에 담긴 이치를 통해 인간의 도덕적 당위를 밝힌 취의학파取義學派도 등장하고, 도가의 황로학파黃老學派[18]도 등장하였다.

"성인이 상을 세움으로써 뜻을 다하며, 괘를 설설함으로써 본성과 작위를 모두 본다."[19]는 「계사전」의 내용에 따라 상을 통해 이치를 파악하여 만물의 본성과 행위를 밝힌 비직費直[20]을 중심으로 한 취의학파는 당시 융성하지 못했지만 마융馬融, 정현鄭玄, 순상荀爽 등이 그의 학문을 전했고, 왕필王弼[21], 공영달孔穎達로 이어져 송대 의리학파에 영향을 주며 역학 학술사에 중요한 역할을 했다.

후한대 『역위건착도』에서는 태극기 사괘의 기초가 되는 팔괘를 도상으로 나타낼 수 있는 근거를 마련하는 시간적 요소인 사시와 공간적 요소인 팔괘를 연결하는 철학적 발전을 발견할 수 있다. 사정四正[진震☳, 태兌☱, 이離☲, 감坎☵]의 동, 서, 남, 북과 사유四維[손巽☴, 곤坤☷, 건乾☰, 간艮☶]의 동남, 서남, 서북, 동북의 팔괘를 사시와 잇고, 만물이 생生·장長·수收·장藏하는 이치로 설명했다. 이는 후에 도상학에 영향을 주었으며, 이 팔괘방위도는 북송 상수학자 소옹邵雍(號, 康節)의 후천팔괘방위도後天八卦方位圖로 이어졌다.

---

18 황로학은 『주역』과 황로(黃老, 黃帝)와 노자(老子)학을 결합한 음양변역을 주장하는 역학으로 전국시대 말부터 漢 초 유행한 도가사상을 바탕으로 제자백가의 장점을 취한 학문이다.
19 『周易』「繫辭上傳」 "聖人 立像 以盡意 設卦 以盡情僞"
20 비직은 전한의 경학자로 자는 장옹(長翁)이다. 고문역학인 '비씨역(費氏易)'의 창시자로 『주역』 경의 뜻, 의리에 밝았다. 후한의 마융(馬融), 정현(鄭玄), 순상(荀爽) 등이 그의 학문을 전했다.
21 왕필은 위나라 사람으로 24세에 요절했다. 『노자도덕경주(老子道德經注)』, 『노자지략(老子指略)』, 『주역주(周易注)』, 『주역약례(周易略例)』, 『논어역의(論語繹疑)』 등 도교·유교경전을 탁월한 능력으로 주석하였다. "得意忘象 得象忘言 ; 뜻을 얻으면 상을 잊고, 상을 얻으면 뜻을 잊는다."며 『주역』의 의리적 측면을 중요시했다.

『건착도乾鑿度』[22]에서는 다음과 같이 설했다.

공자가 말했다. 역(易)은 태극(太極)에서 시작한다. 태극은 나뉘어 둘이 되는 까닭에 천지가 생겼다. 천지는 춘하추동의 구분이 있기 때문에 사계절이 생겼다. 사계절은 각각 음양(陰陽)과 강유(剛柔)로 나누어져 있어서 팔괘(八卦)가 생겼다. 팔괘가 배열을 이루어 천지의 도(道)가 세워져 천둥, 바람, 물, 불, 산, 못의 상(象)이 정해졌다. 그것이 펼쳐지고 흩어져 용사(用事)한다. 진(震)은 동쪽에서 사물을 낳는데 그 자리는 2월에 있다. 손(巽)은 동남쪽에서 만물을 분산시키는데 그 자리는 4월이다. 리(離)는 남쪽에서 만물을 성장시키는데 그 자리는 5월이다. 곤(坤)은 서남쪽에서 만물을 양육하는데 그 자리는 6월이다. 태(兌)는 서쪽에서 만물을 거두는데 그 자리는 8월이다. 건(乾)은 서북쪽에서 만물을 규제하는데 그 자리는 10월이다. 감(坎)은 북쪽에서 만물을 저장하는데 그 자리는 11월이다. 간(艮)은 동북쪽에서 만물을 종결하고 시작하는데 그 자리는 12월이다. 팔괘의 기가 종결되면 사정(四正; 감坎-북北, 진震-동東, 이離-남南, 태兌-서西)과 사유(四維; 간艮-동북東北, 손巽-동남東南, 곤坤-서남西南, 건乾-서북西北)의 분리가 명확해져 낳고, 자라고 거두고 저장하는 도가 갖추어져 음양의 본체가 정해지고 신명의 덕이 통하여 만물은 각기 그 류(類)에 따라 이루어진다.[23]

『주역』「계사전」에서는 '태극太極 → 양의兩儀 → 사상四象 → 팔괘八卦'

---

22 『건착도』는 『역위(易緯)』 가운데 대표작이다. 많은 관점은 『경씨역전(京氏易傳)』을 해석하고 구명하였으나 양한 시대 관방역학의 통론이라고 할 수 있다. (주역철학사, 심경호 옮김, 198p)

23 『乾鑿度』"孔子日 易始於太極 太極分而爲二 故생天地 天地有春夏秋冬之節 故生四時 四時各有陰陽剛柔之分 故 生八卦 八卦成列 天地之道立 雷風水火山澤地象定矣 其布散用事也 震生物於東方 位在二月 巽散之於東南 位在四月 離長之於南東 位在五月 坤養之於西南方 位在六月 兌收之於西方 位在八月 乾制之於西北方位在十月 坎藏之於北方 位在十一月 艮終始之於東北方 位在十二月 八卦之氣終則四正思惟之分明 生長收藏之道備 陰陽之體定 神明之德通 而萬物各以其類成矣"

로 만물 생성과정을 보였으나, 『역위건착도』에서는 '역易 → 태극太極 → 천지天地 → 춘하추동春夏秋冬[四時] → 팔괘八卦'의 만물생성론을 수립한다. 『역위건착도』에서 사시가 천지와 팔괘 사이를 매가하여 시간과 공간의 결합을 통해 도상으로 나타낸 것은 획기적인 발전이라고 볼 수 있다.

또한 『건착도』에서는 "태일太一은 그 수數를 취하여서 구궁九宮을 운행하고, 사정四正과 사유四維는 모두 합이 15이다."[24]라고 하며 팔괘에서 구궁으로 연결하여 그 합이 15로 되는 이치를 설명하였다. 「설괘전說卦傳」에 "임금이 진震에서 나온다. … 만물은 진震에서 나오는데 진震은 동방이다."[25]라는 구절에서 유추하여 8방위도를 이끌어내었던 것이다.

역학사에서 보면 선진시대에 점서占筮로부터 태동하여 진秦의 분서焚書에도 역은 복서라 하여 전수되어 선진시대 역학이 양한시대로 계승·발전하였고, 이때 활발했던 한역漢易을 상수역象數易이라고도 했으며 이후 송대에 도상학의 기반이 되었다.

『태극도설』太極圖說의 전수과정에 대해서도 논란이 많으나 『송사宋史』 「유림전儒林傳」에는 이렇게 기록되어 있다.

주진(朱震)[26]은 경학의 경지가 깊고 순수하였으며, 「한상역해(漢上易解)」를 지어 말하기를 … 진단(陳摶)[27]이 「선천도(先天圖)」를 충방(种放)[28]에게 주었고, 충

---

[24] 『乾鑿度』 "故太一取 其數以行九宮 四正四維 皆合于十五"
[25] 『周易』「說卦傳」"帝出乎震 … 萬物出乎震 震東方也"
[26] 주진의 자는 자발(子發)이고, 호는 한상(漢上)이다. 호안국(胡安國)의 문하에서 수학하며 상수학을 배우고, 진단(陳摶)과 소옹(邵雍)으로 전해진 하도낙서(河圖洛書)에 의한 우주론을 전개하였다.
[27] 진단은 오대 송초 사상가이다. 자는 도남(圖南)이고 호는 부요자(夫搖子)이며 희이(希夷)선생이라 불린다.
[28] 충방은 송나라 사람으로 자는 명일(明逸), 호는 운계취후(雲溪醉侯)다

방은 목수(穆脩)²⁹에게 전했고, 목수는 이지재(李之才)에게 전했으며, 이지재는 소옹(邵雍)에게 전했다. 충방이 「하도(河圖)」 「낙서(洛書)」를 이개(李漑)에게 전했고, 이개는 허견(許堅)에게 전했고, 허견은 범악창(范諤昌)에게 전했고, 범악창은 유목(劉牧)에게 전했다. 목수는 「태극도(太極圖)」를 주돈이(周敦頤)에게 전했고, 주돈이는 정호(程顥)와 정이(程頤)에게 전수하였다.³⁰

이 글에서 주진은, 「선천도先天圖」는 진단에서 충방과 목수, 이지재를 거쳐 소옹에게 전수되었고, 「하도河圖」·「낙서洛書」는 충방에서 이개, 허견, 범악창, 유목에게 전수되었고, 「태극도太極圖」는 목수에서 주렴계에게 전수된 것이라고 말하고 있다.

주자는 이 글을 보고, 『통서해通書解』「태극도설통서서후太極圖說通書書後」에서 이렇게 말하였다.

내가 살펴보건대, 한상(漢上) 주진(朱震)은 진단(陳摶)이 「태극도(太極圖)」를 충방(种放)에게 전했고, 충방은 목수(穆脩)에게 전했으며, 목수는 선생[주렴계(周濂溪)]에게 전했다고 말했다. 형산(衡山)의 호굉(胡宏) 인중(仁仲)³¹은 충방과 목수가 전한 것은 단지 선생이 배운 스승 가운데 하나일 뿐이고, 선생이 배운 지극한 것이 아니라고 하였고, 무당(武當)의 기관(祈寬) 거지(居之)는 또한 도상(圖像)은 바로 선생이 손으로 그려서 두 이정(二程)에게 말한 것으로 일찍이

---

29 목수는 송나라 사람으로 자는 백장(伯長)이며 당시 학자들은 대부분 성률(聲律)이었으나 목수만은 옛 문장에 뛰어났다고 한다. 구양수에 의하면 당시 사대부들 중 문장을 잘 하는 사람은 모두 목수에게 인정받았다고 한다. 저서에 『목참군집(穆參軍集)』이 있다.
30 「宋史」卷435「儒林」"震經學深醇 有漢上易解 云 … 陳摶以先天圖授种放 放傳穆脩 穆脩傳李之才 之才傳邵雍 放以河圖洛書傳李漑 漑傳許堅 許堅傳范諤昌 諤昌傳劉牧 穆脩以太極圖周敦頤 敦頤傳程顥程頤"
31 호굉은 송대 사상가로 자는 인중(仁仲), 호는 오봉(五峰)이다. 아버지 호안국(胡安國)의 철학을 계승·발전시켰다. 그의 사상은 장식(張栻)을 통해 주자에게 전해진다. 저서에 『지언(知言)』과 『오봉집(五峯集)』이 있다.

책으로 만든 적이 없었다고 하였으니, 이것은 모두 반흥사(番興嗣)[32]가 지은 묘지(墓誌)를 보지 못하고 말한 것이다. 호굉(胡宏)의 설과 같은 경우는 또한 선생의 학문의 심오한 의미가 시종일관 이「태극도」를 벗어나지 않았다는 것을 고찰하지 않았던 것이다. 선생의 「역설」은 오랫동안 이미 세상에 전해지지 않았으며, 내가 이전에 두 판본을 보았는데 모두 맞는 것이 아니다.[33]

주자는 주진의 글에 대해 믿지 않고, '태극도'는 염계濂溪선생의 독창적인 것이라고 생각했다. 충방과 목수는 단지 염계선생의 여러 스승 중 한 명 일 뿐으로 태극도太極圖는 염계선생이 그린 것임을 강조했고, 태극도를 전했다는 충방과 목수의 전수설을 인정하지 않았다. 『주역』은 자연으로부터 보편적인 원리를 도출하고, 이러한 원리를 묘사하는 수단이 말이나 글이며, 동시에 상象과 수數이다. 우주 질서의 생성을 나타낸 도상은 한대 이후 시도가 있었지만 주렴계 이전에 태극을 도상으로 나타내는 이론적 체계를 확립하지는 못했다. 그래서『태극도설』의 등장은 암흑을 밝히는 빛과 같았다는 찬사를 보내는 것이다.

「계사전」에 "글은 말을 다할 수 없고, 말은 뜻을 다할 수 없다. … 상으로써 그 뜻을 다한다."[34] 하였다. 태극도는 태극사상을 담은 함축된 상징이다.

사물의 현상을 글이나 언어로 표현하지만 오히려 눈빛, 손짓, 표정 등이 글이나 말보다 강렬한 전달 수단이 되기도 한다. 기쁨이나 감동

---

32 반흥사는 호가 청일거사(淸逸居士)이다. 주돈이(周敦頤), 왕안석(王安石) 등과 교류하였다.
33 『通書解』「太極圖說通書書後」[朱子自註]"按, 漢上朱震子發言, 陳搏以太極圖傳种放, 放傳穆修, 修傳先生, 衡山胡宏仁仲則以和穆之傳, 特先生所學之一師, 而非其至者. 武當祈寬居之, 又謂圖像, 乃先生指書以語二程, 而未嘗有所爲書, 此蓋皆未見潘誌而言. 若胡氏之說, 則又未考乎先生之學之奧, 始卒不外乎此圖也. 先生(易)說久已不傳於世, 向見兩本, 皆非是
34 『周易』「繫辭上傳」"書不盡言 言不盡意 … 立象以盡意"

을 느꼈을 때 "아아!" 이 외마디가 어떤 표현보다 공감의 속도가 빠르다. 도상은 인간 지식의 경계를 넘어선 순수의 본체로 군더더기가 없이 간결하다. 본질은 설명이 아니라 느낌이요, 직관이며, 존재에 대한 깊은 통찰이다. 도상은 본질의 함축이요, 함의이다. 태극기를 보면서 태극기에 담긴 무한한 진리를 연상할 수 있다.

주렴계의 『태극도설』 이후 태극의 원리를 상과 수의 도식으로 함축하여 자신의 세계관을 표현하려는 시도가 유행하였는데 이들을 도서학파圖書學派[35]라 했다.

2) 『태극도설』의 배경

주렴계는 『태극도설』에서 태극과 음양오행을 연결하여 우주본체론과 인생론에 대해 설명했다. 주역에서는 음양에서 사상을 낳고 사상에서 팔괘를 낳는다고 했는데 주렴계는 『태극도설』에서 무극이 태극이요, 태극이 음양을 낳고, 음양이 오행을 낳아 음양과 오행의 결합에 의하여 만물이 형성되는 것으로 설명하며 오행은 하나의 음양이요, 음양은 하나의 태극이니, 태극은 본래 무극이라고 했다.

송대 이전의 유학사儒學史를 크게 둘로 나누어 보면, 원시유학시대 또는 선진유학시대와 전통유학시대로 구분할 수 있다. 선진유학시대는 공자로부터 시작되어 자사子思, 맹자, 순자로 이어지며 유교사상의 본질을 담은 경전이 형성되었던 시기이다.

---

35 『周易』『繫辭上傳』 "聖人象之 河出圖 洛出書 聖人則之, 황하에서 도(圖)가 나오고 낙수(洛水)에서 서(書)가 나오니 성인이 그것을 법칙으로 삼았다."는 '도와 서' 구절을 근거로 자신의 역학 세계관을 표현했다.

전통유학시대는 진시황의 분서갱유 후 한무제漢武帝가 유교를 국학으로 지정하면서 유학이 부활하여 금문今文과 고문古文의 경서를 해석한 훈고학訓詁學이 발전했던 시기로, 한나라로부터 삼국시대, 위魏·진晉·남북조南北朝시대, 수隋·당唐시대가 전통유학시대이다.

전통유학시대의 철학적 사조를 보면, 한대는 금문경서今文經書와 고문경서古文經書의 주석을 연구하는 경학經學이 유행했고, 위·진·남북조시대는 노장사상을 중심으로 경서를 해석한 현학玄學이 활발했으며 수·당대는 불학佛學이 성행하며 당唐 공영달孔穎達(574-648), 한유韓愈(768-824), 이고李翱(774~836) 등의 학자들이 공자, 맹자 이후 끊어진 도맥을 잇고, 도교와 불교의 사상적 논리에 뒤처져 정체된 유학에서 탈피하고자 하는 각success과 노력이 있어 왔다.

이러한 사조를 거치면서 송대에 와서 전통유학을 바탕으로 도학과 불학을 융합한 주렴계의『태극도설』에서 새로운 사상적 모색이 비롯되었다. 남송대 주자에 의해 집대성되며 태극太極, 천도天道, 성性, 리理가 핵심어가 된 획기적인 학술사상이 성리학性理學(New-confucian)으로, 이는 철학에서 통치사상에 이르기까지 절대적인 영향력을 미치게 되었다.

송 태조가 오대십국五代十國(당나라 멸망 후 송나라 건국 사이에 흥망한 왕조)의 혼란기를 수습하여 정치적, 사회적 안정기로 접어들었고, 이에 왕권 강화를 위해 유학경전을 통한 과거제도를 시행함으로써 학술영역에 큰 변화가 나타났는데, 이것이 송대 성리학이 발현될 수 있었던 계기가 되었다.

각 주현州縣에 서원과 학교가 설립되고, 인쇄술도 함께 발전하였다. 과거를 통해 등장한 신흥 사대부들에게 유학에 대한 자긍심과 정체된

유학 부흥의 소명의식이 싹트면서 당시 성행했던 도교와 불교의 논리를 뛰어넘을 새로운 유학의 관점을 모색하게 된다. 한당漢唐시대 주석서에 의존한 학문과 당唐시대 학술계를 이끌었던 흠정欽定『오경정의五經正義』로는 기존의 도교·불교를 초월하기에는 버거웠다. 이러한 경향은 고루한 학문이 되어 학자들의 관심에서 멀어졌고, 그들은 경학전의經學箋注의 전래 경전 해석에도 의문을 제기하며 원전의 재해석을 통한 새로운 학문을 모색하게 되었는데 이 과정에서 사서四書도 새롭게 정립되었다. 성리학자들의 새로운 화두가 천도天道와 성性을 탐구하는 천天과 성명性命을『주역』의 근거로 탐구함으로써 자연스럽게 유가경전『역전易傳』은 성리학의 기본서가 되었다.

주돈이周敦頤는『태극도太極圖·역설易說』·『역통易通』, 장재張載는『횡거역설橫渠易說』, 정이程頤는『이천역설伊川易說』, 소강절邵康節은『황극경세서皇極經世書』, 주희朱熹는『역본의易本義』·『역학계몽易學啟蒙』등『주역』경전 주석을 통해 이학理學의 명제와 범주 등 자신의 견해와 철학적 입장을 서술하였다. 이들의 학문적 관점은『주역』과『중용中庸』중심으로 성性과 천도天道, 즉 성은 인성人性과 물성物性에 대한 관점, 천도는 리理 또는 천리天理에 대한 관점으로 인간의 본성을 파악하고자 했다. 송대 주류 성리학자들은 본성이란 도덕적 원칙을 개별적 마음에 한정한 것이 아니라 천리天理[太極]에 두어 의리義理를 천명하고, 격물치지의 방법을 제시하여 성즉리性卽理에 중점을 두었다.

『주역』'건괘乾卦'계사에서 천天과 성명性命을 이렇게 말하고 있다.

단전에 이르기를 크도다! 하늘의 큼이여, 만물이 이를 힘입어 비롯되나니, 이에 천도(天道)를 거느리도다. … 건도의 변화에 만물이 제각기 성명(性命)을 바르게 얻어 크게 화기를 보전하고 합하여 이에 이롭고 바르게 하니라. 뭇 물건이 머리로 나옴에 만국이 다 편안하리라.[36]

「계사전」에도 본성本性에 대한 언급이 등장한다.

한번 음(陰)하고 한 번 양(陽)이 되는 것을 일러 도(道)라고 하고, 이를 이어주는 것을 선(善)이라 하며, 이를 이루는 것이 성(性)이다.[37]

또한 『중용』 첫 장, "천명지위성天命之謂性 솔성지위도率性之謂道 수도지위교修道之謂敎"에서 '성性・도道・교敎'와 '천天과 성명性命'이 핵심 키워드로 주요 연구 대상이었다. 송대 이학理學은 '북송오자北宋五子'에 의해 꽃을 피웠고, 남송 주자에 이르러 집대성되었다. 송대 성리학은 유가경학儒家經學, 도교, 불교가 혼재된 종합적 사변의 토양에서 이를 흡수하여 발전하였다.

---

36 『周易』〈乾卦〉"彖曰 大哉乾元 萬物資始 乃統天", "乾道變化 各正性命 保合太和 乃利貞 首出萬物 萬國咸寧"
37 『周易』「繫辭傳」"一陰一陽之謂道 繼之者善也 成之者性也"

3) 『태극도설』의 이해

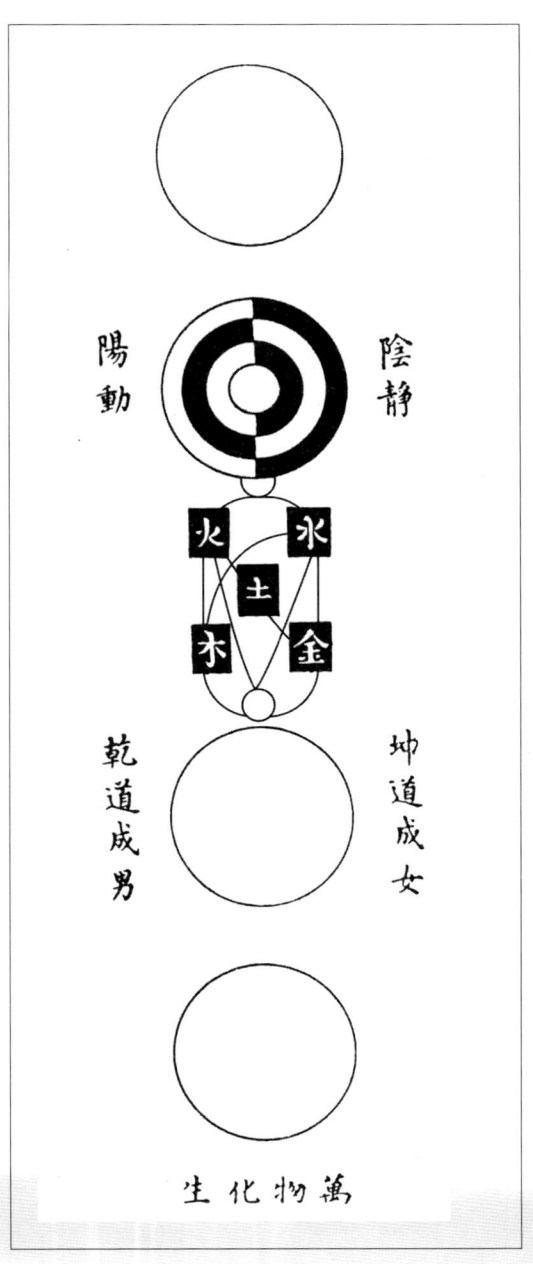

주렴계의 태극도

주렴계는 태극의 이치를 만물을 생성시키고 형체를 이루게 하는 만물의 근원이자 우주 진리의 본체를 뜻하는 개념을 『태극도설』에 나타내었다. 『태극도설』은 그림인 「태극도太極圖」와 그림의 설명인 「도설圖說」로 구성되어 있다. 「태극도」는 인간과 우주의 생성, 변화의 과정을 도식화한 것이고, 「도설」은 「태극도」에 그려진 내용의 설명이다.

「태극도」는 모두 다섯 개의 원으로 그려져 있다. 제1원은 둥근 원으로 '무극이 태극無極而太極'이다. 제2원은 '음양'을 품고 있는 태극의 형상으로 가운데 원은 무극으로 볼 수 있다. 원 주위 왼쪽의 세 겹 반원은 양음양陽陰陽으로 볼 수 있어 리離(☲)괘의 불을 상징하고, 오른쪽의 세 겹 반원은 음양음陰陽陰 감坎(☵)괘도 물을 상징한다. 제3원은 '오행'으로 다섯 개의 작은 원들은 '수화목금토水火木金土'이다. 다섯 개의 작은 원 아래에 있는 작은 원은 오행의 묘합妙合을 나타낸다. 제4원은 하나의 원으로 '건남곤녀乾男坤女'이며, 왼쪽은 건도성남乾道成男을, 오른쪽은 곤도성녀坤道成女를 나타냈다. 제5원은 하나의 원으로 '단물화생萬物化生'을 상징했다.

그는 『주역』에서 우주만물의 생성을 역易 – 태극太極 – 양의兩儀 – 사상四象 – 팔괘八卦 – 만물萬物[38]로 한 「계사상전繫辭上傳」을 근거로 하여 자신의 태극론을 전개하였지만, 『태극도설』에서 『주역』에 없는 노장사상의 '무극無極'과 한대 유행했던 '오행'개념을 넣어 만물의 생성을 설명하였다. 무극을 태극 앞에 두었고, 『주역』의 음양에서 사상 팔괘로 이어지는 그조 대신 음양 오행으로 하여 만물의 생성을 나타내었다.

이를 『태극도설太極圖說』에서 확인해 보자.

무극이 태극이다. 태극이 동하여 양이 생기고, 움직여 극에 이르면 조용하고 정(靜)하여 음이 생긴다. 조용함이 극에 이르면 다시 움직인다. 한번 동(動)하고 한번 정(靜)함이 서로 뿌리가 된다. 음과 양으로 나뉘어 양의(兩儀)가 선다. 음이 변하고

---

[38] 『周易』「繫辭上傳」"易有太極 是生兩儀 兩儀生四象 四象生八卦 八卦定吉凶 吉凶生大業"

음이 합하여 수, 화, 목, 금, 토가 생긴다. 다섯 기(氣)가 순차적으로 분포하여 네 계절이 운행된다. 오행은 하나의 음양이요, 음양은 하나의 태극이니, 태극은 본래 무극이다. 오행이 낳는 것은 각기 그 본성을 지닌다. 무극의 참과 음양오행의 정밀함이 오묘하게 합하고 엉기어 건도(乾道)는 남(男)을 이루고, 곤도(坤道)는 여(女)를 이루어 두 기운이 서로 감응하여 만물을 조화하여 낳는다. 만물이 끊임없이 생겨나니 그 변화가 무궁하다. 오직 사람만이 그 빼어남을 얻어서 만물의 영장이다. 형체가 이미 생성되고, 정신이 앎을 드러내구나. 인(仁), 의(義), 예(禮), 지(智), 신(信) 다섯 가지 성품이 느끼고 움직여 선과 악이 구분되고, 만 가지 일이 드러나는구나. 성인이 중정(中正)과 인의(仁義)를 정하여, 조용함을 주로 해서 인극(人極)을 세우셨도다. 그러므로 성인은 천지와 더불어 그 덕을 합하고, 해와 달과 더불어 그 밝음을 합하고, 사계절과 더불어 그 차례를 합하고, 귀신과 더불어 그 길흉을 합하니, 군자는 닦으니 길하고, 소인은 거스르니 흉하도다. 그러므로 하늘의 도를 세우니 음(陰)과 양(陽)이라 하고, 땅의 도를 세우니 유(柔)와 강(剛)이라 하고, 사람의 도를 세우는 것을 인(仁)과 의(義)라 한다. 또 시작을 근원으로 삼고 마침으로 돌아가는 것이니, 삶과 죽음을 안다고 말한다. 크도다! 역이여, 그 원리가 지극하도다.[39]

주자는「태극도」를 다음과 같이 설명하였다.

이는 이른바 무극이면서 태극이라 말한다. 이런 까닭에 움직여 양이 되고 조용

---

[39]「太極圖說」."無極而太極 太極動而生陽 動極而靜 靜而生陰 靜極復動 一動一靜 互爲其根 分陰分陽 兩儀立焉 陽變陰合 而生水火木金土 五氣順布 四時行焉 五行一陰陽也 陰陽一太極也 太極本無極也 五行之生也 各一其性 無極之眞 二五之精 妙合而凝 乾道成男 坤道成女 二氣交感 化生萬物 萬物生生而變化無窮焉. 惟人也 得其秀而最靈 形旣生矣 神發知矣 五性感動而善惡分 萬事出矣. 聖人定之以中正仁義 而主靜 立人極焉. 故聖人與天地合其德 日月合其明 四時合其序 鬼神合其吉凶 君子修之吉 小人悖之凶 故曰 立天之道 曰陰與陽 立地之道 曰柔與剛 立人之道 曰仁與義 又曰 原始反終 故知死生之說 大哉易也 斯其至矣"

하여 음이 되는 본처이다. 그러나 음과 양이 떨어져 있는 것이 아니다. 즉 음양에서 그 본처를 가리키며, 음과 양이 섞여있지 않음을 말할 뿐이다. … 이것은 양이 변화하고 음이 합하여서 수·화·목·금·토를 낳는다. … 오행은 하나의 음양이고, 오행의 다름과 음양의 실상은 남음과 모자람이 없다. 음양은 하나의 태극이니, 정교함과 거칠음, 근본과 말단에 이것과 저것의 구별이 없다. 태극은 본래 무극이니, 하늘의 일은 소리도 없고 냄새도 없다. 오행이 생겨남에 각기 하나씩 그 본성을 가지니, 기와 질은 달라도 각각 그 ○를 하나씩 가지고 있어 다른데서 빌리는 일이 없다. 이것은 무극과 음양·오행이 오묘하게 결합한 까닭에 빈틈이 없다. ○건도(乾道) 남성과 곤도(坤道) 여성은 기의 변화로써 말하는 것이다. 각각 그 하나의 본성이나 남성과 여성은 하나의 태극이다. ○만물의 변화·생성은 형질의 변화로써 말하는 것이니, 각각 그 하나의 본성이나 만물은 하나의 태극이다.[40]

주자는 『태극도설해太極圖說解』에서 '무극이태극無極而太極'에 대하여 '무극이면서 태극이다'라고 해석하였다. 즉 무극은 소리도 없고 냄새도 없으며 방향과 장소도 없고 형체와 모양도 없다는 것이며 태극은 조화의 실제 핵심으로 온갖 사물의 근원이라고 하였다. 즉 무극은 본체의 초월성을 말한 것이며 태극은 만물의 근원이라고 하여 본체의 양면을 표현한 것으로 보았다. 따라서 '태극 외에 다시 무극이 있다는 것이 아니다'라고 하였다. 그러나 주렴계의 『태극도설太極圖說』에서 '오행은 하나의 음양이다. 음양은 하나의 태극이다. 태극太

---

[40] 『周濂溪集』「太極圖解」"此所謂無極而太極也. 所以動而陽靜而陰之本體也, 然非有以離乎陰陽也, 卽陰陽而指其本體, 不雜乎陰陽而爲言耳. … 此陽變陰合而生水火木金土也. … 五行一陰陽, 五殊二實無餘欠也. 陰陽一太極, 精粗本末無彼此也. 太極本無極, 上天之載無聲臭也. 五行之生各一其性, 氣殊質異各一其, 無假借也. 此無極二五所以妙合而無間也. ○乾男坤女, 以氣化者言也, 各其一性而男女一太極也. ○萬物化生, 以形化者言也. 各其一性而萬物太極也.

極은 무극無極에 근본 한다.'고 하였는데 주자는 오행과 음양, 태극과 무극은 선후 관계로 표현하여 주렴계의 본뜻과는 다른 지도 모른다.

주렴계는 「태극도」에서 무극이태극無極而太極 － 음정양동陰靜陽動 － 오행五行 － 건남곤녀乾男坤女 － 만물화생萬物化生의 순서로 전개했다. 무극의 진眞과 이기二氣·오행五行의 정精과의 묘합으로 건곤남녀乾坤男女를 낳고, 만물이 화생化生한다. 그러나 만물은 다시 하나의 음양, 태극으로 돌아간다. 주렴계는 『주역』의 '역유태극易有太極'이란 말을 간단한 그림을 통해 태극太極[無極] － 음양陰陽 － 오행五行 － 인간人間 － 만물萬物의 생성 과정으로 나타낸 것이다.

그는 『주역』의 '낳고 낳음, 살리고 살림'[41]의 원리를 바탕으로 만물의 본체와 근원으로써 무극과 태극의 위상을 새롭게 부각시키고, 유학을 맹자 이후 천사백 년 만에 성리학으로 재탄생시키는 계기를 마련하였다.

『태극도설』은 천지만물의 생성에서부터 또, 시작을 근원으로 삼고 마침으로 돌아가는 것으로 삶과 죽음을 알 수 있으니 그 원리가 지극하다고 했다. 천지만물의 생성뿐만 아니라 끝이 시작으로 이어지는 순환반복을 말한 것이다. 이것은 무극無極[太極] － 음양陰陽 － 오행五行 － 남녀男女(乾坤) － 만물萬物의 순환, 또 만물萬物 － 남녀男女(乾坤) － 오행五行 － 음양陰陽 － 태극太極 － 무극無極의 환원으로도 설명된다.

이러한 설명은 「도설」에 잘 나타나 있다. 즉, 무극이 태극이며 태극이 음양으로 나누어지고, 음양에서 오행이 생겨난다. 이 오행이 오묘하게 합하고 한데 엉켜서 건도乾道는 남男을 이루고 곤도坤道는 여女를

---

41 『周易』「繫辭上傳」'生生之謂易', 「繫辭下傳」'天地之大德曰生'

이루어 남성적인 것과 여성적인 것이 교감하여 만물을 낳는다. 만물은 끊임없이 낳고 낳으니 그 변화가 무궁하게 된다. 또, 오행은 하나의 음양이고, 음양은 하나의 태극이며, 태극은 무극에 근본하고 있다고 함으로써 순順과 역逆으로 막힘없는 상통 환원 구조로 설명하였다. 이 생성 순서를 거꾸로 보면, 만물은 건도와 곤도로 환원되고 건도와 곤도는 오행으로 환원되며, 오행은 음양으로 환원되고 음양은 태극으로 환원되며, 태극은 무극으로 환원된다.

『태극도설』은 무극과 태극 음양오행의 매개체로 자연과 인간을 유기적 관계로 보고 천도天道와 인사人事를 설명하였다. '무극이태극無極而太極'에서 '이변화무궁언而變化無窮焉'까지는 무극과 태극으로부터 시작해서 인간과 만물의 생성변화 과정을 설명한 우주론이며, 후반부에서 오직 인간만이 그 뛰어남을 얻어 가장 신령하다고 한 '유인야惟人也'에서 '사기지의斯其至矣'까지는 인생론으로 나눌 수 있다.

주렴계는 우주론, 만물생성론과 인생론을 통해 우주, 인간의 생성원리와 질서가 일치한다는 천인합일天人合一을 이끌어내었고, 인간의 본성도 천리와 동일하게 하는 것이므로 인간의 삶이 천리와 부합하는 완전한 인격치인 성인聖人의 길에 이르고자 하는 것임을 철학적으로 제시했다. 그래서 『태극도설』은 "하늘의 도를 세우니 이르길 음과 양이요, 땅의 도를 세우니 이르길 유柔와 강剛이요, 사람의 도를 세우니 이르길 인仁과 의義라 한다."[42]라는 「계사전」의 글을 인용하여 천지자연의 도와 인간의 도가 일치함을 나타내었다.

주렴계는 자신의 학문적 이상이 도덕적 수양과 실천을 통해 완전한

---

42 『周易』「繫辭傳」, "是以立天之道曰陰與陽, 立地之道曰柔與剛, 立人之道曰仁與義"

인격체인 성인에 이르는 것임을 밝혔다. 그는 『통서通書』에서 성인의 근본이 성誠이며, 성인에 이르는 공부방법도 성誠이라고 하여 성誠을 최고로 보았다.

그는 우주의 원리로써 자연과 인간을 유기적으로 설명하며, 만물 중에 가장 영묘한 존재인 인간이 자연 질서에 부합하는 성인에 이르고자 한다면 인의仁義 중정中正을 안정시켜 주정主靜과 무욕無欲에 이르러야 하는데 이에 필요한 수양의 덕목으로 인류의 규범인 인극人極을 세웠다.

주정主靜에서 '정靜'은 불가佛家의 영향을 받은 것이지만 유가적儒家的으로 재수용한 것이다. 인극人極이 세워질 때 인간이 천지자연과 더불어 덕과 밝음, 질서, 길흉이 합치되는 것이 천인합일天人合一이요, 이것이 성인의 경지가 됨을 말하고 있다. 인간이 성인이 될 수 있는 본질에 대한 그의 확고한 믿음은 다음 『통서』의 내용에 잘 나타나 있다.

> 성인(聖人)은 하늘을 바라고, 현인(賢人)은 성인을 바라고, 선비는 현인을 바란다.[43]

> 인간은 배워서 성인이 될 수 있다.[44]

주렴계가 '무극이태극無極而太極'이라는 새로운 명제를 도상을 통해 제시함으로써 태극은 성리학의 핵심개념이 되었다. 또 그는 무극지진無極之眞과 이오지정二五之精의 묘합으로 우주만물의 생성원리를 설

---

[43] 『通書』「志學第十」 "聖希天 賢希聖 士希賢"
[44] 『通書』「聖學第二十」 "聖可學乎 曰可"

명했는데 기는 무극태극無極太極과 이오二五[陰陽·五行]의 합이 아니라 무극태극의 '진眞'과 이오의 '정精'의 묘합이 만물을 생성한다는 것이다.

주자는 '구극태극의 진'을 리理로 보고, '음양 오행의 묘합'을 기氣로 설명하며 단물본체인 태극을 리와 기로 규정했다. 주자는 태극을 인간과 만물 생성 근원의 리로써, 음양·오행은 기로 정립하며 성리학의 이기론 체계를 만들었다.

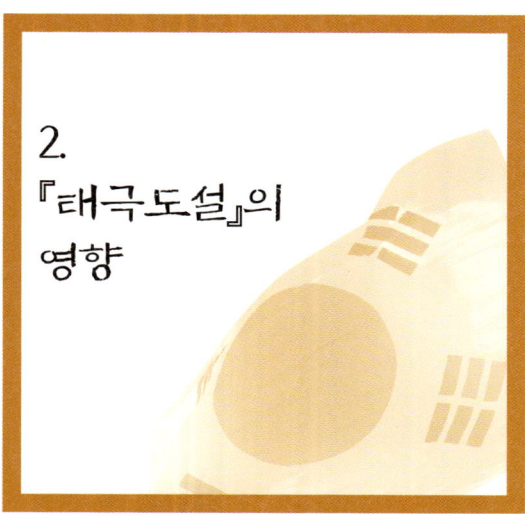

2. 『태극도설』의 영향

1) 『태극도설』의 평가

태극기에 담겨있는 태극사상의 원리는 성리학의 출발점이 되었다. 신유학의 탄생이 주돈이周敦頤(號 濂溪)[45]의 「태극도」 한 장의 그림과 249자의 짧은 글 「도설」로 구성된 『태극도설』로부터 시작되었기 때문이다. 그래서 주렴계를 신유학의 비조鼻祖라고 한다. 이학理學의 창시자 정호·정이 형제는 일찍이 주렴계에게 학문을 배웠고, 성리학을 집대성한 주자의 태극사상 정립에 그의 『태극도설』이 절대적인 영향을 끼쳤다. 주자는 그의 저서 『성리대전性理大全』과 『근사록近思錄』의 첫 머리에 『태극도설』을 실을 정도로 주렴계의 학문을 높이 평가하였다.

송대 성리학의 서막을 연 주렴계의 『태극도설』의 학술적·철학적 가치와 위상을 황종희黃宗羲[46]는 『송원학안宋元學案』에서 다음과 같이 평했으며 주렴계의 공로를 극찬했다.

공자, 맹자 이후 한나라 유학자들은 학문을 경(經)을 전하는 것에 그쳐 성(性)과 도(道)의 깊은 뜻이 가려져 끊어진 지 오래되었는데 원공(元公; 周濂溪)이 우뚝 솟아오르면서 이정(二程; 程顥, 程頤)이 그를 잇고, 또다시 횡거(橫渠) 등 대유(大儒)의 인재들이 나옴으로써 성인의 학문이 크게 성행하였다. 안정(安定)[47]

---

45 주돈이는 송대 역학가로 『주자전서』 권10, 「염계선생묘지명」에 "주돈이의 친구 반흥사(潘興嗣)는 주돈이의 묘지명에 '주돈이는 거서 부모를 여의어 외숙 정향(鄭向)에 의지하였는데 정향은 그가 큰 그릇이 될 것으로 여기며 자식처럼 사랑하였다. 그는 자식들의 이름에 모두 '惇'자를 사용하였다. 이로 인해 그에게도 '惇'의 이름을 붙였다."고 전한다. 그러나 일반적으로 『송사』와 『송원학안(宋元學案)』에 쓰인 대로 '敦'자를 많이 쓴다.

46 황종희는 명말~청초 학자로 그의 학문은 경학과 사학을 겸했다. 자는 태충(太沖), 호는 남뢰(南雷) 또는 이주선생(梨洲先生)이다. 스승 유종주(劉宗周)의 학통을 이어 양명학의 대학자로서 절동(浙東)학파의 중심인물이 되었다. 중국 철학사 최초의 체계적인 철학사인 『명유학안(明儒學案)』 62권을 완성했고, 『송원학안(宋元學案)』 100권을 생전에 다 이루지 못하고 아들 황백가(黃百家)에 이어 제자 전조망(全祖望)이 완성했다.

47 호원(胡瑗)의 자는 익지(翼之)이며, 대대로 안정(安定)에 거하여 안정선생이라 불렀다 손복(孫復), 석개(石介)와 함께 학문을 강마하고 인의예악(仁義禮樂)을 제창하여 '송초 삼선생'이라 불렀다. 송학의 선구자로 학술을

과 조래(組徠)⁴⁸는 유학자의 헤아림이 뛰어난 자이다. 어떤 일을 시작할 때에는 반드시 그보다 앞선 것이 필요하고 그런 점에 그들이 공이 있다고 할 수 있지만, 만약 심성(心性)과 의리(義理)의 자세하며 숨겨진 이치를 천명한 것으로 논한다면 이는 원공(元公; 周濂溪)이 어두움을 깨뜨림으로 비롯되었다.⁴⁹

황종희는 맹자 이후 1,400년 동안 유학의 도맥道脈이 끊어져 오던 것을 주렴계가 심성론心性論과 의리론義理論의 이치를 밝힘으로써 신유학의 탄생을 알렸고, 이정二程[程顥, 程頤]과 횡거橫渠 등 대유大儒들이 배출되어 신유학이 성행하게 되었음을 말하고 있다. 물론 신유학은 송대에 와서 갑자기 생긴 것이 아니다. '송초宋初 삼선생三先生'이라고 일컬어지는 호원胡瑗;993~1059, 손복孫復;992~1057, 석개石介;1005~1045 등이 송대의 유학이 꽃을 피우는 자양분의 역할을 했음도 말하고 있다. 『태극도설』에 대해 주자는 이렇게 말했다.

이 설은 이전부터 전래되어 왔다. 그러나 염계선생에 이른 연후에 마음을 체득하여 천지만물의 이치를 관통하게 되었다. 리(理)의 크고 미미함, 어둡고, 밝음, 높고 낮음, 정밀하고 거칢을 가리지 않고 모두 관통한 후 비로소 이 도를 만들어 숨겨져 있던 것을 드러냈다.⁵⁰

성하게 하고, 사도(師道)를 세워 인재를 양성하여 송학 형성에 효시가 되었다고 평가받는다.
48 석개(石介)의 자는 수도(守道), 공조(公操)이며 이학의 선구자로 이정(二程)과 주의(朱熹) 등에게 지대한 영향을 끼쳤다. 조래서원(徂徠書院)에서 『역』과 『춘추』를 가르쳐 조래선생(徂徠先生)으로 불렸다.
49 『宋元學案,卷十一 濂溪學案上』"孔孟而後 漢儒止有傳經之學 性道微言之絶久矣 元公掘起 二程嗣之 又復橫渠 諸大儒輩出 聖學大昌 故安定徂徠卓乎有儒者之矩范 然僅可謂有開之必先 若論闡發心性義理之精微 端數元公之破暗也."
50 『朱子文集,券76 再定太極通書後序』"竊疑是設之傳 固有端緖 至於先生然後得之於心 而天地萬物之理 鋸細幽明 高下精粗 無所不貫 於是始爲此圖 以發明其祕爾".

주렴계의 친구 반흥사는 주렴계에 대해 이렇게 말했다.

> 특히 이치를 논리적으로 잘 이야기하고, 역학(易學)에 심취하여 태극도역설 (太極圖易說), 역통(易通) 수십 편과 시(詩) 10권을 지었다.[51]

반흥사가 말한 『태극도역설太極圖易說』은 『태극도설』이고, 『역통易通』은 『통서通書』이다. 주렴계는 『역경易經』의 공부에 심취했고, 두 권의 책 이름에서도 나타나듯이 『역경』에 근거하여 우주론적 이론을 유학의 원리로 나타냈다. 주자는 염계의 두 저서 『태극도설』과 『통서』를 표리表裏관계로 보았다. 염계사상의 주요내용은 『태극도설』에 모두 갖추어져 있고, 『통서』는 『태극도설』에 보이는 그의 사상을 보완하고 이론적으로 더욱 정밀하게 하는 기능을 했다.

> 오직 이 한 편, 통서(通書)는 본래 이름을 역통(易通)이라 했는데, 『태극도설』과 함께 정씨(程氏)에게 나와서 세상에 전해지게 되었다. 그 학설은 『태극도설』과 실로 서로 표리(表裏)관계에 있다.[52]

> 대개 염계선생의 학문은 그 오묘함이 『태극도설』에 모두 구비되었으며, 통서의 말은 모두 『태극도설』의 깊은 도리를 발전시킨 것이다.[53]

『태극도설』이 우주 자연의 원리를 설명했다면 『통서』는 『태극도설』의

---

51 『周子全書』券10 "濂溪先生墓誌銘" "尤善談名理 深於易學 作太極圖易說易通數十篇 詩十卷"
52 『通書後記』 "獨此一篇 本號易通 與太極圖說並出程氏 以傳於世 而其爲說, 實相表裏"
53 『周子太極通書後書』 "蓋先生之學 其妙具於太極一圖 通書之言 皆發此圖之蘊"

활용적 측면을 보여주며 누구나 배워서 성인이 될 수 있다는 유학 최고의 정신을 보여주었다.

주자는 『태극해의太極解義』를 통해 이러한 생각을 분명히 하였다.

> 『역(易)』이라는 책은 광대하여 모든 것이 다 갖추어져 있다. 그러나 그 지극함을 말하면 이 「태극도(太極圖)」가 모두 드러내고 있으니 그 뜻이 어찌 심오하지 않으리오. 일찍이 듣건대 정자(程子)형제(程顥, 程頤)가 주자(周子; 周惇頤)에게 배울 때에 주자(周子)가 손수 「태극도」를 전해 주었다고 한다. 정자가 '성(性)'과 '천도(天道)'를 말한 것이 다 여기에서 나왔으나, 끝내 이 「태극도」를 사람들에게 분명하게 밝힌 적이 없었으니, 여기에는 반드시 숨겨진 뜻이 있을 것이다. 배우는 사람이 또한 이를 알지 않으면 안 된다.[54]

『태극해의』에 대해, 이 책의 번역본에서는 다음과 같이 소개하고 있다.

> 『태극도설』은 후대의 학자들로부터 『주역』「계사전」과 함께 도리(道理)의 대두뇌처 또는 이학(理學)의 본원 등의 평가를 받았다. 『태극도설』이 이러한 평가를 받게 된 결정적 이유는 『태극도설』에 대한 주희의 해석서 『태극해의』가 나오면서부터이다.[55]

성리학의 집대성자 주자가 자신의 『태극도설』에 대한 해석서인 『태

---

[54] 「太極解義」 "易之爲書 廣大悉備 然語其至極 則此圖盡之 其指豈不深哉 抑嘗聞之 程子昆弟之學於周子也 周子手是圖以授之 程子之言性與天道多出於此 然卒未嘗明以此圖示人 是則必有微意焉 學者亦不可以不知也"
[55] 주희 저, 곽신환·윤원현·추기연 역, 『태극해의』, 소명출판, 2012.

극해의太極解義』에서 『태극도설』을 극찬함으로써 주렴계는 후대 학자들로부터 이학의 비조로 존숭을 받게 되었고, 『태극도설』도 성리학의 성전聖典이 되었으며, 주자의 『태극해의』도 성리학자들의 필독서가 되었다.

2) 무극無極과 태극太極

무극無極과 태극太極을 연결한 『태극도설』 첫 문장의 '무극이태극無極而太極'이라는 말은 많은 논란을 낳으며 태극이 갖는 위상과 철학적 체계 확립에 크게 기여했다. '무극이태극無極而太極'이라는 새로운 용어는 노장사상에서 주로 사용한 '무극無極'을 유가의 핵심어 '태극太極' 앞에 둠으로써 도가와 유가의 철학적 회통으로 볼 수도 있다. 또, '무극이태극'에서 '이而'가 가진 뜻의 명확한 해석이 없어 이후 많은 논변을 낳았으나 『태극도설』의 핵심어 '무극'과 '태극'이 만물의 생성근원 우주론과 인생론으로 연결되어 인간 도덕적 가치 표즌으로 제시됨으로써 성리학의 단초가 되었다.

『태극도설』의 명지를 통해 '태극은 어디서 왔는가?', '인간과 만물을 어떻게 생生하게 하는가?', 또 '만물의 시원始原으로서 태극은 원리의 리理인가? 형질形質로서 기氣인가?', '음양과의 관계, 현실과의 관계는 무엇인가?' 등 많은 논쟁이 비롯되었다.

여기에서는 논쟁의 시작이자 가장 많이 회자되었던 주자朱子와 육구연陸九淵의 논쟁을 살펴보면서 그 실마리를 풀어보고자 한다. 주자는 주렴계의 『태극도설』에 대한 주해와 육구연과의 논쟁을 통해 주렴계의 무극이태극無極而太極이란 용어를 자신의 태극관太極觀으로 정립하였고, 그럼으로써 주렴계의 『태극도설』 역시 후대 유교사에서 중요한 위치를 차지하게 되었다.

그런데 태극의 용어 정립은 주朱·육陸 논쟁을 통해 심화되었다. 『태극도설』의 무극無極과 태극太極에 대한 논쟁은 육구연陸九淵(號, 象山)의 형 육구소陸九韶의 다음 글에서 시작되었다.

> 『태극도설』(太極圖說)은 『통서(通書)』와 그 글의 성격이 같지 않다. 아마도 주렴계가 지은 글이 아니거나 그렇지 않으면 학문이 아직 완성되지 못했을 때의 글이거나, 그것이 아니라면 다른 사람의 글을 후세 사람들이 분별하지 못하고 전하였을 것이다.[56]

여기서 육구소는 『태극도설』이 주렴계의 저작이 아닐 것이라 의심을 하고 있다. 이 무렵 무극이태극無極而太極의 해석에 대해 이미 주자는 임율林栗과 홍매洪邁[57] 등으로부터 비판을 받고 있었다.

육구소는 『태극도설』의 '무극이태극'이란 용어가 주렴계의 다른 저서인 『통서』에서는 나타나지 않고, 즉 무극을 말하지 않고 태극만 말하였으므로 태극 위에 무극을 덧붙이는 것은 노자의 설이라는 것이다.

이어 동생 육구연은 무극을 별도의 본체로 보면서 무극의 용어는 「계사전」 등에 나오지 않는다는 이유를 들며 노자의 학설이라고 주장

---

[56] 『象山全集』卷12 與朱元晦," 梭山兄謂 太極圖說與通書不類 疑非周子所爲 不然則 或是其學未成時所作 不然則 或傳他人之文 後人不辯也"

[57] 홍매는 『사조국사(四朝國史)』를 편찬하면서 「염계전(濂溪傳)」에 "무극이태극"을 "自無極而爲太極"으로 기록하여 어느 것이 맞는가에 대한 논란이 있었으나 "自無極而爲太極"으로 시작되는 『태극도설』의 판본을 찾지 못했다. 이후 청대 모기령(毛寄齡)은 홍매의 견해를 두둔했으나 다산(茶山)은 시를 지어 모기령을 비난하였다.

하였다. 육구연은 다음과 같이 의문을 제기했다.

> 대저 타극(太極)이라는 것은 실제로 있는 리(理)이며 성인(聖人)이 단지 그것을 밝혔을 뿐이다. …「역대전(易大傳)」에 말하기를 '역(易)에 태극이 있다고 성인이 유(有)를 말했는데 지금 바로 무(無)라고 한 것은 무엇인가?' 무극(無極) 두 자(字)는 노자의 「지가웅장(知其雄章)」에서 나온 것으로 우리 성인[공자]의 글에는 있지 않다. 나는 존형(尊兄; 朱熹)께서 진실로 태극을 살피지 못했다고 생각한다. 만약에 태극을 진실로 살폈다면 상면(上面)에 반드시 무극자를 다시 덧붙일 필요가 없을 것이다 … 계사전(繫辭傳)에 신(神)은 방소가 없다 하였다. 어찌 신이 없다고 말하고, 역(易)은 형체가 없다고 말하겠는가. 어찌 역(易)을 없다고 말하니 노자는 무로서 천지의 시작으로 삼고, 유로서 만물의 어머니로 삼았다. 바로 상면에다가 무(無) 자를 덧붙인다면 이는 바로 노자의 학설이다.[58]

『태극도설』에 앞서 이미 오래 전 우주생성론을 제기한 노자는 만물의 생성근원을 도道와 무無 일원론적으로 설명했다.

> 도(道)는 일(一)을 낳고, 일은 이(二)를 낳고 이는 삼(三)을 낳고 삼은 만물(萬物)을 낳는다.[59]

> 천하 만물은 유에서 생겨났고, 유는 무에서 생겨났다.[60]

---

[58] 『象山全集』卷12 "與朱元晦" "夫太極者 實有是理 聖人從而發明之耳 … 易大傳曰 易有太極 聖人言有 今乃言無何也 無極二字 出於老子知其雄章 吾聖人之書所無有也 竊謂尊兄 未曾實見太極 若實見太極 上面必不更加無極字 … 繫辭言神無方矣 豈可言無神 言易無體矣 豈可言無易 老氏以無爲天地之始 以有爲萬物之母 … 直將無字搭在上面 正是老氏之學"

[59] 『道德經』42章 "道生一 一生二 二生三 三生萬物"

[60] 『道德經』40章 "天下萬物生於有 有生於無"

이에 주자는 회신으로 보낸 글에서 『태극도설』 첫 구절 무극이태극無極而太極의 문제제기에 대한 반론을 다음과 같이 펼쳤다.

> 무극(無極)을 말하지 않으면 태극(太極)은 하나의 사물과 같아서 모든 변화의 근원이 되기에 부족하고, 태극을 말하지 않으면 무극은 공허하고 적막에 빠져 만물의 뿌리가 될 수 없다. 다만 이 한 구절[無極而太極]이 그 아래 말들을 정밀하고 미묘하여 무궁하게 한다. 그리고 그 아래에서 말한 많은 도리가 조리와 맥락이 통하고 정연하여 혼란하지 않는다. 다만 이 도리는 지금 눈앞에 있으나 예로부터 지금까지 때리고 쳐도 깨뜨릴 수 없다.[61]

또, 주자는 육구연 형제가 『태극도설』이 주자周子의 저작에 대해 의심을 나타내는 글에 답하면서, 복희伏羲·문왕文王·공자·주자가 문자에 매이지 않고, 하나의 형상으로 전체를 관통하는 뜻이 같음을 파악하여야 한다고 반박하였다.

> 복희(伏羲)는 역(易)을 만들면서 하나의 획에서 시작했고, 문왕(文王)은 역을 부연하면서 건원(乾元)에서 비롯하였다. 모두 태극을 말한 적이 없었지만 공자는 태극을 말했다. 공자가 『역』을 찬술함에 태극 이하로부터 무극을 말한 적이 없었다. 그러나 주자(주렴계)는 무극을 말하였다. 무릇 앞선 성인과 뒤의 성인이 어찌 조리가 같지 않으며 서로 통하지 않았겠는가?[62]

---

61 『太極解義』 "不言無極, 則太極同於一物, 而不足爲萬化之根, 不言太極, 則無極淪於空寂, 而不能爲萬物之根, 只此一句, 便見其下語精密微妙無窮. 而向下所說許多道理, 條貫脈絡, 井井不亂. 只今便在目前, 而亘古亘今擺撲不破"

62 『朱子大全』卷36 「答陸子靜書」 "伏羲作易 自一劃以下 文王演易 自乾元以下 皆未嘗言太極也 而孔子言之 孔子贊易 自太極以下 未嘗言無極也 而周子言之 夫先聖後聖 豈不同條而共貫哉"

주자의 이러한 반론에도 불구하고, 육구연은 '무극이태극'이라는 말이 주렴계 자신의 또 다른 저서 『통서』에 나오지 않으며, 정호·정이 형제 역시 한 번도 언급을 하지 않았다고 했다.

무극이태극의 용어를 두고 펼친 논쟁에서 먼저 육구연 형제가 제기한 핵심은 무극이란 말이 『주역』이나 『통서』에 나오지 않으며, 무극을 사용하는 것은 노자의 학문이라는 것이다. 태극 앞에 무극이란 말을 두는 것은 불필요한 옥상옥屋上屋이며, 만일 우주의 본체가 형체도 없는 리理임을 드러내고자 했다면 태극 개념만으로도 충분하다고 보았다.

이에 주자는 무극으로서 태극은 불교의 공적空寂과는 달리 보지 않지만 현상계의 변화를 만들어주는 근원으로 보았고, 무극은 태극이 방소方所가 없다는 것을 나타내는 것이므로 필요하다고 반박했다.

육구연은 태극이 리理로서 형체가 없음을 나타내고자 한다면 태극 개념 하나로도 충분하고, 방소와 형상이 없는 것이 무극이 아니라 『시경』「대아」편에서 말한 것처럼 '저 하늘의 하시는 일은 소리도 없고, 냄새도 없다.'는 뜻의 '태극이무성무취太極而無聲無臭'와 같이 태극 뒤에 방소와 형상이 없음을 나타내야 한다고 주장했다.[63] 또 신神은 방소가 없고, 역易은 정해진 고습이 없다는 「계사전」의 말은 신神도 없고 역易도 없다는 것이 되므로 성인의 의도와 맞지 않는다며 옥상옥이라고 했지만, 주자는 무방소無方所, 무형상無形狀은 태극의 무한한 실체를 나타내는 형용의 의미로 유무有無가 하나임을 강조한 표현이라며 반박했다.

노자에서는 무와 유를 둘로 보는 관점이지만 결국 육구연은 무無가

---

63 『象山集』 券2 「與朱元晦2」 "若謂欲言其無方所 無形狀 則前書固言 宜如 詩言 上天之載 而於其下贊之曰 無聲無臭 可也"

필요치 않다는 유有 일원一元의 논리이고, 주자는 유有 속에 무를 아우르며 무와 유를 하나로 보는 관점이다.

이번에는 태극의 '극極'자의 의미를 두고 논쟁을 하였다. 육구연은 『서경』「홍범」구주九疇에서 그중 가운데 오五가 황극皇極이라는 논거로 극極을 가운데 중中으로 설명했고, 또 "중中이란 천하의 큰 근본이다."64라는 『중용』의 내용을 논거로 극極을 근본으로 풀이했다. 그러면서 극極을 중中으로 해석해야 하기 때문에 무극無極이 무중無中이 되어 말이 되지 않는다고 비판하였다. 극極은 무궁지극無窮至極한 것이므로 무극無極이라는 말을 붙이지 않아도 태극太極이라는 말 자체에 모든 뜻이 담겨 있고, 「계사전」과 『서경』「홍범」에 근거하여 무극無極이 없어도 태극太極이 온전하니 주자에게 무극의 용어 출처의 근거를 말하라는 것이었다.

이에 주자는 다음과 같이 답하였다.

「계사전(繫辭傳)」을 지을 때 무극(無極)이라고 말하지 않았다고 태극(太極)이 언제 하나의 사물과 같아져서 모든 변화의 근원이 되기가 부족한가? 『서경』「홍범」에서는 다섯 황극(皇極)이라고 하였으니 그 순서가 구주(九疇)의 가운데인데 무극이라고 말하지 않았다고 태극이 언제 하나의 사물과 같아져서 모든 변화의 근원이 되기가 부족한 것인가? 태극은 본래 그러한 것이다.65

주자는 태극의 '극極'을 '중中'으로 보는 것은, 『중용』에서 말하는 '중中'

---

64 『中庸』"中也者天下之大本"
65 『象山集』 券2「與朱元晦1」"作 大傳時 不言無極 太極何嘗同於一物 而不足爲萬化根本邪 洪範五皇極列在九疇之中 不言無極 太極亦何嘗同於一物 而不足爲萬化根本邪 太極固自若也"

이 희喜·노怒·애哀·낙樂이 발하지 않은 상태에서 어디에도 치우치지 않은 상태를 말하는 것이므로 맞지 않다고 반박하였다. 육구연도 이에 동의했으나 그의 목적은 유가儒家 성인들의 글에서 무극이란 글이 나오지 않으므로 극極을 중中으로 말하며 주자를 이단으로 몰고자 한 것이다.

그러나 주자는 시종 무無는 유有 속에 머물고 있어 무 자체에 의미를 두지 않았으며 태극은 양의兩儀·사상四象·팔괘八卦의 리理인데 그 리의 지극함을 나타내기 위해 성인이 태극이라고 말했다고 했다.

태극은 으주 본체로, 육구연이 열거한 '북극北極, 옥극屋極, 황극皇極, 민극民極' 등의 극極을 비록 중中으로 훈석하기도 하지만 이는 과불급이 없는 중中의 의미이다. 극極에는 치우침이 없는 표준·법칙·지극 등이 함의되어 있다고 한다.[66]

> 바로 그것이 궁극적인 경지가 지극하기 때문에 이름을 지을 수 있는 이름이 없다. 그러므로 특히 태극이라고 했다.[67]

> 태극에 이르러서는 또한 말로 표현할 수 있는 방소(方所)가 없으니 단지 이 리(理)의 지극함을 태극이라 말할 따름이다.[68]

이처럼 주자는 극極을 '오로지 궁극의 지극함일 뿐[극자지이이極字至極而已]'이라는 최고의 표현으로 나타냈다. 그러면서 태극을 중앙, 제일

---

[66] 『朱熹集』 卷36 「答陸子靜」 5書 "至如北極至極 屋極之極 皇極至極 民極之極 諸儒雖有解爲中者 蓋以此物之極常在此物之中 非若極字而訓之以中也 極字至極而已"
[67] 『朱子大全』 上 卷36 「答陸子靜」 "正以其究竟至極 無名可名 故特謂之太極"
[68] 『朱子大全』 上 卷36 「答陸子靜」 "則又初無形象方所之可言 但以此理至極而謂之太極耳"

높은 곳, 최고, 최대, 북극 등과 같이 궁극의 지극함으로 말하였고, 뭇 별들의 표준·준칙·기준이 되어 그것을 중심으로 천체가 움직이는 북극성을 말함으로써 태극의 개념과 위상을 한층 높였다. 풍우란은 그의 저서에서 극極에 대해 이렇게 말하였다.

> 극(極)이라는 글자는 본래 건물 지붕의 맨 꼭대기에 있는 용마루의 이름으로써 신유가(新儒家)에서는 이를 사물의 최고의 이상적 모범을 뜻하는 데 사용하였다.[69]

또, 주자와 육구연은 형이하의 기氣(器)와 형이상의 도道의 구별에 대해서도 논쟁하였다. 육구연은 역易의 도는 일음일양一陰一陽일 뿐, 즉 일음일양하는 자체가 도이므로 곧 음양을 형이상자形而上者라 주장하였다. 이에 주자는 음양은 형이하자形而下者라 반박하였다. 그는 이에 대한 근거로 정이程頤(號, 伊川)의 『역전易傳』을 들고 있다. 즉, 일음일양 자체는 기器(氣)이므로 형이하며, 일음일양하는 까닭은 도이니 형이상이다. 리와 기를 명확히 구별하여 태극을 리理, 음양을 기氣로 본다면 리는 일음일양하는 기 속에 내재되어 기의 원인이 되는 동시에 기를 초월한 형이상의 존재라고 했다.

주자는 『태극도설』의 주석서인 자신의 『주렴계집周濂溪集』 권1, 『태극도설해太極圖說解』를 통해 무극이태극無極而太極이란 구절을 주석하면서 무극과 태극의 관계에서도 태극을 중심하여 함축적으로 정의했다.

---

69 풍우란 저, 정인재 역, 「중국철학사」, 형설출판사, 364p.

하늘의 일은 소리도 없고 냄새도 없으나 실로 조화의 중추이며, 만물의 근본 뿌리다. 그러므로 무극(無極)이 태극(太極)이라고 한 것이므로 태극 외에 무극이 다시 있는 것은 아니다.[70]

주자는 하늘이 하는 일을 태극으로 보고, 소리도 없고 냄새도 없음을 무극으로 보았으며, 태극을 조화의 중심축이자 만물의 뿌리로 설명하며 중심과 근본 바탕으로 표현했다.

주자(朱子)가 말하기를 주자(周子)선생의 뜻은 아마도 학자들이 태극을 별개의 어떠한 물건으로 착오하여 인식할까봐 염려하여 무극 두 자를 붙여서 밝힌 것이다. 이것은 선현이 주장한 바의 원래 뜻을 미루어 볼 때 중복됨을 꺼려하지 않고 그렇게 한 것이니 대개 거기에는 깊은 뜻이 있다.[71]

주자는 태극을 설명하기 위한 방편으로 무극을 끌어들이면서 이에 대한 부연 설명으로 "태극 밖에 다시 무극이 있다는 뜻이 아니다[비태극지외부유무극야非太極之外復有無極也]."라는 말을 덧붙였다.

주자는 무극이 별도의 본체가 있는 것이 아니어서 소리도 없고 냄새도 없고 형체도 없으며, 조화의 근원이 되는 태극을 강조하는 수식어라 한 것이다. 다만 무극이라고 수식하지 않으면 마치 태극을 하나의 물건으로 오해할까 봐 주자周子(濂溪)가 붙인 것이라고 했지만, 주렴계의 본래 의도도 그러했는지는 알 수가 없다.

---

[70] 『周濂溪集』卷1,「太極圖說解」,"上天之載 無聲無臭 而實造化之樞紐 品彙之根柢也 故曰無極而太極 非太極之外 復有無極也."

[71] 『朱子大全』卷36「答陸子美」"熹謂周先生之意 恐學者錯認太極別爲一物 故著無極二字以明之 此是推原前賢立言之本意 所以不厭重復 蓋有旨指"

육구연이 무극을 태극에 앞선 별개의 본체로 본 것은 획기적인 일이나 그 역시 유가의 틀은 벗어나지 못했다. 그는 무극을 인정한다는 전제 하에 『송사宋史』「염계전」의 '자무극이위태극自無極而爲太極'의 '이而'가 '생生'과 같은 뜻이므로 '무극이태극無極而太極'을 무극에서 태극이 나왔다는 뜻으로 해석할 것을 주장했으나 강력한 주자의 문파門派는 이를 용납하지 않았다.

『태극도설』의 '태극본무극야太極本無極也(태극은 본래 무극이다)'라는 말에서 본本은 '근본, 바탕, 뿌리, 기원' 등의 뜻이다. 이를 태극이 본래 무극에서 나왔다는 말로 본다면 태극은 결과요, 무극은 원인이 되어 '닭은 원래 계란이다'같이 양자가 확연히 구분이 되어 논리는 맞으나 이 구절은 무극과 태극을 원인과 결과로 설명한 것이 아니다. 무극이태극無極而太極의 '이而'에 대한 해석에서 주자가 무극인 동시에 태극이라고 하여 양자의 동일성을 주장하였다면, 육구연은 이를 'and'로 해석하여 '무극과 태극'이라고 보았기 때문에 무극이 필요 없다고 주장한 것이다. 무극이 먼저이며 원인이고 태극은 나중이며 그 결과로 해석하여 양자를 나누어서 보는 견해를 방동미方東美(1899-1977, 중국현대철학가)는 명사적 오류라고 지적하였다.

육구연은 '유생어무有生於無', 즉 무에서부터 유가 나왔다는 도가적인 사유로 무극을 태극 앞에 두는 것이 불필요하다고 반대하였으니 유가의 사상적 한계를 넘지 못한 것이다.

주자는『태극도설』을 통해 태극을 우주 생성변화와 인간 윤리도덕과 일치시켜 태극을 리理와 동일시하며 개별 사물의 리와 만물 보편의 리로 해석했다. 또 기氣를 형이하의 도구 개념으로 여겨 리理라 했다. 주자는 무극과 태극의 관계에 있어 각기 가진 품성과 형질을 배제하고 오직 태극만을 물건이 아닌 만물의 근원성을 지닌 '리理'와 '성性'으로 보아 무극을 허사虛辭로 만들었다. 그래서 무극이태극無極而太極에서 무극과 태극[무극이면서 태극]은 동일한 존재임을 '이而'로 나타낸 것이지 차서次序의 의미는 아니라고 주장하였지만, 주렴계가 249자의 짧은『태극도설』에 태극을 네 번 언급하고 무극을 세 번씩이나 언급하며 가볍게 쓸 수가 있었겠는가?

무극이태극은 송대 성리학에서 최대 쟁점이었고, 논쟁을 통해 태극의 철학적 의미가 한 단계 성숙하여 이기론理氣論과 심성론心性論으로 발전하는 단초를 열었다. 조선성리학은 주자학의 틀에서 벗어날 수가 없었고, 태극에 대한 해석도 주자의 사상을 기초로 하여 이에 크게 벗어나지 않는다. 오직 태극 외에 무극은 존재하지 않는다고 단언한 주자의 주장에 간혹 이견도 있었지만, 주자적 틀에 조금이라도 어긋나면 사문난적斯文亂賊으로 몰리게 되고, 과거시험의 모범 답안 역시 마찬가지였다. 그 결과 주자학설은 유학의 교과서이자, 표준이 되며 고정되었다.

조선에서도 회재晦齋와 망기당忘機堂의 '태극논쟁太極論爭'이 있었다. 회재 이언적李彦迪은 그의 외삼촌 망재忘齋 손숙돈孫叔暾과 망기당 조한보曺漢輔의 사이에 벌어진「무극태극변無極太極辯」의 논변을 보고「서망재망기당무극태극설후書忘齋忘機堂無極太極說後(망재와 망기당의 무극·태극설을 보고)」를 지어 논평했다. 그런데 이것이 망기당에게 전해지면서 이 둘 사이에 4회에 걸쳐 서신교환이 이루어진 것이 태극太極[無極太極] 논쟁이다.

주자周子 사후 100년 뒤 '주륙논쟁朱陸論爭'으로 태극의 철학적 개념이 확고해졌듯이 회재 이언적과 망기당 조한보의 태극논쟁으로 태극의 개념이 한국적 특성으로 뿌리내리는 계기가 되었다. 이후 퇴계退溪가 쓴 회재 행장晦齋行狀을 보면 무극태극無極太極논쟁에 대한 관점이 나타나 있다. 여기에서는 얼마나 주자학에 부합하는가가 정도正道의 여부와 학문의 깊이를 판별하는 기준이었음을 확인할 수 있다.

> 회재(晦齋)의 조용한 가리킴의 견해는 홀로 얻은 오묘함으로 망기당(忘機堂) 조한보(曺漢輔)에게 보낸 무극태극(無極太極)의 4, 5편 편지에 잘 나타나 있다. 이 글은 우리 유도(儒道)의 근본을 천명하였고, 이단(異端)의 그릇된 설을 멀리했으며 정미하게 꿰뚫어 위아래를 관찰했고, 순수하고 한결같이 정통에서 나왔다. 그 뜻을 깊이 음미하면 송(宋)의 여러 유자(儒者)들의 정서를 따르지 않음이 없는데 그중에서도 특히 주자에서 더욱 많다.[72]

이처럼 퇴계는 주자를 닮은 관점의 회재를 높이 평가하고, 망기당이 이단의 설에 빠졌다고 했다.

주륙논쟁에서는 육상산陸象山은 주자周子와 주자朱子를 이단異端이라고 했다. 무극이태극無極而太極에서 무극이 필요치 않다고 한 것과, 이것이 도교적 용어라는 점에서였다. 조선의 태극논쟁에서는 무극이태극을 인정하면서 망기당은 무극을 무규정적無規定的, 초월적 개념으로 적멸寂滅이라 하였고, 회재는 주자朱子와 같이 무극을 형용사적 개념으로 보았는데, 이단의 적멸이라는 개념을 유가로 인용하는 데 반대한 것이다.

---

[72] 李滉, 『退溪先生文集』 券49 「晦齋李先生行狀」 "其靜指之見 獨得至妙 最在於與曺忘機堂漢輔無極太極書四五編也 其書之言 闡吾道之本也 闢異端之邪說 貫精微徹上下 粹然一出於正 深玩其義 莫非宋諸儒之緖餘 而其得於考亭者 爲尤多也"
※ 고정(考亭)은 복건성에 있는 지명으로 주희가 말년에 기거하면서 고정서원의 사액을 받으면서 그를 일컫는 말이 되었다.

망기당의 글은 남아있지 않으므로 회재의 「답망기당答忘機堂」에서 그의 의견을 추측한다. 망기당은 무극적멸無極寂滅의 대지大旨와 존양상달存養上達의 요체要諦를 중심73으로 편지를 보냈다. 이를 받은 회재는 주자의 호 회암晦菴에서 자신의 호를 지은 사람으로, 망기당이 주자학에 충실하여 그의 의견이 주륙논쟁에서의 주자의 주장과 흡사했는데도 오히려 망기당을 불가적 요소가 많다며 이단으로 보았다.

망기당은 편지에서 태극의 본체는 무극적멸無極寂滅이며, 본체에 이르는 길은 존양상달存養上達이 요체임을 말했다. 그러나 회재는 "태허太虛의 본체體는 본래부터 적멸寂滅하다."에서 '멸滅'로 태허의 본체를 설명하는 것은 유가에서 찾아볼 수 없다며 불교적 요소인 '적멸'의 용어에 반발하며 망기당을 이단으로 몰았다.

논쟁의 발단은 망재와 망기당이 시작하였는데, 회재는 두 사람의 호에 쓰인 '망忘'에 노장적 색채가 있다며 그 둘을 회유하여 주자학으로 돌아오도록 권유하였다.74 하지만 논쟁 당시 회재의 나이는 27세였고, 망기당의 나이는 쉰이 넘었으며 망재 역시 회재의 외삼촌인 점을 감안하면 망기당과 비슷한 연령이었을 것이다. 망기당과 망재의 학문은 원숙한 경지로 유가의 틀을 초월하여 유불도儒佛道를 두루 섭렵했을 터이고, 회재는 오로지 주자학에 심취하여 주자 학풍의 틀에서 조금만 벗어나도 이단으로 본 듯하다. 다음 회재의 글을 보자.

지금 또 텅 빈 듯하며 신령스런 무극의 본체[虛靈無極眞]를 들어서 기에 말하

---

73 李彦迪「答忘機堂」第一書「晦齋全書」"伏蒙示無極寂滅之旨 存養上達之要 開釋指數"
74 李彦迪「答忘機堂」第三書「晦齋全書」"退之云 說乎故不能卽乎新者 弱也 請自今 痛去寂滅之見 反于吾道之正"; 한유가 이르기를 옛것으로 인해 새로운 것을 하지 못한다면 쇠한다고 하였는데 적멸의 견해를 과감히 버리고 유교의 정도(正道)로 돌아오기를 바란다."고 했다.

기를 허무(虛無)가 곧 적멸(寂滅)이요 적멸이 곧 허무라는 말에 회재(晦齋)는 허무적멸(虛無寂滅)은 차(此; 儒家)에서는 허(虛)는 허이면서 유(有)를 갖게 되고, 피(彼; 異端)에서는 허는 허이면서 무(無)로 되는 것이며 유가(儒家)는 적막함(寂)은 적(寂)이면서 감응(感)을 갖게 되고, 이단(異端)은 적막함(寂)은 적(寂)이면서 멸(滅)이 되는 것으로 유학(儒學)과 이단이 적멸이라는 같은 글자로도 귀착하는 곳이 다르기 때문에 분별하지 않을 수 없다. 유학에서의 무극(無極)이라는 명칭도 다만 리(理)의 효용의 영향과 성취가 없는 것을 형용하는 것뿐이므로 이단(異端; 道家)에서 말하는 무(無)와 같지 않다. 그러므로 주자(朱子)는 노자(老子)의 유와 무는 두 개를 만드는 것이고, 주렴계가 만든 유와 무는 유와 무를 하나로 만드는 것이다.[75]

회재의 이러한 주장은 주자의 관점과 같다. 그런데 '적寂'만은 '감感'으로도 통할 수 있으나 불가적인 '멸滅'은 인정할 수 없다는 것이 회재의 주장이다. 이에 망기당은 "무無는 곧 무가 아니고, 영혼의 근원이 독립하여 있고, 유有는 곧 유가 아니어서 돌고 돌아 다 소진되어 없어진다."[76], "세상 사람들이 헛된 환상에 집착하여 참된 현실로 삼기 때문에 이것을 깨뜨리기 위해서 적멸寂滅이라고 한다."[77]고 하여 무극無極의 실체인 적멸을 깨닫는다면 최고의 자유를 얻는 것이라고 했다.

조선시대 무극이태극無極而太極에 대한 화두는 망기당과 회재에 앞서 목은牧隱 이색李穡에서 비롯되었다. 목은은 하늘과 사람이 하나로 이

---

[75] 李彦迪「答忘機堂 第二書」『晦齋全書』, "今又擧虛靈 無極之眞 乃曰 虛無卽寂滅 寂滅卽虛無 是未免於借儒言 而文異端之說 小子之感 滋甚 先儒於此四字 蓋嘗析之曰 此之虛 虛而有 彼之虛 虛而無 此之寂 寂而感 彼之寂 寂而滅 然則此彼之虛寂同 而其歸絶異 固不客不辨 而至於無極之云 只是形容此理之妙 無影響聲臭云耳 非如彼之所謂無也 故 朱子曰 老子之言 有無 以有爲二 周子之言有無 以有無爲一"

[76] 李彦迪「答忘機堂 第一書」『晦齋全書』, "無則不無 而靈源獨立 有則不有 而還歸漸盡"

[77] 李彦迪「答忘機堂 第三書」『晦齋全書』, "爲破世人執幻形爲堅實 故 曰 寂滅 此語"

어져 있다는 '천인무간天人無間'의 철학으로 한국 성리학의 흐름을 이끌었다. 목은은 만물과 인간의 근원으로 태극을 무극의 개념인 적寂으로 표현했다.

> 태극(太極)은 적(寂)이 근본으로 한 번 움직이고 한 번 조용함에 다라 만물이 순일하게 조화하고, 인심(人心)도 적(寂)으로 이와 같으니 한 번 느끼고 한 번 응함에 따라 온갖 착善이 널리 행해지게 되는 것이다.[78]

목은 이색은 태극의 동정動靜에 따라 만물이 조화하고, 인간에 내재된 태극의 일감일응一感一應으로 선善이 행해짐을 말하고 있는데 그 근원이 적막함寂이라고 했다. 목은이 달한 적寂은 태극과 별개의 어떤 사물로 보는 것이 아니라 무극과 태극을 같이 보는 것이다.

태극논쟁은 『태극도설』 해석의 이견이지만 성리학적 세계관과 노장 및 불교 세계관의 차이였다. 그러나 회재와 망기당의 논쟁은 주륙논쟁의 핵심인 무극과 태극의 존재론의 관점에서 한 발 더 나아가 심성론에 대한 이해와 실천의 문제가 중점이 되었고, 심성론적 태극은 도덕을 바탕으로 한 실천에 있다는 독창적인 조선성리학朝鮮性理學으로 발전하였다. 망기당은 태극의 도덕적 근거와 본질을 초월적인 것에서 찾으려 했으나 유가 철학은 현실을 떠나 존재하지 않으며 현실 속에서 도덕적 삶을 사는 것을 추구했기에 이에 충실한 회재의 사상은 퇴계 이황李滉으로 이어져 한국 유학의 주류를 이루게 된다. 주자가 주륙논쟁을 통해 태극 이기론의 체계를 정립했듯이 회재도 태극논쟁을

---

[78] 李穡『牧隱文藁』券6「寂菴記」"太極寂之本也 一動一靜而萬物化醇焉 人心寂之此也 一感一應而萬善流行焉"

통해 조선 성리학 이기론 체계를 심성론으로 전환하여 후학들에게 영향을 미치게 된다.

그런데 무극無極의 용어는 노자[79] 『도덕경道德經』「제28장」의 문장에서 처음 나온다.

> 그 밝은 것을 알고 그 어두운 것을 지키면 천하의 준칙이 된다. 천하의 모범이 되면 항상 덕이 어긋나지 않으니 다시 무극(無極)으로 돌아간다.[80]

또 『장자』「외편外篇」에도 '무극無極'이라는 말이 같은 의미로 나온다.

> 지금도 무릇 모든 만물은 흙에서 나와 흙으로 돌아갈 것이다. 나는 이제 너와 헤어져 다함이 없는 문으로 들어가 끝이 없는 들판에서 노닐고자 하오. 나는 해와 달과 더불어 빛나고, 천지와 더불어 항상 영원할 것이오.[81]

『열자列子』[82] 「탕문편湯問篇」에서도 '무극無極'을 찾을 수 있다.

> 은(殷)나라 탕(湯)이 하(夏)나라 혁(革)에 물었다. 태초에도 만물이 있었습니까? 하 혁이 말하기를 태초에 만물이 없었다면 지금 어찌 만물이 있겠습니까? 후세

---

79 『노자』의 관한 기록은 『사기』「노자신한열전(老子申韓列傳)」에 나오는데, 이에 따르면 노자는 초나라 사람으로 성은 이(李)이고 이름은 이(耳)라고 한다. 어머니 뱃속에서 81년을 있다가 백발이 성성한 채 태어났다고 하여 이미 늙었다는 뜻으로 노자(老子)라고 불렀다고 한다.

80 『老子』「第28章」"知其白 守其黑 爲天下式 爲天下式 常德不忒 復歸于無極"

81 『莊子』「外篇 在宥」"今夫百昌皆生於土 而反於土 故 余將去汝 入無窮之門 以遊無極之野 吾與日月參光 吾與天地爲常"

82 『열자』는 『노자』, 『장자』등과 함께 도가사상을 담고 있는 고전으로 전국시대 열어구(列禦寇)가 지었다고 전해진다. '열자'는 열어구를 존중하여 부른 호칭이다. 『장자』에서는 열자가 바람을 타고 다닌다는 등 여러 곳에서 그를 인용하고 있어 장자 이전 춘추시대 사람이라는 설도 있지만 대체로 전국시대 정나라 사람으로 알려져 있다.

의 사람들이 장차 지금 만물이 없었다고 이르는 것이 가능하겠습니까? 은 탕이 말하기를 그러면 만물에 선후가 없는 것입니까? 하 혁이 말하기를 만물의 끝과 시작은 태초에 이미 끝이 없을 뿐입니다. 시작이 혹 끝이 되고, 끝이 혹 처음이 되니 어찌 그 기원을 알겠습니까? 그래서 만물이 존재 전 만사가 생겨나기 전 일들은 모르는 것입니다. 은 탕이 말하기를 그러면 천지에 끝과 다함이 있습니까? 혁이 말하기를 알지 못합니다. 탕이 고집스레 묻자 혁이 말하기를 없다는 것은 끝이 없다는 것이고, 있다는 것은 다함이 있다는 것인데 내가 어떻게 그것을 알겠느냐? 그러한 즉 끝이 없음의 앞에는 다시 끝없는 끝없음이 있고, 다함이 없는 가운데 다시 다함이 없는 다함이 없음이 있다. 내가 이로써 끝이 없고 다함이 없다는 것은 알겠으나 끝이 있고 다함이 있다는 것은 알지 못하겠다.[83]

왕필王弼은 『노자』에서 '무극無極'이란 말을 '불가궁야不可窮也'즉 '다할 수 없다'라 하여, '제한이 없는', '다함이 없는', '어디에다 놓이는 극이 없는 것'이라 했다. 노장사상의 『노자』, 『장자』, 『열자』의 문장에서 사용한 무극은 본래·자연의 상태, 무한의 경지, 끝이 없음, 무한 등의 의미로 볼 수 있다.

도가에서 먼저 사용된 무극과 태극의 용어에 대한 유학자들의 견해는 학파의 우월에 영향을 미치는 것처럼 매우 중요한 관심사였음을 볼 수 있다.

주렴계가 무극無極의 본질, 실체가 무엇인지 명확히 제시하지 않았지만, 주자는 '무극이태극無極而太極'에서 노장사상과 불가의 무無와 무

---

[83] 『列子』「湯問篇」"殷湯問於夏革日 古初有物乎 夏革日 古初無物 今惡得物 後之人將謂今之無物可乎 殷湯日然則物無先後乎 夏革日 物之終始 初無極已 始或爲終 終或爲始 惡知其紀 然自物之外 自事之先 朕所不知也 殷湯日 然則上下八方有極盡乎 革日 不知也 湯固問 革日 無則無極 有則有盡 朕何以知之 然無極之外 復無無極 無盡之中 復無無盡 朕以是知其無極無盡也 而不知其有極有盡也"

극無極을 무궁無窮이나 무진無盡의 의미인 형용사의 개념으로 바꾸어 자신의 태극관太極觀을 정립했다. 그러나 육상산은 '무에서 유를 낳는다'는 것은 도가나 불가의 학설일 뿐이라며, 맹자 이후 1,400년 동안 끊어진 유학의 도맥道脈을 다시 부활시킨 주자周子[周濂溪]에게 있을 수 없는 일이라 일축했다.

『태극도설』에 무극과 태극이 연결된 두 구절 '무극이태극無極而太極'과 '태극본무극야太極本無極也'라는 구절 외에 '자무극이위태극自无極而爲太極'가 당시 저술에는 있었다고 한다. 이것으로 보아 주렴계의 본래 의도는 무극으로부터 태극이 나온 것이라는 의미였을 수도 있다. 『태극도설』에 나오는 "태극본무극太極本無極(태극은 본래 무극이다)"이라는 말의 의미는 무극과 태극의 명사적 개념이므로 분명 주자의 형용사적 해석과 모순이 생긴다.

본本이란 글자의 해석 문제에서, 태극은 본래 무극이라는 의미에서 본本을 '본래'로 해석하면 태극과 무극은 둘로 나누어지지 않는다. 그러나 태극은 무극에 근본을 둔다고 하여 본本을 '근본을 두다'로 해석하면 태극과 무극은 둘로 나누어지게 된다.

위에서 살펴본 바, 주렴계가 말한 무극이태극無極而太極이라는 용어에서 무극과는 다소 차이가 있으나 명사로서 실재의미로 볼 수가 있어 무극으로부터 태극이 된다는 것이 주자周子 본래의 주장일지도 모른다. 육구연은 무극이 노자의 학설이라고 하면서 무극과 태극은 시始와 모母로 선후의 명사적 개념으로 보았으나, 그가 무극이 노장사상에서 먼저 사용되었다며 도가적으로만 해석한 것과 주렴계의 오설誤說이라고 한 것은 분명 문제가 있다. 『태극도설』의 무극이태극無極而太極은 노자老子의 '무명천지지시無名天地之始, 유명만물지모有名萬物之母'의 구조와 흡사하다. 이는 육구연이 반박한 "있다. 없다"[84]의 관계도 아니다. 이는 드러나지 않지만 존재하는 무와 드러난 존재의 유로 보아야 한다. 처음 논쟁의 시발점이 된 육구연의 본래 의도는 무극이라는 도가적 용어가 공자, 맹자를 잇는 정통 유가사조에 위배되는 이단적 용어라는 지적이었다.

조선시대 중기 구봉龜峯 송익필宋翼弼[85]은 주렴계의 『태극도설』의 각 부분을 자문자답自問自答한 철학문답서 『태극문太極問』이 있다. 그는 굴원의 시詩 「천문天問」을 본떠 스스로 묻고 스스로 답하는 형식을 취해 주자朱子가 리理는 하나라고 한 본뜻을 밝히고자 한다고 하였다.

먼저, 주렴계의 『태극도설』 첫 구절, 무극이태극無極而太極 이라는 말을 주자는 형체는 없지만 리理가 있다고 풀이하면서 유有와 무無를 나누어 말한 것은 무엇 때문인가? 라는 자문自問으로부터 무극이태극無極而太極에서 '이而' 자의 뜻은 비중이 큰 것인가 가벼운 것인가? 아니면 쌓여서 나아간다는 뜻이 있는 것인가? 선후先後 관계는 어떠하며 방위方位는 있는 것인가? 도와 태극의 두 가지 이름이 있는 것은 무엇 때문인가? 등의 다양한 자신의 의견을 피력했다. 그는 『태극문太極問』을 통해 태극의 이기理氣에 관점을 리理와 기氣는 둘이면서 하나이고, 하나이면서 둘, 즉 이기불상리理氣不相離(이와 기는 서로 떨어질 수 없는)관계라

---

[84] 『象山先生全集』券35,「語錄」"유중설무 무중설유"
[85] 송익필(宋翼弼 1534~1599)은 조선 중기의 서얼 출신 유학자이다. 자(字)는 운장, 호는 구봉(龜峯) 또는 구봉(龜峰), 현승(玄繩) 본관은 여산(礪山)이다. 시호는 문경(文敬)이다.
20대에 이미 문장력을 인정받아 문장가로 지목되기도 하였다. 율곡 이이, 우계 성혼 등을 만나 친분을 쌓았고 이들은 신분을 초월해 그를 친구로 예우하였다. 이산해, 최경창, 윤탁연, 정철, 조헌, 윤두수, 윤근수, 하응림 등도 그의 명성을 듣고 그를 찾아와 친구가 되었다. 토정 이지함 등도 그를 찾아보고는 그의 재능을 칭찬하여 구봉 같은 이를 스승으로 삼으면 성현에 가까울 것이라고 높이면서 친히 시를 써주기도 하였다. 사후 1762년(영조38)에 제자인 김장생의 6대손에 의해 그의 저서 《구봉집》이 발간도 되었고, 족보에서 누락되어 빠져있던 그의 이름도 사후 3백여 년이 지난 1905년에 족보에 등재되었다. 1910년(융희 4년) 7월 20일 규장각제학(奎章閣提學)에 추증되고, B.로 순종의 명으로 문경(文敬)의 시호가 내려졌다.

했고, 이에 선후를 구별할 수 없다고 했다.

또한, 이기론을 물체와 물체의 기동으로 비유하면 물체를 기로 보고, 물체를 움직이게 하는 것을 리理로 보아 물체가 움직이거나 정지하는 힘은 물체 자체이므로 기氣이고, 움직임과 정지를 하지 않으면서도 기를 작용케 하는 원동력이 되는 것을 리로 보았다. 다시 말해 운전자와 자동차에 비유하면 운전자를 리理로 보고, 자동차를 기氣로 이해할 수 있다. 자동차가 움직이거나 멈추는 것은 기氣로 볼 수 있고, 운전자는 움직이지 않는 리理이면서도 차를 멈추거나 움직이게 한다.

구봉은 태극 자체를 이기론으로 보아 설명한 것이지만 『태극도설』 무극이태극無極而太極에서 보면, 여기서 리는 무극이요, 기는 태극으로 볼 수 있지 않을까 생각한다.

이러한 구봉의 이기설은 율곡栗谷 이이李珥에게 지대한 영향을 미쳤다. 앞서 논했던 회재晦齋 이언적李彦迪의 이기설은 퇴계退溪 이황李滉에게 많은 영향을 준 것과 대비된다.

즉, 율곡의 이기설은 자동차 밖에서 자동차의 움직임을 기氣로 간파하고 운전자인 리理는 움직이지 않는 것으로 보았다. 반면, 퇴계는 자동차 안에서 운전자가 끊임없이 운전대를 움직이는 것으로 보아 리理를 움직이는 것으로 보았다. 이 두 학설은 한국 철학사에 두 흐름을 형성하게 된다.

조선 후기 수운水雲 최제우崔濟愚의 『동경대전東經大全』[86] 「포덕문布德門」에 이르러 태극의 개념은 시천주사상侍天主思想으로 나타난다.

---

[86] 수운(水雲) 최제우(崔濟愚)는 조선 말기 동학의 창시자이다. 1860(37세)음력 4월 5일 아주 특별한 영성 체험을 하며 득도하게 된다. 『동경대전』은 그가 득도한 후 1860년부터 1863년까지 4년에 걸쳐 "하날님의 말씀"을 직접 듣고 서술한 글로서 동학의 경전이다. 한자로 쓰여졌고, 용담유사는 한글 가사체로 쓰여졌다.

나에게 신령(神靈)한 부적(符籍)이 있으니 그 이름은 신선의 약이요, 그 형상은 태극(太極)이며 또 다른 모양은 궁궁(弓弓)이다. 나의 신령한 부적을 받아 사람들이 질병으로부터 구제되고 나의 이 주문(呪文)을 받아 사람들로 하여금 나를 지극히 위하도록 하면 너 또한 길이 살 뿐만 아니라 덕을 천하에 널리 펼 수 있을 것이니라.[87]

수운水雲은 태극을 우주 본원의 이치를 넘어 하느님의 근원적인 권능과 작용으로 말함으로써 새로운 태극관을 제시하였다. 또한 증산甑山 강일순姜一淳[88]은 무극과 태극의 관계를 무극의 본체와 태극의 작용으로 보았으며 인류의 생활과 문화의 전개가 이 원리에서 벗어나지 않는다고 했다. 『진경眞經』에서 살펴보자.

모든 족속들은 각양각색의 생활경험과 전통사상(傳統思想)으로 각기 다른 문화를 지어내었으나, 이는 본시 무극·태극, 체·용(體用)의 일부분에 불과하므로 그 상충(相衝)하는 기회에 이르러서는 끝내 큰 시비를 이루느니, 그러므로 각 족속의 모든 문화의 진액(津液)을 원시반본(原始返本)으로 추집(抽集)하여 후천선경의 기초(基礎)를 정하리라.[89]

---

[87] 『東經大全』「布德文」, "吾有靈符 其名仙藥 其形太極 又形弓弓 受我此符 濟人疾病 受我呪文 教人爲我則 汝亦長生 布德天下矣"
[88] 『한국철학사전』, 도서출판 동방의 빛(2009) "강증산은 1871년(辛未年) 9월 19일 전라도 고부군에서 탄생했다. 본관은 진주이며 휘는 일순(一淳), 자는 사옥(士玉), 호는 증산(甑山)이다. 한국민족종교사에서 큰 발자취를 남긴 강증산은 사후 그를 모시고 따르는 종교가 1920년대 흥성기에는 50여 교파에 600만 명의 교인을 헤아렸다고 할 만큼 그 교세가 대단하였다고 한다. 강증산은 상극지리가 인간사물을 맡았으므로 원한이 맺히고 쌓여 세상의 참사와 재난이 일어난다고 진단하고 천지도수를 정리한 삼계공사를 통해 후천선경을 열어가도록 설계하였다고 한다.
[89] 『진경眞經』「무극진경无極眞經」〈무극 2장 29절〉

또한 정산鼎山 조철제趙哲濟[90]는 무극이 곧 태극이라고 정의한 후 무극과 태극은 체體와 용用, 이理와 기氣의 원리로써 상제上帝가 직접 인간 세상을 바로잡고자 내재하여 천지인天地人 삼계공사三界公事를 통하여 후천선경後天仙境을 건설한다는 것으로 나타난다. 그 내용은 『진경眞經』의 두 구절을 통해 알아본다.

구천상제님께서 짜놓으신 삼계대공사(三界大公事)의 도수는 무극의 체인 바 그것을 풀어 쓰는 것은 태극의 용을 맡은 나의 소임이니 이 곧 무극시태극(无極是太極)의 원리니라. 무극시태극이므로 무극과 태극이 따로 있는 것이 아니니 무극, 태극이 일체일용(一體一用) 뿐이니라. 오직 무극은 정(定)이요, 태극은 동(動)이니 무극은 체(體)와 이(理)며, 태극은 용(用)과 기(氣)니라.[91]

도(道)의 본체인 무극(无極) 곧 태극(太極)을 과학자는 우주자연이라 하고, 우리나라에서는 하느님이라 하고, 서교에서는 여호와라 하고, 불가에서는 비로자나불(毘盧遮那佛)이라 하나, 그 명호야 무엇이든 우주생성 발전의 본체는 무극 곧 태극이니라. 무극과 태극은 체와 용이니 무극이 그냥 정(定)으로 있어서는 다만, 음양이 아직 나누어지지 않은 본체일 뿐이요, 음양으로 분리되어 기동하는 작용이 태극이니라. 일찍이 구천상제님께서 무극주로서 진멸지경(盡滅之境)의 인간 세상에 하강하셔서 삼계공사로 도수를 짜 놓으신 사실을 잠시라도 잊어서는 안 되느니라. 나는 이제 태극주로서 무극주상제님의 도수를 풀어 설법(設法)

---

[90] 『한국철학사전』 정산(鼎山)조철제(趙哲濟)는 1895(乙未)년 12월 4일 경상도 칠원현 서면 회문리에서 탄생했다. 본관은 함안이며 휘는 철제(哲濟) 자는 정보(定普) 호는 정산(鼎山)이다. 조정산은 광복 직전에 "그동안 무극의 표징인 왜기가 강토를 덮었으나 이제는 태극도의 국기가 휘날리리니 이것이 태극의 기동이다."며 도명을 태극도(太極道)로 선포하였다. 그는 태극도를 일러 "태극도는 정도(正道)니라. 비뚤어진 천지를 정음정양으로 바르게 하고, 기울어진 북극성을 중앙으로 환원시키며, 사람도 오장육부를 뜯어고쳐 바르게 하는 도니라."라고 하였다.

[91] 『진경眞經』「태극진경太極眞經」〈태극 5장 63절〉

함이니 무극이 곧 태극이며 태극이 곧 무극인 체용일여(體用一如)의 원리를 너희들이 알라.[92]

우주생성발전의 본체인 무극과 태극은 근세에 들어 형이상의 관념론에서 벗어나 상제신앙으로 발전하여 무극과 태극을 상제로 신격화한 무극주와 태극주를 신앙의 대상으로 한 민족종교가 이 땅에 생긴 것도 우연한 것이 아니다. 무극과 태극의 원리는 후천개벽사상後天開闢思想으로 전개되는데 상극相克의 선천 세상이 끝나고 상생相生의 후천 세상이 도래한다는 것으로 우주 주기설과 관련되어 있다. 즉, 물극필반物極必反의 우주자연의 순환법칙에 따라 서양 물질중심의 세상은 끝맺고, 다시 정신문명의 도덕세상이 펼쳐진다는 논리이다. 그 중심은 바로 문명의 끝과 시작을 의미하고 있는 역易에서의 간방艮方 태극의 민족, 대한민국이라는 밝은 희망을 주고 있다.

이 장을 마치면서 주렴계의 『태극도설』 무극과 태극의 관계 쟁점을 현대 중국 철학의 거장 노사광勞思光(1927~2012)[93]과 풍우란馮友蘭(1894~1990)[94]의 글과 1980년 북경대학교 철학과 연구실에서 공동 집필한 『중국철학사』의 글을 통해 마무리하고자 한다.

---

[92] 『진경眞經』, 「태극진경太極眞經」 〈태극 7장 33절〉
[93] 노사광은 섬서성(陝西省)에서 태어났다. 호는 위재(韋齋)이다. 북경대학 철학과를 입학하고 대만대학을 졸업했으며 1955년 홍콩으로 건너가 그곳에서 강의했다. 1989년 대만으로 돌아와 대만칭화대 대만사범대학 정치대학 동오대학 등에서 강의 했으며 2002년 중앙연구원 원사로 선출되었다. 학술적인 측면에서 한국에도 번역되어 잘 알려진 시대별로 분류한 선진(先秦) / 한당(漢唐) / 송명(宋明) / 명청(明淸)의 중국철학사 연구에 탁월한 성취를 꼽을 수 있다.
[94] 펑유란馮友蘭(1894~1990)은 중국의 철학자이다. 호는 지생(芝生), 허난성(河南省) 탕허현(唐河縣) 사람이다. 칭화 대학 등에서 중국 철학의 강좌를 담당하고 중국 사상의 독자성을 추구하였다. 1934년 명저 《중국철학사(中國哲學史)》를 간행하였다. 그는 인간과 자연의 본질을 봄에 있어서 항상 중국 고전철학의 인성설(人性說), 특히 이학에서 근거를 구했으며 신문화운동 이래 정치적 혼란 속에 동서철학을 융합하면서 중국 철학의 주체성을 회복하고자 하였다.

먼저, 노사광勞思光은 그의 저서 『중국철학사』에서 이렇게 말한바 있다.

> 『태극도설』의 본문 중에서 '음양은 하나의 태극이다. 태극은 본래 무극이다.[음양일태극야陰陽一太極也 태극본무극야太極本無極也]'라고 분명하게 말하였으므로 무극, 태극, 음양 및 그 아래의 오행은 각기 하나씩 층차層次를 차지하고 있다. 그러므로 무극은 단지 하나의 서술어 일 수만은 없으며, 하나의 본체를 나타내는 말임에 틀림없다. 또 무극의 '참된 본체[무극지진無極之眞]'와 음양과 오행의 정수[이오지정二五之精]를 평행으로 제시한 말이 있는데 반드시 무극 및 음양 오행이 모두 실제로 어떤 존재를 가리키는 것이어야 비로소 '참된 본체[진眞]'와 '정수[정精]'를 말할 수 있는 것이다.[95]

여기에서 노사광(勞思光, 1927-2012)은 주자가 '단지 무극지진無極之眞이라 말하면서 진眞은 바로 태극이다.'[96]고 말한 것을 두고 의문을 제기하며 태극을 수식하는 형용사적 무극이 아니라 무극을 하나의 실체로서 본체로 보았다.

또 다른 견해로 풍우란은 그의 저서 『중국철학사』에서 주희의 이기理氣 이원론二元論과 육구연의 일원적一元論이고, 내재론적 사유가 논쟁의 전말이라고 말한다.[97]

다음은 북경대학교 철학과 연구실에서 공동 집필한 『중국철학사』의 내용이다. "기록에 따르면 당시 송宋의 사관史館에 보관되어 있던 『국

---

95 勞思光 著, 鄭仁在 譯, 『中國哲學史』(宋明編), 探求堂, 1987년.
96 『朱子語類』 94券 "只言無極之眞 眞使是太極; 단지 '무극지진(無極之眞)'이라 말했지만 진(眞)은 바로 태극이다." 라고 했다. 노사광은 '무극'이 본체라면 왜 '眞'을 첨가했는가에 의문을 나타냈다.
97 풍우란 저, 박성규 역, 『중국철학사』 하권, 588p.

사國史』 가운데 「주돈이전周敦頤傳」이 있는데 그 전傳에 실린 『태극도설』의 첫 구절은 '무극으로부터 태극이 생겨났다[자무극이위태극自無極而爲太極]'이라고 적혀있는데 주희는 이 가운데 '으로부터[자自]와 생겨났다[위爲]' 두 글자를 당연히 없어야 한다고 생각하여, 이 두 글자를 뺄 것을 주장하였다. 청대 학자의 고증에 따르면 『국사國史』에 실린 것이 더욱 믿을 만하다는 것이다. '무극으로부터 태극이 생겨났다'는 것은 무극이 앞서 있다는 것이다. 주희가 이 구절을 '무극이면서 태극이다'라고 해야 한다고 생각한 것은 주희 자신의 관점일 뿐이다."[98] 그 하여 주자와 달리 무극과 태극을 명사적 용어로 독립된 개념으로 파악하고 있다. 이상 두극과 태극의 관한 다양한 견해를 살펴보았다.

지금까지 '무극이태극無極而太極'에서 두 단어를 연결시킨 '이而'가 가지는 의미를 중심으로 무극이 태극을 설명하기 위한 동일한 개념인지, 아니면 각각의 실처를 가진 다른 개념인지를 살펴보았다. 만일 동일한 것이면 '무극즉태극無極即太極'이란 말이 적합할 것이다. 그러나 '이而'는 두 단어를 이어주는 조사이지만 두 단어의 의미가 동일한 것은 아니다. 무극은 형체는 없지만 태극의 작용을 있게 하는 주체이므로 태극은 무극의 작용이다.

무극이태극無極而太極이라고 한 주렴계는 '무無'는 보이지도 않고 알 수도 없다는 의미로, '극極'은 태극의 '극極'과 마찬가지로 궁극窮極, 근원根源의 의미로 사용하여 태극과 더불어 무극을 만물 생성의 근원으로 본 것이라 생각된다. "무극이태극無極而太極(무극이 태극이다)"에서 무극과 태극은 음과 양으로도 표현할 수 있으며, 보이지 않는 세계인 무

---

98 북경대학교 철학과연구실 지음, 홍원식 옮김, 『중국철학사』Ⅲ, 95p.

극과, 보이는 세계인 태극으로, 또 동전의 양면으로 표현할 수도 있다. 결국 무극 없이 태극이 창조될 수 없고, 무극은 태극으로써 완성되는 이도일체以道一體의 관계로 보아야 할 것이다.

3) 『태극도설』과 태극기

태극기는 역易의 상象을 도상으로 나타내어 우주자연의 운행질서와 생성변화의 원리를 담고 있다. 태극기의 태극원리를 태호복희씨가 음양 부호로 나타내고 공자가 이를 태극이라 정의하여 1,500년 후 주렴계의 『태극도설』에서 그 이치를 도상으로 설명했다. 도상圖象은 사물을 본떠 그 사물의 본질 및 의미를 형상·상징으로 도출하는 것인데, 태극도는 태극이라는 추상적인 개념을 도상으로 나타낸 것이다.

태극기는 도상를 통해 삼라만상, 우주전체의 근원과 생성을 나타내며 천지자연의 질서인 천도天道·지도地道·인도人道를 제시함으로써 인류 지선至善·지고至高의 가치를 담고 있다.

앞에서 살펴본 바와 같이 우주만물의 본체로써 태극은 곧 역易이라 하였는데, 천지자연에서 나온 역을 태호복희씨는 상징인 괘卦로써 나타내었고, 공자는 「계사전」에서 태극이라는 용어를 사용하였으며, 주렴계는 『태극도설』을 통해 도상으로 나타내었다. 만물의 근본적인 이치인 태극을 전달하기 위해 하나의 그림으로 나타낸 것이 태극도太極圖이다. 태극도를 통해 비로소 성리학이 태동되었고, 이는 조선성리학에 지대한 영향을 미쳤다. 상고시대부터 기층문화를 이루어온 태극사상의 바탕에서 송대 성리학의 태극사상은 쉽게 수용되었고, 우리의 민족정서에 맞게 재창조되었다.

고대로부터 민족정신으로 내재되어 온 태극사상을 태극문양으로 나타내어 오다 이에 성리학의 철학적인 체계가 더해지면서 태극은 정신문화의 상징으로 생활 전반에 표현되었고, 근세에 자연스럽게 태극기로 나타나게 된 것이다.

퇴계는 『성학십도聖學十圖』를 지으면서 다음과 같은 말을 남겼다.

주자가 이르기를, '이것은 도리(道理)의 대두뇌처(大頭腦處)이다. 백세(百世)의 도술(道術) 연원(淵源)이다.' 지금 『성학십도(聖學十圖)』에서 이 「태극도(太極圖)」를 첫머리에 게재(揭載)한 것과 『근사록(近思錄)』[99]에서 『태극도설』(太極圖說)을 첫머리로 삼은 뜻이 같은 것이다. 대저 성인(聖人)을 배우려는 사람들은 단서(端緖)를 이로부터 시작하고, 「소학(小學)」·「대학(大學)」의 류(類)에서 힘을 써야하기 때문이다.[100]

주자나 퇴계가 저서 첫 머리에 주렴계의 『태극도설』을 실은 것은 무릇 학자들은 『태극도설』의 대강大綱을 알고 나서 비로소 공부할 기준을 갖게 되기 때문이라고 하였다.

조선 성리학의 양 거목인 퇴계와 율곡은 자신들의 저술—성학십도聖學十圖, 성학집요聖學輯要—의 서두에 『태극도설』을 실음으로써 주렴계로부터 주자周子에 이르는 성리학 흐름에 절대적 영향을 받았음을 전

---

[99] 『근사록』은 주자(朱子)와 여조겸(呂祖謙)이 공저한 성리학서이다. 1175년에 북송의 대표적 유학자인 주돈이, 장재, 정호, 정이 의 어록과 문집 등을 정리하여 편찬하였다. 책명은 『논어』「자장(子張)」편 "博學而篤志 切問而近思 仁在其中矣"에서 따왔는데, '지금, 여기 이 자리'를 중시한 실학의 뜻도 담고 있다. 조선 성리학의 교과서 역할을 하였다.

[100] 『聖學十圖』 "朱子謂此是道理大頭腦處 又以爲百世道術淵源 今玆首揭此圖 亦猶近思錄以此說爲首之意 蓋學聖人者 求端自此 而用力於小大學之類"

제한 뒤 성리학의 관점을 인간 본질적 문제로 전환하여 인간에 내재한 '이기理氣'를 '성정性情'으로 표현하면서 차이를 드러냈다는 점에서 조선 성리학은 진일보한 것이다.[101]

주렴계가 역易의 태극을 우주존재의 형이상적 본질로서의 태극으로 심화하여 이를 도설로써 설명하고, 주자가 성리학적 태극론을 집대성함으로써 조선 성리학적 태극론에 절대적인 영향을 미쳤으나, 조선 성리학은 이에 동화되지 않고 이를 더욱 보완·발전시키며 조선 사상을 이끌었다.

송대 성리학에서는 우주론과 인간론을 이기론으로 설명했는데 조선 성리학에서는 우주론에서 인간의 본질에 관한 문제로 구체화하여 심성론으로 발전하였다. 인간의 심성을 치밀하게 분석한 심성론은 사단칠정론四端七情論, 인물성동이론人物性同異論, 이기지묘론理氣之妙論, 인심도심론人心道心論, 심주리주기론心主理主氣論 등을 통해 독자적인 영역을 구축하며 중국 성리학보다 한 차원 높은 경지를 이루었다. 그러나 태극을 리理로 하고, 기氣보다 우위에 두어 수양을 통한 도덕적 완성을 강조하는 관념론으로 흘러 현실문제의 대안이 되지 못한 점이 아쉽다.

태극사상은 주렴계에 의해 갑자기 만들어진 것이 아니다. 태극기에 담긴 태극의 원리는 우리 전통문양에서 앞서 이미 태극문양으로 나타났지만 성리학의 단초가 되었던 주렴계의 『태극도설』에서 사상적 정립이 구체화된 것이다. 전대로부터 오랜 세월에 걸쳐 형성되어 온 태극사상을 체계적으로 정리하여 도설圖說로 설명한 것이다.

---

[101] 조선 성리학에서는 성리학의 핵심인 이기론을 심성론에 결합하여 인간 본성에 대한 사단(四端; 仁義禮智), 칠정(七情; 喜怒哀樂愛惡慾)의 인간 주체적인 내면을 성찰하여 현실에 구현하고자 하였는데, 이는 중국 성리학으로부터 독자성을 가지고 진일보한 것으로 볼 수 있다.

그래서 주자朱子는, 복희伏羲가 역易을 만들면서 부호로 시작했고, 문왕文王은 역을 부연하면서 건원乾元을 말하였고, 공자는 태극을 말하였고, 주자周子[周濂溪]는 무극을 말하였으니 두릇 선성先聖과 후성後聖이 서로 통하지 않았겠는가라고 했다. 이미 복희씨는 우주만물의 근원을 담은 형상으로 괘를 만들었고, 공자가 이를 태극이라 했으며, 주자(周子, 주렴계)는 무극이태극無極而太極이라 하여 도상으로 나타냈으나 그 뜻은 하나로 관통되어 있는 것이다.

태호복희황제로부터 시작된 역易이 주역으로 전래되기 이전 고래古來로부터 한국 사상의 원류를 이루어 온 태극문양 속에 내재된 역의 태극사상은 조선 성리학의 학술적 심화와 사상적 정립으로 사회 전반에 으뜸 상징문양으로 적용되었고, 자연스럽게 민족정신을 대변하는 태극기로 나타나게 된 것이다. 그러므로 태극기太極旗에 담긴 태극사상이 주렴계周濂溪의『태극도설太極圖說』을 본떠 정립한 것도 아니며, 중국의『주역周易』에서 나왔으므로 반민족적 정서가 담겨있다는 주장이나 역易은 옛날 점치는 과정을 서술한 책으로 미신이라는 주장도 태극기太極旗에 담긴 태극사상을 제대로 이해하지 못한 것이다. 태극기가 중국의 국기가 되지 않고 대한민국의 국기가 된 것은 원시반본原始返本(시작을 근원으로 삼고 본디대로 돌아간다.)의 우주적 순환 섭리에 의한 사필귀정事必歸正인 것이다.

지금, 국기인 태극기에 담긴 태극사상은 우주만상의 근원이요, 인간생명의 원천으로서 음양의 순환과 조화 속에 만물이 성장하고 번영을 이루는 대한민국 정체성의 상징이요, 국가 목표이기도 하다.

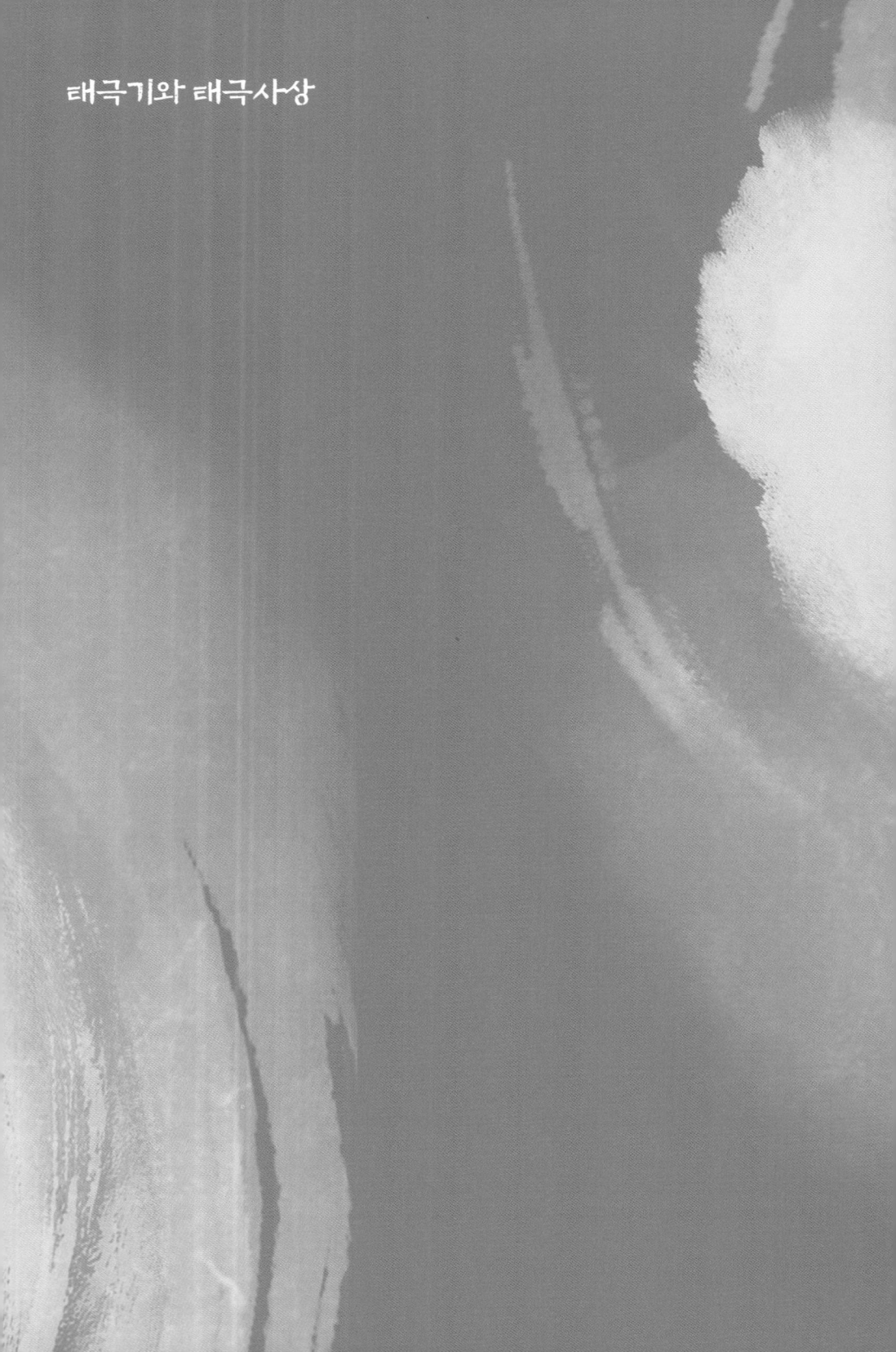

태극기와 태극사상

4장

태극사상의 상징, 태극기

1. 태극사상의 원류

1) 易의 시작, 태호복희씨

"역에 태극이 있어 이것이 양의를 낳고 양의가 사상을 낳으며 사상이 팔괘를 낳는다."는 말은 공자 때에 만들어진 것이 아니라 오래 전에 만들어진 것을 공자가 역을 논할 때 옛 자료를 모아 표현한 것이다. 『역전易傳』에 "역유태극易有太極하고 시생양의是生兩儀한다."고 하여 '태극생양의太極生兩儀'의 태극 개념이 공자에 이르러 나타나지만, 이는 역의 기본 원리인 양의兩儀, 즉 음양을 음효陰爻[--]와 양효陽爻[—]로 그어 팔괘八卦로 나타낸 복희씨로부터 비롯되었다. 그래서 공자는「계사상전繫辭上傳」에서 이렇게 말하였다.

> 글로는 말을 다 할 수 없고, 말로는 뜻을 다 표현할 수 없으니, 그러한즉 성인의 뜻을 다 보지 못하는 것이 아닌가?[1]

또 『논어』「술이述而」에서는 겸손한 뜻과 함께 삼대 성인聖人의 뜻이 하나로 일관되었음을 엿볼 수 있다.

> 나는 전하여 오는 것을 기술(記述)하였으되 창작(創作)을 하지 않았고, 옛것을 믿고 좋아하였다. 마음속으로 상(商)의 현인(賢人) 노팽(老彭)을 본받고자 한다.[2]

역易의 출발은 중국 고대의 제왕 즉 삼황오제 중 최고의 제황 태호복희씨太昊(皞)伏羲(庖犧)氏이다. 『주역』「계사하전繫辭下傳」에 "복희씨가 팔

---

[1] 周易,「繫辭上傳」"子曰 書不盡言 言不盡意 然則聖人之意 其不可見乎"
[2] 『論語』「述而」"子曰 述而不作 信而好古 竊比於我老彭"

괘를 만들었다고 했다."³라고 기록되어 있다.

복희씨로부터 시작된 역은 문왕文王[周公]-공자의 성인이 계승·발전시켰다. 역은 시대에 따라 연산역, 귀장역으로 괘의 배열을 달리한 부호로 나타났는데, 그 신묘함을 현대과학이 입증했다. 역을 탄생시키고 인류 문명을 열어주신 분 태호복희씨太皥伏羲氏는 고대 동이족東夷族으로 지금 우리 민족의 선조이다. 현대 중국학계에서도 하夏 문화의 선구 대문구문화大汶口文化(B.C.4300~B.C.2200)의 주체가 동이족이며 산동반도 지방에서 가장 이른 시기에 거주하였던 태호太昊, 소호少昊, 전욱顓頊을 언급한다.⁴

신용하⁵는 태호복희씨의 '태호太皥'에서 '호皥'는 중국학자들이 뒤에 호昊[여름하늘 호]로 표기했지만 옛 경서에는 호皥(밝을 호)로 표기했다. '호皥'는 '백白'2개와 '본本'을 합성하여 본래 '밝다'는 뜻이다. 이 말로 '밝달족'을 나타내어 '태호太皥'는 '큰 밝족', '소호少昊'는 '작은 밝족'이라 하였다.

복희씨가 동이東夷의 혈통이라는 것은 중국의 사서史書에서도 전한다. 송대 나필羅泌은 "태호복희는 구이에서 탄생했다."⁶고 하였으며, 『예기정의禮記正義』에서는 "태호복희씨는 성덕聖德이 있어 백왕百王의 으뜸이었고, 복희황제는 동방에서 나와 전래 따른 바 없으므로 동방에 재위했는데 봄을 주관하여 밝은 해를 상징하므로 태호太皥라 칭하

---

3 『周易』「繫辭下傳」,"古者包犧氏之王天下也 仰則觀象於天 俯則觀法於地 觀鳥獸之文 與地之宜 近取諸身 遠取諸物 於是 始作八卦 以通神明之德 以類萬物之情; 옛날에 복희씨가 천하의 왕일 때에 우러러서는 하늘의 형상을 보고 구부려서는 땅의 이치를 보며, 새와 짐승의 무늬와 땅의 법을 보며, 가깝게는 몸에서 취하고 멀게는 물건에서 취하여 비로소 팔괘를 만들었다. 이로서 신명의 덕을 통하며 만물들의 설정을 분류했다."
4 楊東晨『中南民族學院報』「東夷的發展與秦國在西方的優位 哲學社會科學版 1989(第5期)
5 신용하,「한국민족의 형성과 사회학」,「한국민족의 형성과 기원」, 지식산업사, 2001.
6 『路史』"伏羲生於仇夷"

였다."7고 했다. 도 중국학자들도 "태호복희의 성姓은 풍風이며, 고대 동이족東夷族이다.'8, 또 대만의 역사학자이자 언어학자인 부사년傅斯年(1896~1950)은 "태호복희가 동이족이라는 것은 고대로부터 공인되어 온 일이다."9라면서 확신을 더해주고 있다.

『회남자』「시칙훈時則訓」에서는 다섯 방위를 설명하면서 태호복희씨가 다스리던 고조선을 말하고 있다.

> 다섯 방위 동쪽 끝은 갈석산으로부터 조선(朝鮮)10을 지나고 대인의 나라를 관통해 동쪽 해가 떠오른 곳, 부목의 땅 청그의 들판까지 이른다. 이곳은 태호복희씨(太皞伏羲氏)11와 그망(句芒)12이 다스리는 곳으로 만 이천리가 된다. 그곳의 정령(政令)은 다음과 같다. 뭇 금지 사항들을 없애고, 닫힌 곳을 개방하며 궁한 곳을 통하게 하고 막힌 곳을 뚫어 사람들이 자유롭게 왕래하게 하며, 원한과 미움을 버리고, 노역에 종사하는 죄인을 풀어주어 사람들의 근심거리를 없애고, 형벌의 집행을 미루며 관문과 교량을 열어 재화의 유출을 자유롭게 하고 외국인의 원한을 풀어주고 이웃나라들을 잘 달래어 부드러움과 은혜로 덕을 베풀고 강압적인 태도를 취하지 않았다.13

---

7 『예기정의』「악령(樂令)」에 인용된 『제왕세기帝王世紀』 "蛇身人首 有聖德 爲百王先 帝出於震 未有所因 故位在東 主春象日之明 是以稱太皞" 『예기정의』는 『예기』 제42편인 『대학고본』이다. 한대 정현(鄭玄)의 주와 당대 육덕명(陸德明)의 음의(音義)와 공영달(孔穎達)의 소(疏)를 더해 『예기정의』라 한다.
8 『역대제왕록歷代帝王錄』, 中國上海出版社, 98年版
9 「고대 동북아시아의 민족과 문화」, 『이하동서설夷夏東西說』, 여강출판사, 1994, 傅斯年. 이 논문에서 하족(夏族)과 이족(夷族)이 중원을 놓고 번갈아 가면서 서로 대립하여 왕조를 번갈아 세웠다고 주장했다.
10 고조선(古朝鮮)을 말하며 옛 영주(榮州)지역으로 현재의 요동지역에 있다. (이곳에 봉황성과 평양이 있다.)
11 태호복희씨는 죽어서 동쪽, 즉 목덕(木德)을 관장하는 천제(天帝)가 되었다고 한다.
12 구망은 소호씨(少昊氏)의 후손으로 죽어서 목덕의 천제를 돕는 목관(木官)의 신이 되었다고 한다.
13 『淮南子』「時則訓」 "五位 東方之極 自碣石山過朝鮮 貫大人之國 東至日出之次 榑木之地 靑丘 樹木之野 太皞句芒之所司者 萬二千里 其令日 犮挈禁 開閉闔 通窮室 達障塞 行優遊 棄怨惡 解投罪 兔憂患 休罪刑 開關梁 宣出財 和外怨 撫四方 行柔惠 止剛强"

『회남자』에서 중요한 사실들을 발견한다. 태호복희씨가 우리 민족의 선조이며, 민족의 심성이 착했고, 요동지역이 고조선의 옛 강역이었고, 공자가 가고자 했던 곳, 공자의 인仁사상이 실현되었던 땅, 공자가 펼치고자 했던 대동사회大同社會가 이미 이곳에 펼쳐져 있었던 것이다. 태호복희씨는 세상만물을 다스리는 이치로 역을 내어 놓았으니 그것이 태극이요, 태극은 널리 인간을 이롭게 하는 홍익인간의 이념이 되었고, 이것이 세상에 펼쳐졌으니 대동사회[14]가 되었던 것이다. 여기서 태극이 시작되었던 것이다.

2) 민족사상의 원류

민족사상의 원류는 복희씨에 의해 태극사상으로 펼쳐졌다. 우리 민족사상의 원류를 찾으면서 중국 사료에 의존해야한다는 것은 매우 안타까운 일이다. 그나마 보존되어 있는 『삼국유사三國遺事』나 『삼국사三國史』[15]에서도 대개 중국의 사서史書를 인용하여 기록했기 때문에 선행자료 수집에 있어 우리 역사 문헌에서 고대 자료에서 구한다는 것은 매우 어렵다. 중국의 사서에 우리 민족과 관련된 부분들이 나오지만 자국의 관점에서 서술했기 때문에 폄하·축소·왜곡 등을 감안해야 되며, 문화·풍습에 관한 부분들은 그나마 왜곡의 정도가 덜하다. 찬

---

[14] 『禮記』「禮運」"大道之行也 天下爲公 選賢與能 講信修睦 故人不獨親其親 不獨子其子 使老有所終 壯有所用 幼有所長 矜寡孤獨廢疾者 皆有所養 男有分 女有歸 貨惡其棄於地也 不必藏於己 力惡其不出於身也 不必爲己 是故 謀閉而不興 盜竊亂賊而不作 故外戶而不閉 是謂大同"

[15] 『삼국사기(三國史記)』의 원전 표지에는 '삼국사'라 되어 있다. 이 책의 명칭은 1914년 이마니시 류가 『일본서기(日本書紀)』를 본떠 '삼국사기 역(三國記 譯)'이라 했고, 이병도가 참여하여 조선총독부가 편찬한 『조선사(朝鮮史)』에 『삼국사기』로 썼다.

란했던 고대사를 기록한 책들이 있었지만 외침에 의해 사고史庫가 불타 없어지거나 찬탈당하는 수난을 겪었다.

또 조선시대 세조·예종·성종 때에 고대 사서 수거령[16]에 의해 스스로 없애는 참담함이 있었고, 찾으려고 하는 의지도 부족하였다.[17] 또 일제강점기 때는 사서 20여만 권이 수탈당하여 없어졌다. 근세 일제가 민족 말살정책으로 역사의 단절·축소·왜곡 틀에 짜 맞추어진 상고사는 아직도 광복을 하지 못했다.

『한국철학사전』「한국유학사」편에서 이기동은 이렇게 말하였다.

일반적으로 볼 때 유학은 원래 중국사상이고, 그 중국사상이 한국에 전래되어 한국인들에 정착된 것이다. 그러나 엄밀히 말하면 그렇지 않다. 유학은 공자가 만들어 낸 사상이 아니라 공자가 그 이전에 있었던 사상을 종합하고 정리한 것이다. 그런데 그 원류를 찾아가면 유학의 원형은 고대 동이족(東夷族)의 사상에 기원한다. 고대에는 한국이라는 나라도 없었고, 중국이라는 나라도 없었다. 다만 한국인의 조상에 해당하는 동이족이 있었고, 중국인들의 조상에 해당하는 하화족(夏華族)이 있었다. 그중 동이족이 가진 따뜻한 마음을 정리한 것이 바로 공자의 인(仁)사상이다. 공자의 인사상은 유학의 핵심이므로 한국의 사상은 유학의 발원지라 볼 수 있다. 고대 동이족이 세운 대표적인 나라가 조선이다. 이를

---

16 『조선왕조실록』 「예종」 7권에 다음과 같은 기록이 있다. 예조에 전교하기를 『주남일사기(周南逸士記)』, 『지공기(志公記)』, 『표훈천사(表訓天詞)』, 『삼성밀기(三聖密記)』, 『도증기(道證記)』, 『지이성모하사양훈(智異聖母河沙良訓)』, 문태(文泰)·옥거인(玉居仁)·설업(薛業) 세 사람의 기(記) 1백여 권과 『호중록(壺中錄)』·『지화록(地華錄)』·『명경수(明鏡數)』 및 모든 천문·지리·음양에 관계되는 서적들을 집에 간수하고 있는 자는 책을 바치라 하였다.

17 『열하일기』 「도강록(渡江錄)」에 기록이 전한다. "애닯도다! 후세에 와서 경계를 자세히 모르게 되고 본즉 함부로 한사군의 땅을 압록강 안으로 죄다 끌어들여 억지로 사실을 구구하게 끌어 붙여놓고는 그 속에서 패수(浿水)까지 찾게 되어 혹은 압록강을 가리켜 패수라 하기도 하고 혹은 청천강을 가리켜 패수라 하기도 하고 혹은 대동강을 가리켜 패수라 하기도 하여 이리하여 조선의 강토는 싸우지도 않고 저절로 줄어들었다. 이것은 무슨 까닭일까? 평양을 한 군데 붙박이로 정해 두고 패수는 앞으로 불러들이니 언제나 사적을 따라 다니게 된 까닭이다."

통상 후대의 조선과 구별하여 단군조선이라 부른다. 조선은 중국의 주나라에 의해 망하고 한국은 침체기에 들어갔다.[18]

한편 류승국은 유교에 대해 이렇게 평가했다.

유교는 공자로부터 비롯한다고 말하지만, 공자 이전에 전혀 없었던 것이 공자에 의하여 만들어진 것이 아니다. 공자 이전부터 역사적으로 흘러오는 전통적 사상과 생활 풍습이 있었다.[19]

우리가 잃어버리고 소홀했던 옛 역사와 문화를 되찾고 부흥시켜 21세기 한류 문명을 이끄는 동력으로 삼아야 할 것이다.

공자는 『논어』에서 "옛 성인의 말씀을 서술하였고, 창작하지 않았다. 옛 지혜를 믿고 좋아한다."[20]고 하였으며, 『중용』에서는 "요임금, 순임금을 조종 삼아 전술하고, 문왕과 무왕의 법도를 본받아서 밝혔고, 위로는 천시天時를 본받고, 아래로는 땅의 이치를 따르셨다."[21]고 하였다. 공자는 고대 요堯임금과 순舜임금으로부터 우禹, 상나라 탕湯, 주나라 문왕文王·무왕武王·주공周公 등의 사상을 집대성하였던 것이다.

『맹자』「이루離婁」장구章句에는 다음과 같은 내용이 있다.

맹자가 말했다. 순(舜)임금은 제풍에서 태어나고 부하로 옮겨 살며 명조에서 돌

---

18 이기동, 『한국철학사전』, 「한국의 유학사」, 도서출판 동방의 빛, 2011, 271p.
19 류승국, 『한국유학사』, 유교문화연구원, 2009, 13p.
20 『論語』「述而」"子曰 述而不作 信而好古"
21 『中庸』30章 "仲尼 祖述堯舜 憲章文武 上律天時 下襲水土"

아가셨다. 동이(東夷)사람이다.²²

『사기』에서는 "천하의 밝은 덕은 모두 순舜임금으로부터 비롯되었다."²³라고 하였으며, 『사기』「공자세가孔子世家」에 따르면 공자는 세상을 떠나기 직전 제자 자공子貢에게 이렇게 말했다고 한다.

"천하에 도가 없어진지 오래되었으니 아무도 나를 존중하지 않는구나. 하(夏)나라 사람은 동쪽 계단에 빈소를 차렸고, 주(周)나라 사람은 서쪽 계단에 빈소를 차렸고, 은(殷)나라 사람은 양쪽 기둥 사이에 빈소를 차렸다. 지난밤에 나는 꿈에서 양쪽의 기둥 사이에 앉아 제사를 받았다. 나는 은나라 사람에서 비롯되었다." 7일 뒤에 돌아가셨다.²⁴

공자는 자신의 선조가 은나라 사람임을 밝히고 있다. 우리 민족은 민족의 뿌리를 '동이東夷'라 지칭했다. 우리 민족을 지칭하는 최초의 문헌에 이夷라 하였고, 춘추전국시대를 거치면서 구이九夷, 동이東夷라 했으며, 한나라 이후에는 요서지역 전체를 동이東夷로 지칭하며 이夷의 뜻을 왜곡시켰다. 이夷는 지금도 '오랑캐 夷'라고 읽는다. 어찌 공자가 존경하여 닮고 싶었던 순임금을 오랑캐 이夷로 칭하고, 도인들의 살던 곳을 오랑캐의 나라라 했을까? 공자는 자신의 선조가 은나라 동이족이라고 밝히지 않았던가?

문헌에 기록된 동이족의 성품을 보면, 『한서지리지漢書地理志』「연지燕

---

22 『孟子』「離婁 下」孟子曰 舜 生於諸馮 遷於負夏 卒於鳴條 東夷之人也
23 『史記』所云 "天下明德 皆自虞帝始"
24 『史記』「卷四十七. 孔子世家」謂子貢曰 天下無道久矣 莫能宗予 夏人殯於東階 周人於西階 殷人兩柱間 昨暮予夢坐奠兩柱之間 予始殷人也 後七日卒

地」에 이런 기록이 나온다.

　　동이(東夷)는 천성이 유순하여 삼방의 외족[서융(西戎), 남만(南蠻), 북적(北狄)]과는 다르다. 그러므로 공자는 도가 행하여지지 않음을 슬퍼하여[25] 바다에 뗏목을 띄워 구이(九夷)에 살고자 했으니 까닭이 있는 것이다.[26]

　　또 공자는 『논어』에서 다음과 같이 동이족을 칭찬하였다.[27]

　　동이에 가서 살고 싶다고 하니, 혹자는 그곳은 누추한 곳이라 하니, 군자들이 사는 곳인데 어찌 누추함이 있다 하겠느냐.[28]

　　중국이 오랑캐라고 한 '이夷'의 쓰임을 살펴보면, 『후한서後漢書』 「동이열전東夷列傳」에 이런 기록이 나온다.

　　'왕제(王制)'에 이르기를 동방(東方)을 이(夷)라 한다. 이(夷)라는 것은 싹을 틔우는 근본으로써 어질고 살리기를 좋아하여 만물이 뿌리박고 땅으로부터 생겨남과 같음을 말한다. 그런 까닭에 천성이 유순하여 바른 법도로서 덕을 펼치기 쉬워 군자의 나라, 죽지 않는 나라라는 이름이 있게 되었다. '이(夷)'에는 아홉 종류

---

25 『論語』「公冶長」"子曰 道不行 乘桴浮於海 從我者其由與 子路聞之喜; 도가 행하여지지 않아서 뗏목을 타고 바다로 나간다면 나를 따라갈 사람은 아마 유이리라 하고 말씀하시자, 자로가 이 말을 듣고 기뻐하였다."
26 『漢書地理志』「燕地」"東夷天性柔順 異於三方之外 故孔子悼道不行設浮於海 欲居九夷有以也"
27 『예기』「잡기(雜記)」에 이런 기록이 나온다. "소련(少連)과 대련(大連)은 상주로서 부모상을 잘 치렀다. 부모가 돌아가신 뒤 사흘 동안 애통해 하면서도 예절을 지키는데 게을리 하지 않았고, 석 달 동안 빈소에서 옷을 풀지 않았고 일 년 동안 슬퍼하였으며 삼년 동안 근심했다. 그들은 동이족 사람이었다." 『소학』「명륜(明倫)」장에도 소련, 대련 형제는 동이의 아들이라고 되어 있다. 부모상을 당한 후 3년 시묘를 하는 까닭은 태어나서 3년쯤 되어야 최소한 사람구실을 할 수 있는데, 이를 가능하게 해준 은혜에 보답하는 뜻이라 했다.
28 『論語』「子罕」"子欲居九夷 或曰 陋 如之何 子曰 君子居之 何陋之有"

가 있으니 견이 우이 방이 황이 백이 적이 현이 풍이 양이다. 이 때문에 공자는 구이(九夷)에 가서 살고 싶어 했다.[29]

동이(東夷)는 거의 모두 토착민으로 음주와 가무를 좋아하였으며, 혹은 예복에 관을 쓰고 비단옷을 입으며 생활의 기구로 제기(祭器)를 사용하였다. 중국에서 예(禮)를 잃어버리면 사방의 이(夷)에게서 구한다고 말하는 바가 그것이다.[30]

『한서지리지』와 『후한서』를 비롯한 중국 사서에서 동이에 관해 '도가 행해지는 나라, 천성이 유순하며, 공자가 가고 싶어 한 나라, 도를 배워야 한다.'고 하여 최고의 이상적인 나라로 표현하였다. 그러나 이후 중국 사서에서는 동이족에 관한 표현들을 왜곡하였다.

당나라 드우杜佑의 『통전通典』에도 같은 내용이 나오는데 글자를 살짝 바꾸어 뜻을 변질시켰다. 당 두우杜佑는 「백호통白虎通」[31]의 내용을 인용하여 동이東夷에 대해 다음과 같이 말하고 있다.

「백호통」에서 말하기를, 이(夷)라는 것은 쭈그리고 앉는 자들로 예의가 없음을 말하는 것이다. 혹자가 말하기를 이(夷)란 것은 뿌리이다. 인자하여 사람을 살리기를 좋아한다고 말한다. 만물땅에 뿌리를 두고 태어남을 의미하므로 천성이 유순하여 도리로써 제어하기가 쉽다. 이(夷)는 아홉 종류가 있으니 견이 · 방이 · 간이 · 황이 · 백이 · 적이 · 현이 · 풍이 · 양이다. 이들은 대체로 토착인들로 음주와 가무

---

29 『後漢書』卷八一五 東夷列傳 第七十五, "東方曰夷 夷者 柢也 言仁而好生 萬物柢也而出 故天性柔順 易爾御 至有君子不死之國焉 夷有九種 曰畎夷 于夷 方夷 黃夷 白夷 赤夷 玄夷 風夷 陽夷 故孔子欲居九夷也"

30 『後漢書』卷八十五 東夷列傳 第七十五, "東夷率皆土著 憙飮酒歌舞 或冠弁衣錦 器用俎豆 所謂中國失禮 求之四夷者也"

31 『백호통』은 후한(79년) 반고(班固)가 편찬을 주도한 책이다. 『백호통白虎通義』 혹은 『백호통白虎通』, 『백호통덕론白虎通德論』은 4권으로 이루어진 책이다. 중국 동한(東漢) 한 장제(漢章帝) 4년(79년) 태상 장수, 대부, 박사, 의랑, 낭곤급제생(郎官及諸生) 등이 참관하여 백호관(白虎觀, 낙양 북쪽 궁궐)에서 유가경전을 놓고 토론한 백호관회의(白虎觀會議)를 열었다. 한 장제는 직접 경서 내용을 각결하여 『백호의주白虎議奏』를 지었다.

를 좋아한다. 혹 고깔이나 관을 쓰고, 비단옷을 입으며 그릇은 제사 때 산적을 담는 그릇과 제기(祭器)를 사용하니 소위 중국이 예(禮)를 잃어버리면 사이(四夷)에서 찾는다는 말이다.[32]

당 두우杜佑(735~812)가 『통전』에서 후한(25~220년) 반고班固의 「백호통」을 인용하여 "이자준야夷者蹲也 언무예의言無禮儀(夷는 쭈그리고 앉는 자들로 예의가 없음을 말한다)"라고 한 것은 바로 뒤의 문장에 나오는 "소위 중국이 예를 잃어버리면 사이四夷에서 찾는다."는 말과 앞뒤가 맞지 않는다. 「백호통」에서는 이夷와 적狄을 대비하며 "이夷는 겸손하고, 적狄은 예의가 없다."[33]라 한 것이다. 이를 두우는 『통전』에서 「백호통」의 '이자준야夷者蹲也 적무예의狄無禮儀'를 인용하면서 '이자준야夷者蹲也 언무예의言無禮儀'로 '준傳(겸손하다)'을 '준蹲(쭈그리다)'으로, '적狄'를 '언言'으로 바꾸어 이夷를 나쁜 뜻으로 변질시켰다. 또 동이족을 설명하는 반고의 『후한서』[34]추가의 내용을 『통전』[35]추가에서는 글자를 바꾸어 뜻을 변질시켰다. 1차 사료에 근거한 내용을 시대에 따라 왜곡 정도가 더하여졌다.[36]

---

32 『通典』 「卷一八五 邊防, 東夷」 "東夷(白虎通云 夷者蹲也 言無禮儀 或云 夷者抵也 言仁而好生 萬物抵地而出 故天性柔順 易以道禦), 有九種 日畎夷 方夷 于夷 黃夷 白夷 赤夷 玄夷 風夷 陽夷 率皆土著(遲略反) 喜飲酒(喜許利反) 歌舞 或冠幷衣錦 器用俎豆 所謂中國失禮 求之四夷者也"

33 『白虎通』券上 本文 "夷者傳 狄無禮儀"

34 중국 남북조시대(南北朝時代)에 남조(南朝) 송(宋, 420~479)의 범엽(范曄, 398~445)이 편찬한 기전체(紀傳體) 사서(史書)로 본기(本紀) 10권, 열전(列傳) 80권, 지(志) 30권으로 되어 있다. 광무제(光武帝, 재위25~57)부터 헌제(獻帝,재위189~220)까지 후한(後漢)의 13대(代) 196년의 역사가 기록되어 있으며, 중국 역대 왕조의 정사인 '25사(史)' 가운데에서도 사마천의 〈사기(史記)〉, 반고(班固)의 〈한서(漢書)〉, 진수(陳壽)의 〈삼국지(三國志)〉와 함께 '4사(四史)'로 꼽힌다.

35 통전(通典)은 당(唐) 재상 두우(杜佑:735~812)가 편찬한 제도사(制度史)로 200권이다. 766년에 착수하여 30여 년에 걸쳐 초고(初稿)가 완성되고, 그 후에도 많은 보필(補筆)이 있었던 것으로 추정된다.

36 송대『책부원구(冊府元龜)』에서는 "동이는 덕이 없는 소인으로서 바다 한 구석에서 인면을 하고 있으나 짐승과 다름없다"고 폄하했다.『책부원구』는 왕흠약 · 양억 등이 칙령으로 편찬한 책으로『태평광기(太平廣記)』,『태평어람(太平御覽)』,『문원영화(文苑英華)』와 함께 송대의 4대 편찬서 중 하나다.

『후한서』의 '이자저야夷者柢也(이(夷)라는 것은 뿌리(근본)이다) 언인이호생言仁而好生(어질고 살리는 것을 좋아한다는 말이다) 만물저야이출萬物柢也而出(만물의 근본이 나오는구나)'을 『통전』에서는 '이자저야夷者抵也(이(夷)라는 것은 거스르는 것이다) 언인이호생言仁而好生 만물저지이출萬物抵之而出(만물이 거스러서 나으는구나)'로 바꾸었음을 알 수 있다. 즉, 근본과 뿌리, 기초를 뜻하는 '저柢(근본)'를 '저抵(거스르다)'로 변형하여 거스르고 가로 막는다는 뜻으로 왜곡하였다. 이는 당시 고구려- 당과의 전쟁관계에서 기인한 것이라 추측된다.

이러한 예는 중국 최초의 사서史書 『사기』[37]에서도 나타난다. 사마천은 당시 고조선과의 전쟁을 직접 목격했던 사람으로 『주례周禮』에 분봉 등급을 나눈 오복제五服制와 구복제九服制를 인용하면서 '이夷'를 삽입하여 수도에서 멀리 떨어져 사는 집단[38]으로 표현했다.

3,400여 년 전, 은殷대 갑골문자甲骨文字[龜曰獸骨]를 불과 100여 년 전 찾아 왜곡된 역사를 바르게 알 수 있게 된 것은 참으로 다행한 일이다. 1999년 갑글문 발견 100주년 학술 세미나에서 일본학자 고쿄 기요히코는 "사마천의 『사기史記』는 단군조선이 중국을 지배한 것을 거꾸로 뒤집어 말했다."[39]는 평가에 유의할 필요가 있다.

---

[37] 『사기』는 한나라의 팽창을 부각하기 위한 수단으로 조선에 대한 기록을 서술했다. 사마천은 「송미자세가(宋微子世家)」에서 "주 무왕이 기자를 조선에 봉하였다."고 기록하면서도 「조선열전(朝鮮列傳)」에서는 기자에 관해 한마디 언급이 없다. 이는 한나라 중심으로 위만조선을 포함시키기 위한 의도였음을 알 수 있다.

[38] 사마천은 '夷'에 관한 정의를 수도에서 얼마나 떨어져 사는지의 기준으로 바꾸었다. "천자의 수도 밖 500리를 '전복'이라하고, 전복 밖 500리를 후복이라 하고, 후복 밖 500리를 수복이라 하고, 수복 밖 500리를 요복이라 하는데 300리 이내는 '이족'의 지역이고, 그로부터 200리 이내는 죄인을 추방한 곳이다."

[39] 3400년 전 은나라 귀갑수골(龜甲獸骨; 갑골문자)을 1899년 찾았다. 갑골문 발견 100주년 기념 국제 학술 세미나가 열린 1999년 9월, 허베이(河北)성 정저우(鄭州)에서 일본학자 고쿄 기요히코(吾鄕淸彦)는 사마천의 사기 25권은 단군조선이 중원 대륙을 지배했었다는 역사적인 사실을 거꾸로 뒤집어 마치 중국이 단군조선을 지배한 것처럼 힘겹게 변조작업을 벌인 것이며, 한(漢)이라는 국호도 옛날 삼한조선의 한(韓)이라는 글자를 그대로 빌려간 것에 불과하다고 했다. 뜨 대만대학 서량지 교수는 "역법, 춤추는 법, 활 쏘고 만드는 법 등을 중국이 동이족에게서 배운 것"이라 했다.

『설문해자說文解字』는 후한의 허신許慎이 진秦 이전의 문자를 수집하여 기본이 되는 9,533자 및 이체자異體字 1,163자를 육서六書원리로 분석하여 540부部로 분류 해석한 사전이다. 후한後漢의 허신許慎(30~124)은 『설문해자說文解字』에서 '이夷'를 다음과 같이 설명하였다.

> 이(夷)는 평(平)이다. 대(大)를 따르고 궁(弓)을 따른다. 동방(東方)의 사람이다.[40]

> 이(夷)는 동방에 사는 사람이다. 동이는 대의를 따르는 대인이다. 이(夷)의 풍속은 어질고 어진 이는 장수하며 군자가 죽지 않는 나라이다. 공자가 말했다. '도가 행해지지 않으니 구이에 가고 싶다. 뗏목을 타고 바다에 뜬다는 이유가 있는 것이다.'[41]

청清대 단옥재段玉裁는 『설문해자주說文解字註』에서 '이夷'에 대해 이렇게 말하고 있다.

> 이(夷)는 동방의 사람이다. 대(大)를 따르고 궁(弓)을 따른다. 사람은 대개 사는 땅에 따라 성격이 치우친다. 오직 동이(東夷)만이 대(大)에서 유래하였고, 큰 성품을 가지고 있는 사람들이다. 동이의 풍속은 어질고 어진 이는 장수하며 군자가 끊이지 않는 나라이다. 생각하건대 하늘은 크고 땅도 크며 사람도 역시 그 성품이 크다.[42]

---

40 『說文解字』「大部」"夷平也 從大從弓 東方之人也"
41 『說文解字』「羊部」"夷 東方之人也, 惟 東夷從大 大人也 夷俗仁 仁者壽 有君子不死之國." 孔子曰 "道不行 欲之 九夷 乘桴浮於海 有以也"
42 『說文解字』"夷 [東方之人也 從大從弓] 蓋在坤地頗有順理之性 惟東夷从大 大人也 夷俗仁 仁者壽 有君子不死

우리 선조 동이족의 나라 상商대의 갑골문甲骨文[43]에서 '이夷'는 '시尸', '인人'과 더불어 사람이 똑바로 서있는 형상을 나타낸다. 곧, '이夷'는 '시尸'이며 '인人'이다. 동이東夷는 '인방人方, 시방尸方'이라고도 했다. 그래서 은주殷周 금문에는 동이東夷를 동시東尸로 적고 있다.[44]

이에 대하여 류승국은 "갑골문에서 보면 이夷를 인人과 인방人方으로 동이족東夷族을 가리켰다."[45]며, "갑골문에서 원형자는 사람을 표시한 보통명사가 아니라 동이족을 표시한 고유명사다."[46]라고 하였다.

대만학자 노간勞幹은 동이東夷를 이렇게 설명하고 있다.

> 우리들은 동방사람들을 동이(東夷)라 부른다. 이(夷) 자와 인(仁) 자는 서로 통용되고, 인(仁) 자와 인(人) 자는 한 근원에서 나왔다. 중국에서 인(人) 자를 일컫는 것은 근원이 동방에서 나왔으며, 동이족이 문화적으로 선진이다. 동이족 사람들이 인(人)을 먼저 사용하고 전 인류의 명사로 쓴 것이다.[47]

이처럼 이夷는 사람, 곧 우리의 선조를 지칭한 말이다. 그 시대, 지금의 한자 원형을 만든 사람이 이夷였으며, 중국과의 교류가 거의 없던 시절이었기 때문에 '이夷'는 곧 사람을 지칭했던 것이다.

그러나 '동이족의 사람'을 뜻하며 쓰인 '시尸'를 중국인들은 악의적으로

之國 按天大 地大 人亦大"

43 갑골문은 B.C. 4세기경 은(殷)에서 사용한 귀갑수골문자(龜甲獸骨文字; 거북껍질과 짐승 뼈에 새겨진 문자)의 약칭이며 1899년 왕의영(王懿榮), 유악(劉鶚) 등이 발견하였다. 갑골문은 가장 오래된 한자로 은의 옛 터에서 발견되어 '은허문자(殷墟文字)'라고도 한다. 약 20만 개의 갑골이 발견되었고 4천여 자를 확인할 수 있었다.
44 『出土夷族史料輯考』陳秉新 李立芳, 安薇大學出版社, 1995, 479p
45 류승국, 「동양철학연구」, 근역서재, 1983, 39p.
46 류승국, 「학술은논문집」, 「廣開土大王碑文을 통해서 본 韓國古代思想의 原型 探究」,〈인문사회과학〉 43, 2004.
47 『中國文化論集(2)』 「中韓關係論略」勞幹, "我們常常把東方的人稱爲東夷而夷字和仁字是通用的仁字和人字也是出於源 那摩漢語中'人'的稱謂 甚至於還有出於東方的可能──夷人先月了人字作爲全人類的名類"

'죽은 사람'이라는 뜻으로 바꾸었다. 실제 죽은 사람은 '시체尸體'가 아니라 '시체屍體'이고, '시尸'는 한자의 뿌리이자 원형을 만든 동이족東夷族을 지칭했는데 그들은 '시尸'를 '시屍'와 같은 뜻으로 변용하였다. '시尸'가 주검을 뜻하는 것이 아니라 사람을 뜻하는 글자임은 그 쓰임에서 금방 확인할 수 있다. 오줌 '요尿', 똥 '시屎'는 살아 있는 사람의 생리 작용을 나타낸 것이지, 시체가 배설하는 것이 아니며, 집 '옥屋', 살 '거居'도 살아 있는 사람이 사는 곳이지 시체의 뜻이 아니다. 또, 공자의 자字는 중니仲尼인데 여기에서 비구 '니尼'는 중국에 불교가 전래되기 전 동이족의 후손을 나타내는 것으로 보기도 한다.

'시尸'는 '씨氏'와 합성이 되어 '민民'이 된다. 동이족에서만 통용되던 언어였기에 동이족 사람들의 성씨姓氏가 곧 백성이었기 때문이다. 백성 '민民' 자체가 민족의 뜻을 내포하고 있다. '민족民族'이라는 글자는 메이지 유신 이후 만들어진 조어造語이다. 백성 '민民'은 동이 사람[시尸]과 '씨氏'의 합자合字이며 '민民'은 동이 사람들의 '씨氏'인 것이다. 문자를 만들 당시 중국과의 교류가 없었고, 동이족을 중심으로 글자를 만들었기 때문이다.

'민民'이라는 글자는 『서경書經』 「요전堯傳」의 '여민黎民'에 처음 등장하는데, 구여九黎는 곧 구이九夷를 지칭하고 여민黎民은 밝은 백성이라는 뜻으로, 최초의 민족 '밝달민족'을 의미한다.

한편 은허의 갑골문에 '동이夷方은 인방仁方'이라고 했는데 여기서 '인人'은 '인仁'으로 어진 마음이며, 씨앗 뿌리로의 의미를 지닌 존재로 인식되었다. 『설문해자』에서도 '이夷'를 '대궁大弓' 즉 큰활을 쏘는 사람들을 뜻한다고 하며, '이夷'와 '인人'과 '인仁'은 동의어同義語라고 했다.

'이夷'는 '시尸'이고, '인人'이며 '인仁'이다. 곧 '이夷=시尸=인人=인仁'인 것이다. 우리 민족의 원류 '이夷'는 직립보행의 형상 '시尸', '시尸'는 사람다운 사람 '인人', '인人'은 선한 마음씨를 담은 '인仁'으로 표현된 것이다.

예로부터 우리 민족을 지칭하는 명칭에는 동이족東夷族, 예맥족濊貊族, 한민족韓民族, 밝달족 등이 있다. '예濊'는 본래 '세歲'로 '새롭다'는 말이고, '맥貊'은 밝[日=白], 즉 '밝다'는 뜻이며 '한韓'과 '환桓'도 '굳세다, 환하다'는 뜻이다. 즉, 태양을 숭상하는 '밝은 밝달'민족을 뜻했다.

그런데 중국인들은 획수를 추가하여 나쁜 뜻으로 왜곡시켰다. '새롭다'의 본래 음 '세歲'에 '氵[물 수]'나 '禾[벼 화]'를 추가하여 '더러운'이라는 뜻의 '예濊'와 '예穢'로 바꾸었다. 또 '맥족貊族'의 '맥貊'은 우리말 '밝'을 음으로 표기한 '백日(=白)'으로 백의민족白衣民族, 밝은 민족을 뜻했는데, '백白(=白)'의 옆에 '豸[벌레 치]'를 추가하여 '貊[오랑캐 맥]'으로 표기한 것이다. 획을 추가하여 본래의 뜻을 왜곡하기도 하고, '이夷'와 같이 본래 '어진, 뿌리'의 뜻을 가진 말을 전혀 다른 나쁜 뜻으로 변용하기도 했다.

한족漢族 중심의 존화양이尊華攘夷(중화를 높이고 이적을 물리친다)사상으로 이異민족을 가리켜 동이東夷·남만南蠻·서융西戎·북적北狄이라 했고, 훈족薰族[향기로운 민족]을 흉노匈奴[흉한 노예]로 바꾼 것과 같이 우리 민족을 뜻하는 '맥족, 예족, 동이족'을 악의로 왜곡시켰다. 그러므로 중국 역사서에 의존하여 우리의 문화와 역사를 밝히는 것은 쉽지 않다. 우리 민족의 기원에 대한 기록으로는 13세기『삼국유사三國遺事』「고조선古朝鮮」조에 단군설화檀君說話와 건국이념이 실려 있다. 이 설화를 바탕으로 신용하[48]는 다음과 같은 견해를 내놓았다.

---

48 신용하,『한국민족의 형성과 사회학』,「한국민족의 형성과 기원」, 지식산업사, 2001.

환인(桓因)·환웅(桓雄)은 한(韓) 부족, 곰 토템 부족은 맥(貊) 부족, 범 토템 부족은 예(濊) 부족이며, 환(桓)·한(韓) 부족이 맥(貊) 부족과 예(濊) 부족을 결합하여 세운 최초의 고대 국가가 고조선이다.

조선朝鮮을 밝은 조선이라는 뜻의 '발조선發朝鮮'으로 표기한 기록이 『일주서逸周書』[49]와 『관자管子』에 나온다. 『관자』 「경중편輕重篇」[50]에는 "밝조선은 품위가 있어 가죽 옷으로 폐백을 삼는다."고 했는데, 여기에서 '밝'은 음을 차용하여 '발發'로 표기한 것으로 '발조선發朝鮮'은 '밝달조선', '고조선'을 의미한다. 음차로 표기하는 방식은 맥도널드를 '맥당노麥當勞[마이당라오]', KFC를 '긍득기肯德基[컨더지]'로 표기하는 것과 같다.

맥족貊族과 예족濊族은 분리되어 출발했으나 예맥濊貊으로 합쳐졌다. 예맥에 관한 기록을 살펴보자. 『관자』 「소광小匡」편에 제환공이 "북쪽의 고죽·산융·예맥에 이르렀다."[51]라는 기록이 있고, 『한서漢書』 「북맥北貊」을 당唐 안사고顔師古가 주석한 기록에서는 "맥족貊族은 동북방에 있었는데 삼한이 모두 다 맥족이다."[52]라 하였다.

또 『후한서後漢書』 「위지魏志」에서는 "본래는 모두 예맥濊貊의 땅이었는데 부여가 그곳에서 왕이다."[53], 고구려에 대해 "동이東夷의 옛말에 부여의 별종이다"[54]라는 기록이 있다. 『위서魏書』에는 "백제국은 그 선

---

49 『逸周書』 "發人鹿鹿者若鹿迅走, 發亦東夷迅疾; 밝사람이 사슴을 가져왔다. 록자(鹿者)는 사슴처럼 빨리 달린다. 발(發)도 동이(東夷)인데 매우 빠르다." '밝'과 '조선'을 나누어 보기도 한다.
50 『管子』 「輕重篇」 "發朝鮮之文皮毦服以爲幣"
51 『管子』 「小匡」 "北至苦竹山戎穢貊"
52 『漢書』 「高帝紀〈北貊〉顔師古 註」 "貊在東北方 三韓之屬 皆貊族類也"
53 『魏志』 「東夷傳」 "蓋本濊貊之地 而夫餘王其中"
54 『魏志』 「東夷傳」 "東夷舊語以爲夫餘別種"

조가 부여에서 나왔다."⁵⁵라 하였고, 『후한서』「고구려전高句麗傳」에는 "구려는 일명 맥貊이다. 고구려에는 좋은 활이 나오는데 이것을 맥궁貊弓이라 한다."⁵⁶, 또 「예濊」 조항에서는 "호랑이를 신神으로 제사를 지낸다."⁵⁷고 기록하여 곧 예濊족은 범 토템 민족이었음을 알 수 있다. 후한대 정현鄭玄은 『정지鄭志』에서 "맥貊은 동이夷貊의 사람이다. 구맥九貊은 바로 구이九夷로서 동방에 있었다."⁵⁸고 했다.

이러한 기록으로 볼 때 맥貊과 이夷는 같은 명칭이다. 맥이 9개 나라로 분파되어 '구이九夷'로 '동이東夷'민족을 형성한 것이다. 『세종실록世宗實錄』에는 아홉 나라들의 명칭이 기록되어 있다.⁵⁹

3) 태극사상의 의의

한국사상은 '현묘지도玄妙之道'로 일관되어 왔다. 우리 민족은 지구상에서 가장 먼저 태극의 괘상으로 천지이치를 밝혀 문명을 일으킨 민족으로 정신문화의 전개는 홍익인간의 건국이념에서 나타난다. 선仙·불佛·유儒가 이 땅에 들어오기 전부터 이미 단군사상檀君思想·홍익인간弘益人間·제세이민濟世理化의 신선사상神仙思想이 있었고, 이들은 풍

---

55 『魏書』"百濟國 其先出自夫餘"
56 『後漢書』「高句麗傳」"句麗一名貊耳, 出好弓 所謂貊弓是也"
57 『後漢書』「後漢列傳〈濊〉"常月十月祭天 晝夜飲酒歌舞 名之爲 舞天 又祠虎以爲神: 항상 10월에 하늘에 제사를 지내는데, 밤낮으로 술을 마시며 노래하고 춤을 추니 이를 무천(舞天)이라 한다. 호랑이를 신으로 여겨 제사를 지낸다."
58 『鄭志』"貊 夷貊之人也 … 九貉卽九夷 在東方也"
59 『朝鮮王朝實錄, 世宗實錄』「檀君古記」"檀君立國 號曰朝鮮 朝鮮 尸羅 高禮 南北沃沮 東北夫餘 濊與貊 皆檀君之理; 단군이 나라를 세우고 국호를 조선이라 불렀다. 조선, 시라, 고례, 남·북옥저, 동·북부여, 예와 맥을 모두 단군이 다스렸다."
단군은 조선(朝鮮)을 중심으로 여덟 나라를 통치했음을 알 수 있다.

류도 등으로 계승되어 왔다.

최치원의 『난랑비서鸞郞碑序』에는 우리 민족에게 원래 고유한 사상과 철학이 있었다는 것이 자세히 나타나 있다.[60] "나라에 원래 있는 도道인 풍류도風流道는 실로 이에 삼교를 포함하였다. 뭇 생명과 접하여 교화한다."고 하여 그 특성을 집약적으로 나타내었다. 또한 「광개토대왕비」에서도 고구려 시조 동명왕이 승천할 때 그 아들에게 이르기를 세상을 도로써 다스리라[이도여치以道與治]고 하였고, 「진흥왕순수비」에서도 세상을 도로써 덕화德化를 고르게 펼쳐 백성을 편안하게 하라고 하였으니, 현묘지도玄妙之道가 잘 전승되어 왔음을 알 수 있다.

고대사 이후 우리 민족사상은 외래에서 들어온 유불선儒佛仙 삼교三敎를 근간으로 전개되어 왔다. 그러나 우리 민족의 원천적 사상 속에는 이미 삼교[儒佛仙]의 뿌리가 되는 원형이 내재하였다. 이러한 토양에서 외래사상을 흡수하여 우리의 사상과 문화로 더욱 탄탄하게 발전시킬 수 있었던 것이다.

앞서 현묘지도玄妙之道를 풍류라 하였다. 풍류는 삶을 살아가는 방식, 즉 삶의 길인 것이다. 풍류는 자연과 조화로 하나가 되어, 물 흐르듯 바람 따라 가듯 만물과 어우러져 함께 사는 지선至善의 삶이다. 뭇 생명과 접하여 널리 이롭게 하는 풍류도가 이 땅에 펼쳐졌으니 '신시神市'인 것이다.

풍류는 현대 한국인의 피 속에 신명과 멋과 흥과 조화로 전해온다. 그동안 유불선이 이 땅에 들어오기 전에 '현묘의 도' 풍류가 있었다고

---

60 『三國史記』「新羅本紀」〈鸞郞碑序〉"國有玄妙之道曰風流 設敎之源備詳仙史 實乃包含三敎 接化群生; 나라에는 현묘한 도가 있으니 풍류라 하고, 그 가르침의 근원은 선사(仙史)에 상세히 기록되어 있는데, 그 풍류도는 유·불·도 삼교를 포함하며 모든 생명을 교화(敎化)시킨다."

수없이 인용하면서도 사료의 부족으로 한계에 봉착해 진전이 없었다. 그래서 우리는 문헌에 보이고, 외래에서 들어온 사상들이 이 땅에서 정착되어 원래보다 훨씬 꽃을 피운 것에 대해서만 우리의 근원적인 토양과 민족의 우수성이라고 주장해 왔다.

그런데 갑골문의 발견으로 학계와 사상계의 많은 의혹을 한꺼번에 풀 수가 있는 고고학의 성과가 있었다. 이는 우리민족사상의 근원을 찾는 데 열쇠와도 같은 것이라 할 것이다.

이에 대해 이기동은 이렇게 말하고 있다.

> 한국의 고유한 사상 중 가장 핵심적인 것은 공자의 인(仁)사상이라고 말한다. 한국인의 정체성을 공자의 인(仁)사상에서 찾아야 한다며 공자의 인(仁)사상이 동이(東夷)의 마음에서 연원한 것이고, 동이의 마음이 오늘날 한국인의 마음이라고 했다. 고대에는 이(夷)와 인(仁)이 동의어로 이(夷)의 마음이 인(仁)이다. 또, 공자가 송나라 사람의 후예이고 송나라는 은(殷)나라의 유민임을 감안한다면 구이(九夷)는 공자의 정신적, 육체적 고향이기도하다. 고대 동이들 중 상당수가 현재 중국인으로 편입되었기 때문에 동이의 전통을 순수하게 지키고 있는 나라는 한국뿐이다. 인(仁)은 어려운 일을 남보다 먼저하고 챙기는 것을 남보다 나중에 하는 동이들의 모습이 참다운 인자(仁者)의 모습일 것이고, 그러한 동이들의 마음이 인(仁)일 것이다.[61]

한국인의 정서는 너와 나는 같다고 생각하는 '우리'라는 말에서 나타난다. 너와 나는 음陰과 양陽, 우리는 태극太極으로, 우리 민족은 인仁의

---

61 이기동, 『인문학의 원류와 동이와의 관계』, 유학사상문화연구, 2008.

씨앗을 간직한 민족이었다.

김성기는 이렇게 말한다.[62]

고고학의 발달로 문헌사료에만 근거한 문명(文明)의 기원(起源), 삼황오제(三皇五帝), 하은주(夏殷周), 그리고 진한(秦漢)에 관한 사실들은 신빙성을 결여하게 되었다.

이와 관련하여 고고학적 성과가 선진사先秦史 연구에 미치는 영향에 대해 은상殷商 연구의 세계적 권위자로 많이 알려진 하버드 대학 인류학 교수 장광직張光直의 말을 인용했다.

20세기 초기 이래로 고고학적 발견이 쌓이면 쌓일수록, 많으면 많을수록 엄청난 이전에 전혀 볼 수 없었고, 들을 수 없었고, 상상도 할 수 없었던 신 문화, 신 민족과 새 문제들이 출현했다. … 우리는 먼저 한 가지 할 일이 있으니 과거의 고사, 고사(古史)란 학과, 어릴 때부터 배워 온 바의 고사의 내용을 잠시 완전히 포기해야 하는 것이다.[63]

중국의 역사학은 세계에서 가장 긴 역사를 가지고 있다. 이에 반해 고고학은 1930년대 초에야 비로소 전입되었다. 고고학 70여 년의 연구결과 중국 상고시대 역사 연구에 대한 일대 혁명을 가져왔다. … 70년대 초부터 20여 년 동안 상고사학자와 고고학자들은 새로 발견된 자료들을 전통적 상고사의 틀에 넣을수

---

62 김성기, 「동아시아 문명의 기원에 있어서 東夷文化의 지위」, 〈유교사상문화연구〉 60, 2015, pp.123~156.
63 張光直, 「對中國先秦史新結構的一個建議」, 中國考古學與歷史學之整合研究(臺北:民國86年7月), 김성기(2015) 재인용

록 더욱 이상한 현상을 발견하게 되었다. 즉 새로 발견된 자료들은 상고사에서 그 종적을 찾아볼 수가 없었다. 우리들은 몇 십대의 조상들부터 주나라 사람들로부터 속아왔다는 생각을 하기 시작하였다. 즉 주나라 사람들은 중원은 화하(華夏)로 문명이 발달하였고, 중원의 남북은 미개한 만이(蠻夷)였다고 하는 문자를 남겼다. 화하와 오랑캐를 나누어 우열을 나누었던 전통적 상고사를 금과옥조로 여기고 공부했던 지식인들은 고고학 연구의 덕택에 수많은 세월 동안 주나라 사람들로 속임을 받아왔다는 것을 크게 깨닫게 된 것이다.[64]

여기에서 보듯 중국 고대사의 가장 심각한 문제, 즉 그동안 여러 경전과 사마천의 『사기』 등의 역사서를 통해서 왜곡된 동아시아 고대사에 대한 관점을 엄격히 비판하고 화하華夏문명 중심주의의 화이관華夷觀을 근본적으로 재검토할 것을 직언하고 있다.

서주西周 특히 춘추春秋 이래의 문헌자료에는 동이인東夷人에 대한 기록이 매우 적고, 내용 또한 폄하되었다. 동이 및 그 문화의 '낙후론'은 수천 년 이어지게 되었으나 최근 역사인식에서는 이런 신화인식이 오히려 본말이 전도된 것으로 밝혀졌다. 그 결과 중국의 가장 오래된 신화전설은 동부에서 기원하였는데, 바로 동이인들이 창조한 것이며, 삼황三皇 · 오제五帝 중에서 복희, 여와, 소호, 전욱, 우순 등은 동이 계통임을 공인하는 단계에 이르게 되었다.

또한 복희씨가 동이인의 시조라는 것은 공인된 정론으로 정착되고 있다. '복희'란 칭호는 고적에서는 '복희伏羲 · 伏犧 · 포희庖犧씨' 등으로 나타나는데, 태호太皞씨는 고대 동이 부족의 영수인물이나 족단의 대표

---

[64] 張光直, 中國考古學與歷史學之整合硏究, 臺北: 民國86年7月, 1135쪽 致詞. 김성기(2015), 「동아시아 문명의 기원에 있어서 東夷文化의 지위」 재인용.

였고, 신화 중에서는 동이 부족이 숭배하는 태양신을 상징하는 것으로서 새의 형상으로 출현하기도 한다고 했다. 태호복희씨의 풍성風姓에서 '풍風'은 곧 '봉鳳'으로 연결되어 태호는 태양신이고, 그 형상이 봉조로 나타나지만 지금은 문헌[65]자료보다 고고학의 자료에서 이를 많이 찾아볼 수 있다.

1980년대 고조선의 고토古土였던 우하량 유적 등 홍산문화가 발굴되면서 세계 최고最古 문명의 실체가 드러나게 되었다. 여기서 동이족의 놀라운 고고학적 유물들이 쏟아져 나왔는데 이러한 유물 중 천자 문화의 상징인 용봉龍鳳의 유물들도 함께 출토된 것이다. 봉황鳳凰은 성군聖君을 의미하며 주로 용과 함께 군왕의 상징으로 형상화 되었다. 음과 양의 상징으로 수컷인 봉鳳과 암컷인 황凰으로 구분되지만 봉황鳳凰이라 한다. 고대로부터 이어온 전통은 지금도 이어져 음양의 봉황鳳凰이 마주 선 가운데에 무궁화가 그려져 있는 모양이 대통령을 상징하는 표장標章으로 사용되고 있다.

우리는 식민사관에 의해 우리의 사상, 철학, 문화를 중국으로부터 받아들여 다시 정립한 것으로 배웠는데, 고고학적 유물과 1차 문헌으로 밝혀진 사료에 따르면 그렇지 않다.

춘추전국시대 이전에 문명을 주도했던 우리 선조들이 태극 이치로 홍익인간사상을 구현하여 대동사회를 이룬 것을 보고 동아시아 사상을 이끈 태두泰斗 공자는 이를 경외하였고, 이를 세상에 펼치고자 하였다. 공자는 오경五經을 정리하면서 "나는 성인의 말씀을 서술했을 뿐 내가 창작한 것은 아니다[술이부작述而不作]."라고 했다.

---

[65] 左傳「昭公」17年 大皞氏以龍紀 故爲龍師而龍名. 左傳「昭公」17年 陳 大皞之虛也. 左傳「僖公」21年 任宿 須句 顓臾 風姓也, 實司太皞與有濟之祀 以服事諸夏. 金聖基 (2015)

우리 민족은 유교가 정립되기 훨씬 이전 중국의 정신을 이끌었던 뛰어난 민족으로 군자의 나라[군자지국君子之國, 예의지국禮儀之國]로 존칭을 받아왔다. 혈통적·사상적으로 가장 수준 높았던 대제국 고조선은 2,000여 년간 동아시아 문명과 문화를 선도하였다.

또한 지금 발굴되고 있는 고고학적 유물들은 어떠한가? 지금, 그 당시 선조들의 문명이 랴오허강遼河 내몽고 츠펑시赤峰市 홍산紅山에서 5천 년 전 건국을 상징하는 단壇(제단)·묘廟(사당)·총塚(무덤), 즉 천제단, 웅녀熊女를 모시는 사당, 돌무지무덤인 적석총赤石冢과 용龍·봉鳳의 옥기, 세 발 달린 솥[鼎] 등 고고 유물이 대거 발굴됨에 따라 이집트, 수메르 등과 더불어 세계 최고最古의 문명임이 입증되었다. 이곳 랴오시遼西 지역에서 홍산문화를 일군 주역이 바로 고조선, 삼한, 부여, 고구려, 백제, 신라로 이어져 오늘의 한국인이 된 것임이 유물과 사료로써 입증되었다.

중국 상고사의 시작인 하夏대 정치의 토대를 닦아준 동이족 고요皐陶는 우임금의 치수사업을 돕고, 고조선부터 이어온 천도의 이치를 중국에 알려주어 문명의 기틀을 잡아주었다. 한영우는 고요皐陶에 대해 이렇게 말하고 있다.

> 인(仁)을 중시하고, 생명을 사랑하고, 홍익인간(弘益人間)을 강조하고, 제천행사(祭天行事)를 중시하였던 초기 선비문화와 상통할 뿐만 아니라 공익(公益)과 민본(民本)에 바탕을 둔 정치를 중시했던 조선조의 선비정신과 상통한다.[66]

우주의 근본 원리는 태호복희황제의 역易에서 시작되었고, 역의 핵

---

66 한영우, 『한국선비지성사』, 지식산업사, 2010.

심을 태극으로 나타내어 홍익인간사상을 펼침으로써 동아시아 사상의 근원이 되었다. 인류문명이 태호복희황제로부터 시작하여 지금 우리나라의 국기인 태극기가 되었다는 것은 인류역사의 뿌리사상이 현재 대한민국의 정신적 근간을 이루는 초석으로 자리 잡고 있음을 말해준다.

삼라만상의 수많은 이치가 모두 역易에서 출발하였고, 널리 인간을 이롭게 한다는 홍익인간이념으로 나타나 천도天道의 질서에 맞게 세상을 다스리는 이화세계理化世界로 펼쳐져 도덕사회를 구현함은 조선朝鮮이라는 한정된 땅이 아니라 전 인류를 위한 것이었다.

2. 전통문화 속의 태극

1) 전통문화 속의 태극문양

태극太極은 우주만물의 근원이자, 생성·변화원리를 담고 있다. 이것을 상징하여 나타낸 것이 태극도太極圖이며 태극문양太極紋樣이다.

우리나라 태극문양의 시작은 중국보다 앞선다. 주렴계의 태극도太極圖를 보고 받아들인 것이 아니라 우리의 태극도형이 먼저 있었다. 태극도설의 이치로 구비되기 전부터 이미 동아시아인들의 사고에 태극의 원리가 공유되어왔다. 고대 문명을 주도한 동이족의 둔화는 많은 민족에 영향을 미쳤고, 태극도 동아시아

감은사지 장대석의 태극문양

가장 오래된 태극문양.
전남 나주시 복암리 고분군 출토

에서 공유하였지만, 우리나라는 유난히 태극을 많이 사용하였다. 우리민족 정신자체였던 태극은 누구에 의해서라기보다는 숙명적인 사필귀정事必歸正으로 마침내 우리 민족의 상징인 태극기太極旗가 되었다.

태극문양이 새겨진 유물로서 2008년 이전까지 가장 오래된 것으로 알려진 것은 경북 경주시 감은사 터(사적 제31호, 682년)의 장대석[길게 다듬어 만든 돌]에 새긴 문양이었다. 그러나 나주시 복암리 유적에서 발견된 목간 속에 종교나 의례와 관련된 기물을 장식했던 소도구였을 것으로 추정되는 태극문양이 백제무왕 사비 시기(538~660)로 밝혀짐으로써 그 시기가 앞당겨졌다. 이는 주렴계의 「태극도太極圖」(1,070년)보

다 400~500여 년 앞선 것이다. 태극문양이 형상으로 나타나기 훨씬 이전에 이미 태극에 대한 개념과 이해가 구체화되어 나타난 것이다.

최근 백인수·김태식은 경주 감은사지 장대석이 주자학의 태극사상보다 이미 400년 앞서 태극의 원리를 설명했다고 발표하여 주목을 받고 있다. 이들은 장대석이 나타내는 이등변삼각형들의 배치가 각각 해와 달과 관련된 책력과 연관됨을 수리천문학적으로 설명했다.[67] 태극문양이 중국보다 앞선 것으로만 인식하다가 태극을 중심으로 춘하추동春夏秋冬의 움직임을 과학적으로 설명함으로써 명실상부한 근거로 부족함이 없다.

다뉴세문경

마한 방패 유물

태극문양이 갖추어지는 초기 형태는 1960년대 논산에서 발견된 3,000년 전 청동기시대 유물 다뉴세문경 청동거울에서 볼 수 있다. 이는 현대 과학기술로도 만들기가 쉽지 않을 만큼 정밀한 문양으로, 원형 속에 작은 삼각형이 회오리처럼 빛의 방향에 따라서 좌우로 도는 태극 형태이다.

삼한시대 유적인 마한 방패 유물의 회오리 문양은 태극문양의 초기 형태이며, 가야시대 김해 대성동 출토 청동 방패꾸미개, 신라시대 경주 미추왕릉지구의 보검장식, 경주 감

---

[67] 백인수·김태식, 「감은사지 태극 장대석의 수리천문학적 의미」, 한국콘텐츠학회논문지, 2011. 3. "동편 장대석은 해에 관한 장대석이며, 서편은 달에 관한 장대석이다. 동편 장대석은 태극을 중심으로 이등변삼각형이 크기로 동지에서 하지의 공전주기인 365일 5시간 48분 46초의 근사 값을 도출하고, 태극 장대석에 그려진 이등변삼각형의 꼭지각이 35.8도로 경주의 위도와 일치한다"고 설명했다.

은사지의 기단석, 백제시대 부여 규암리 와운문전, 나주 복암리 출토 금제장식, 익산 왕궁리 궁터 출토 기와, 부여 군수리 절터 출토 벽돌, 부여 부소산성 오당 태극문 수막새, 고구려 사신도[청룡·주작·백호·현무]의 고분벽화, 평양 평천리 절터 출토 기와 등에서 태극문양과 유사한 문양을 발견할 수 있다. 이처럼 태극문양은 방패, 장식, 기와, 벽돌, 벽화, 무덤, 유적 등에서 다양한 용도로 나타나, 우리 민족이 우주 만물의 근원으로써 태극을 인식하고 『태극도설』에서 나타낸 것보다 앞서 생활 속에 반영하여 왔음을 알 수 있다.

고려시대에는 인종 때 호부상서 검교태위 허재의 석관 천판天板무늬에 새겨진 태극 도형(1144년)으로부터 울진 월계서원 정문(1205년), 예성 삼방석(1277년), 회암사지 돌계단 고형석의 소용돌이 태극(1328년), 공양왕 때 제작된 것으로써 알려진 범종(1329년), 개성 정릉正陵[공민왕비 릉](1365년), 춘천 청평사 대웅전 앞 계단, 청동 연화문 팔괘문八卦文 방형方形 경鏡 등에서 태극문양이 나타난다. 특히 청동 연화문 팔괘문 방형 경에서는 태극기의 사괘 배치와 비슷하게 청동 거울에 팔괘문을 새겼다. 회암사지 돌계단 소맷돌에서는 태극기의 태극 형태와 흡사한 태극문양이 보이고, 범종의 태극문양에는 현재의 태극기처럼 건곤감리乾坤坎離으 사괘四卦까지 있어 주목을 받고 있다. 고려시대의 태극문양은 불교의 융성으로 주로 사찰과 무덤에서 발견되고 있는데, 이로써 태극문양이 한층 정형화定形化되었음을 볼 수 있다.

조선시대에는 건축, 왕릉, 조형, 학술, 예술 등 문화·생활 전반에 태극문양과 태극사상이 반영되어 나타났다. 태극문양은 삶의 가장 기본적 터전인 집, 궁궐과 서원과 향교, 사찰 등 각 건축물 그리고 장식, 공예품, 일상생활용품에 이르기까지 다양하게 사용되었다. 왕실의 창덕궁 계단과 인정전, 경복궁 계단, 건원릉 정지각 계단 소맷돌, 종묘 정전正殿의 주춧돌과 돌계단 및 정전 정문의 태극문, 종묘 영녕전과 정문의 태극문 등에서 태극문양을 볼 수 있다. 왕실에서 주도적으로 태극문양을 사용함에 따라 민간에까지 널리 사용되었다.

청동 연화문 팔괘문 방형 경

태극문양은 왕실, 궁궐, 왕릉, 무덤, 석조, 악기, 향교, 서원, 재실, 서당, 별전, 사찰, 사찰 돌계단의 소맷돌, 건물 서까래의 마구리, 문의 궁창 등 장소나 종교에 관계없이 다양하게 나타나고, 청화백자 연적, 연적의 함, 화로, 향로, 부채, 공예품, 장신구, 태극

회암사지 돌계단의 태극문양

문 베갯모, 베갯모 수본, 수복십이지장 개금패開金牌, 장신구, 바둑판과 바둑알 상자, 팔괘문 연상, 태극문 함, 색지 함, 인두와 다리미, 다듬잇돌, 태극문을 넣은 북, 태극선, 태극문 떡살, 태극문 빗살, 태극문 자물쇠, 열쇠 및 열쇠고리, 윷놀이 판 등 생활 곳곳에 활용되었다. 조선 중기 이후 성리학의 정착으로 성리학의 핵심인 태극은 거의 모든 분야에 폭넓게 수용되었음은 논할 필요도 없다.

태극문양은 만물의 근원적 의미와 음양 조화로 만복을 기원하는 의미로 즐겨 사용되었다. 태극문양의 파랑과 빨강은 오래 전부터 쓰여 오던 색이었다. 태극문양은 우리나라 최초의 우표에서도 등장하였다.[68] 당시 우리나라를 상징할 만한 것으로 태극문양을 보았던 것이다.

우리나라 최초의 우표

2) 문자에 반영된 태극사상

한글은 태극의 이치로 만든 문자로, 21세기 세계 최고의 문자로 인정받고 있다. 세계 언어학자들은 한글이 정보화시대에 가장 적합한 문자라며 한글의 우수성과 과학성에 찬사를 보낸다. 한글은 모아쓰기를 하므로 인터넷 주소를 표기할 때 차지하는 공간이 적고, 업두능력에서 한자나 일본 문자에 비해 속도가 7배 이상 빠르다. 기본 글자에서 글자를 파생시키며, 자음과 모음으로 이루어진 원리가 컴퓨터의 계산 원리와 비슷하여 정보화시대를 위해 창제되었을 것이라는 호평을 받는다. 한글은 먼저 말이 있고, 이후 글자를 만들었다는 점에서 유일하며 글자 됨도 세계 언어의 최고이다.

자음과 모음은 음양의 조화를 담았다. 자음은 사람의 발성기관을 상형하여 오형의 이치를 담았으며 모음은 하늘·땅·인간의 삼재(三才)를 상형하였다.

한글은 천지만물의 근원인 태극·음양·오행의 역학원리를 근거로

---

68 최초의 우표는 1884년 당시 통용화폐인 '문(文)'으로 표시되어 이후 문위우표(文位郵票)라고 명명했고, '大朝鮮國'이라고 국호를 넣었다. 5둔 우표 외 4종에는 'COREAN POST'로 영문 표기되어 있다. 우표 가운데 태극을 디자인하여 넣은 것이 특징이다.

하여 창제되었기에 독창적이고 과학적이다. 그래서 세계 최고의 문자로 인정받고 있는 것이다.[69] 임금의 직위는 백성을 사랑하는 것[70]이라는 통치철학에서도 나타나듯 세종대왕은 "우리말에 맞는 문자가 없어 소통에 불편하므로 누구나 모두 쉽게 배워 쓸 수 있도록 하기 위해 만들었다"고 한글의 창제 목적을 밝혔다.

『훈민정음訓民正音』「해례제자해解例制字解」는 한글 창제원리를 이렇게 설명했다.

천지(天地)의 도(道)는 오직 하나 음양오행(陰陽五行)일 뿐이다. 곤(坤)과 복(復) 사이에서 태극(太極)이 생겨 움직이고 멎고 한 뒤에 음양이 생긴다. 무릇 하늘과 땅 사이에 살아 있는 모든 것은 음양의 이치를 버리고 어찌 살겠는가? 그러므로 사람의 말소리에도 모두 음양의 이치가 있는데, 다만 사람이 살피지 못했을 뿐이다. 이제 정음(正音)을 만듦은 처음부터 지혜로써 계획하고 힘을 써서 찾아낸 것이 아니라, 다만 그 성음을 바탕으로 이치를 다한 것뿐이다. 음양의 이치가 이미 둘이 아니니 어찌 천지자연, 귀신과 그 사용을 같이 하지 않을 수 있겠는가?[71]

또 「해례解例」에서는 천지의 이치는 오직 음양오행일 뿐이며 하늘과 땅 사이에 모든 것은 태극太極의 이치를 버리고 살 수 없다고 있다. 현재 살아가는 모든 이치가 음양오행의 태극의 이치이며 이러한 태극의

---

[69] 『훈민정음』은 1997년 유네스코 세계기록문화유산에 등록되었고, 1989년에 유네스코에 '세종대왕 문맹 퇴치상'이 제정되었다. 한글은 과학적으로 만들어져 배우기가 쉬워 문맹을 없애는 우수한 글자라는 것을 세계가 인정한 것이다. 한글은 문자 제정 이유를 「훈민정음」으로 밝힌 유일한 문자이다. 문자 탄생일을 국경일로 정한 것도 대한민국밖에 없다. 1940년 발견된 『훈민정음』에는 언어로써 유일하게 문자를 만든 원리가 적혀 있다.

[70] 『世宗實錄』, "人君之職 愛民爲重; 임금의 직위는 백성을 사랑하는 것이다."

[71] 『訓民正音解例』「制字解」, "天地之道一陰陽五行而已. 坤復之間爲太極 而動靜之後爲陰陽. 凡有生類在天地之間者 捨陰陽而何之. 故人之聲音皆有陰陽之理 顧人不察耳. 今正音之作初非智營而力索但因其聲音而極其理而已 理旣不二 則何得不與天地鬼神同其用也."

이치로 만들었기에 그 작용이 천지 귀신과 같다는 것이다.

    천지자연에 소리가 있다면 반드시 천지자연에 맞는 문월[文字]이 있어야 한다. 그래서 옛 사람들은 그 소리에 따라 글자를 만들어서 만물의 뜻을 통하게 하고, 삼재(三才)의 이치를 실었으니 후세에도 바뀌지 않는다.[72]

훈민정음의 자음은 발음기관을 본떠 오행의 원리에 맞추어 만들었다. 자음, 모음의 합이 28자인 것은 천체운행도수인 28수宿의 운행원리이며 모음은 천지인天地人 삼재三才를 본뜬 것으로 천도天道와 성음聲音이 일치한 여합부절如合符節의 원리로 만들었기에 후세에도 바뀌지 않는 만고불변의 문자가 된다는 것이다.

자음은 다섯 발음 기관을 본뜨고 오행의 기본음[ㄱㄴㅁㅅㅇ]에 청탁음으로 획을 더했다. 오행의 목木은 간肝, 화火는 심心, 토土는 비脾, 금金은 폐肺, 수水는 신腎이다. 오장五臟을 발음기관으로 연결하여 아설순치후牙舌脣齒喉로 분류하였는데, 혀 뿌리가 목구멍을 막는 모양으로 아음牙音[어금닛소리, ㄱㅋ]이니 깊고 윤택하며 어긋나고 길어 목木이요, 혀가 윗잇몸에 붙는 모양으로 설음舌音[혓소리, ㄴㄷㅌㄹ]이니 재빠르게 움직여 화火요, 입과 입술의 모양으로 순음脣音[입술소리, ㅁㅂ]이니 모나고 합해지므로 토土요, 이의 모양으로 치음齒音[잇소리, ㅅㅈㅊ]이니 단단하고 자르므로 금金이며, 목구멍의 모양으로 후음喉音[목구멍소리, ㅇㅎ]이니 입안이 젖어 있으므로 수水로 하였다. 그리고 오음에 대해 이렇게 말하였다.

---

[72] 『訓民正音解例』「鄭麟趾 序」"有天地自然之聲 則必有天地自然之文 所以古人因聲制字 以通萬物之情 以載三才之道 而後世不能易也"

무릇 사람이 소리를 내는 것은 오행에 근본이 있는 것이므로 사계절과 합하여도 어그러짐이 없고, 오음에 맞추어도 틀리지 않는다.[73]

자음은 아설순치후牙舌脣齒喉를 오행 목화토금수木火土金水에 배정하였는데, 오행의 생성순이 아니라 상생원리로 배치하였다. 또 오행의 특성에 맞추어 각 소리를 설명하며 방위와 계절과 수를 적용하였다. 그래서 "초성 가운데는 스스로 음양 오행 방위方位의 수가 있다."[74]고 했다.

오음은 다시 천지인 삼재三才의 모음과 결합했다. 모음은 기본 소리를 자연에서 가장 으뜸인 하늘·땅·사람[天·地·人], 세 가지로 정하고, 모양을 취했다. 둥근 하늘을 본떠 'ㆍ', 평평한 땅을 본떠 'ㅡ', 서 있는 사람을 본떠 'ㅣ'로 정했다.[75]

소리는 초성, 중성, 종성의 세 부분으로 구성된다. 초성과 종성은 자음이고, 중성은 모음으로 음과 양이 결합하여 글자를 이룬다.

『훈민정음』「제자해制字解」서두에 "정음正音은 천지 만물의 이치를 다 갖추어 지었으니, 참으로 신묘하도다."[76]라고 하였고, 정인지는 "정음을 지음도 앞선 사람에 근거하지 않고 자연에서 이루어진 것이다. 어찌 그 지극한 이치가 갖추어져 있지 아니한 것이 없으므로 사사로이 인위적으로 한 것이 아니다."[77]라며 태극 이치의 바탕에서 이루어졌음

---

73 『訓民正音解例』, "夫人之有聲本於五行 故合諸四時而不悖 吐之五音而不戾"
74 『訓民正音解例』, 「制字解」, "是則初聲之中 自有陰陽五行方位之數也"
75 『訓民正音解例』, 「制字解」, "取象於天地人而三才之道備矣: 하늘과 땅과 사람의 모양을 취하므로 삼재의 이치를 갖추느니라.", 'ㆍ 形之圓 象乎天地, ㅡ 形之平 象乎地也, ㅣ 形之立 象乎人也: 둥근 모양은 하늘을 본떴고, 평평한 모양은 땅을 본떴고, 일어선 모양은 사람을 본떴다.
76 『訓民正音解例』, 「制字解」, "正音作而天地萬物之理咸備 其神矣哉"
77 『訓民正音解例』, 「鄭麟趾 序」, "正音之作 無所祖述 而成於自然 豈以其至理之無所不在 而非人爲之私也."

을 말하였다.

「해례」끝 구절에서 "아, 정음이 만들어져 천지 만물의 이치를 모두 갖추니, 그 신비로움이여. 이는 아마도 하느님이 성군의 다음을 여시고 그 손을 빌리심이 아닐런가?"[78]라 했다. 이는 훈민정음은 천지자연의 이치를 다 담아 창제되었기에 이는 하느님의 조화가 아니면 어떤 설명도 할 수 없음을 말한 것이다.

「해례」끝 구절에서 말한 대로 상제上帝님의 신성神性을 빌려 만들어진 한글은 21세기 세계의 최고 문자로 인정받고 있다. 장차 세계 공용어가 될 것은 자명한 일이다.

한편 한자의 이름은 문자文字였다. '문자'가 '한자'로 바뀌면서 우리 글자가 아니라는 생각이 확산되었고, 한자는 중국문자만을 뜻하게 되었다. '문文'이라는 글자는 '머리 亠(두)'변에 '사귈 예乂'로 이루어져 있다. '예乂'는 음효陰爻와 양효陽爻가 사귀어 변화를 낳는 모습의 형상이고, '亠'는 머리에 장식을 하다, 곧 '꾸민다'는 뜻이다. 보이지 않는 만물을 이치에 맞추어 형식을 갖춘 것이 글월 '문文'이다. '문文'으로써 천지자연을 밝히는 것이 '문명文明'이고, '문명文明'한 생활을 하는 것이 '인문人文'이다.

후한시대 허신은 문자를 해설한 『설문해자說文解字』의 서두에 이렇게 말하였다.

창힐이 처음 글을 지었다. 대개 같은 종류에 따라서 모양을 형상화하였으므로 문(文)이라고 말한다. 그 뒤에 형상과 소리를 서로 더하여 자(字)라고 한다. 문(文)

---

78 「訓民正音解例」「制字解」,"吁正音作而天地萬物之理咸備 其神矣哉 是殆天啓聖心而假手焉者乎"

이라는 것은 사물 형상의 근본이다. 자(字)라는 것은 계속 번식하여 많아진 것을 말한다.[79]

이에 따르면 문文은 본의本意에 맞게 이름을 짓는 것이고, 자字는 그 뜻에 맞게 기록하는 도구였다. 문자文字는 본뜻에 부연하여 가차假借를 더함으로써 확장되었고, 자字도 더불어 확장되었다. 문자는 과두문자, 고문, 대전, 소전, 예서, 해서, 행서, 초서 등으로 자체字體가 변천·발전하였고, 설문해자 당시 9,353자에서 현재 55,000여 자로 증가하였지만 여전히 문자는 고유한 이름이다.

문자의 창제설은 『설문해자』에서 보이는 바와 같이 황제의 사관인 창힐에 의한 창제설로 알려져 있었으나, 최근 갑골문의 발견으로 동이족에 의해 초기 문자가 생기고 시대에 따라 발전했다는 주장이 설득력을 갖게 되었다. 복희씨가 천하를 다스릴 때 천문을 살피고 지리를 살피며 새와 짐승의의 문채와 땅의 마땅함을 살펴서 가까이로는 내 몸에서 취하고 멀리로는 저 사물에서 취하여 이에 팔괘를 만들었다고 한 말과, 창힐[80]이 조수鳥獸의 발자국을 보고 그 모양과 차이를 알아서 글을 만들었다고 한 것은 같은 뜻일지도 모른다. 『주역』「계사전」에 "하출도河出圖 낙출서洛出書 성인聖人 칙지則之(황하에서 圖가 나오고, 낙서에서 書가 나오니 성인이 그것을 본받았다)"하여 '도서圖書'라는 말의 어원이 되는데, 이를 문자의 근원처로 보기도 한다.

일제강점기 일본은 자신들의 국자國字에 대한 다른 표기로 '한자漢字'

---

[79] 『說文解字』「序」, "倉頡之初作書, 蓋依類象形, 故謂之文. 其後形聲相益, 即謂之字. 文者, 物象之本 ; 字者, 言孶乳而寖多也."

[80] 창힐의 이름은 『한서』「예문지(藝文志)」에 실렸다. 진(秦) 이사(李斯)가 『창힐편(蒼頡編)』이라는 책을 만들었다고 하나 전하지 않는다. 창힐에 관한 전설은 『순자』에 기록되어 있다.

라는 명칭을 사용했는데 한자漢字라는 이름으로 한문漢文, 한자漢字, 한학漢學, 한시漢詩 등으로 표현하면서 고유명사 '문자文字'는 중국의 '한자漢字'로 둔갑하게 되어 외국문자가 된 것이다. 우리의 고유명사 '문자文字'는 본래 의미를 상실하고 보통명사가 되어버렸다.

대만의 경우를 보자. 대만에서 발행된 자전字典 「사해辭每」에는 한자漢字나 한문漢文이라는 표현이 없다. 다만 한학漢學에 대한 설명에 "훈고지학訓詁之學 일본인칭중국적학술日本人稱中國的學術(훈고학으로 일본인들이 중국의 학술을 칭하는 것이다)"라고 하였고, 한문漢文이라는 자字에 대해 "한문력량불여한문漢文力量不如漢文 한문불여선진전국漢文不如先秦戰國 (당대(唐代)한유의 문장 역량이 한대(漢代)에 미치지 못하고 한대의 문장은 선진전국시대의 문장에 미치지 못한다)"고 설명했다.

결론적으로 말하면, 한자漢字는 한漢나라 때 만들어진 문자文字가 아닌 것이다. 우리 선조들이 사용해오며 문화를 담아내던 '문자文字'를 '한자漢字'로 바꾸면서 우리의 문자는 고유의 뜻을 잃어버리고 중국의 유산으로 바뀌고 말았다. 『예기禮記』「빙예주聘禮註」에서는 "옛 글자가 문자文字의 이름이고, 후세에 자字라 하였다."[81]라고 문자의 개념을 설명했다.

우리 선조들이 사용해오며 문화를 담아내던 '문자文字'를 '한자漢字'로 바꾸면서 문자는 고유의 뜻을 잃어버리고 중국의 유산으로 바뀌고 말았다.

언어는 민족의 주체성과 정체성을 가장 잘 드러내는 실제적인 것이다. 우리 민족이 만든 뜻글자인 '문자文字'와 소리글자인 '한글'은 음과

---

[81] 『禮記』「聘禮註」"古字文字曰名 後世曰字"

양, 태극사상을 가장 잘 반영한 것으로 한국인의 주체성과 정체성을 담은 소리와 말로써 세계 최고의 언어이다.

3) 전통문화에 반영된 태극사상

태극사상이 반영된 놀이 문화에 깍궁, 짝짝궁, 강강술래, 윷놀이, 농악 등이 있다. 한국인으로 태어나 가장 처음 만나는 말이 '깍궁'과 '짝짝궁'이다. 아이들에게 눈을 크게 뜨고 '깍궁'한다. '각궁覺弓'은 진리의 근본인 태극을 깨달으라는 뜻이다. 짝짝궁 놀이는 좌우 손바닥을 마주치는 동작으로 태극을 이루어 흥을 돋운다. '작작궁作作弓'이란 말 뜻 자체가 태극이다. 궁弓[태극]의 이치를 뜻하는 것이다.

또한 인륜지대사인 결혼 때도 음양합덕의 상징 태극으로 시작한다. 신랑 집에서 신부 집으로 예물을 보내는 납폐納幣는 사주단자四柱單子 교환 후 정혼의 증거로 음양 조화의 상징인 푸른 비단과 붉은 비단을 혼서婚書와 같이 함에 넣어 보내는 고유 풍습이다.

또한 연날리기는 고대로부터 하늘을 숭상하는 우리민족 전통의 놀이다. 연에 태극문양을 그려 하늘 높이 날렸다. 일제강점기에는 우리 전통의 연 날리기 놀이를 금지시켰다. 이는 우리 민족의 위대한 정신과 근본사상을 망각시키기 위한 조치였다. 태극문양은 예로부터 우리 선조들의 세계관과 종교관, 인생관에 깊숙이 자리 잡고 있던 길상吉祥의 상징문양이었다.

태극사상은 우리 민요에서도 반영되어 나타난다. '강강술래'는 보름달 아래 처녀들이 모여 손을 맞잡고, 태극의 원을 그리며 돈다. 한 사람이 강강술래를 선창하면 모두 이어받아 노래와 태극으로 춤추는 가운데 협동·평등·우정·화합을 이루는 소중한 정신적 유산이다. 이는 유네스코 인류무형문화유산에 등재되었다.

한국인들의 가무歌舞에도 태극사상이 반영되어 있다. 태극의 일음일양一陰一陽에 의한 수축과 팽창, 성장과 소멸의 태극사상이 민족정서에 내재된 우리 민족은 판소리, 창, 춤사위 등에서 한과 흥의 교차로 한을 풀어내고 신명을 돋우며 소리와 춤을 즐겼다.

한국의 긴속놀이 중 대표적인 것이 농악이다. 농악은 장구한 역사 동안 널리 연행演行되어 온 만큼 명칭도 풍물·두레·풍장·매구·굿 등으로 다양하며 그 쓰임새도 많다. 꽹과리, 징, 장고, 북의 악기를 기본으로 하여 사물四物놀이라고도 한다. 사물四物은 사상四象과 연관이 있고, 상모돌리기는 태극의 소용돌이다. 우리 민족은 흥이 많아 하늘에 제사하는 제천의식祭天儀式에서부터 농악이 자연스럽게 형성되었다. 농악은 열정적이며, 흥을 돋우고, 신명 나며, 주객일체를 이룬다. 이러한 농악의 공동체 연대감, 문화적 응집체 등의 가치가 높이 평가되어 이 역시 유네스코 인류무형문화유산으로 등재되었다.

태극사상이 잘 반영된 놀이문화 중 하나가 윷놀이다. 이는 민족 고유의 민속이며 놀이문화의 대표이다. 윷놀이의 기원은 정확하게 알려져 있지 않지만 삼국시대에 널리 행해지고 있었음은 확실하다. 윷놀이의 기원을 신채호는 고조선으로 추증했으며 도·개·걸·윷·모를 돗가·개가·소가·말가·신가 등 오가五加의 단위에서 나온 것으로 윷판이 곧 오가의 출진도出陳圖라고 했다.

도刀·개介·걸乞·유兪·모毛는 이두자로 쓴 다섯 가加의 호칭으로

태극기와 태극사상

도는 돼지, 개는 개, 걸은 양, 윷은 소, 모는 말로 보았다.[82]

윷놀이라는 놀이문화에는 한국인들의 사유철학이 담겨 있다. 김석진은 윷놀이를 이렇게 설명하였다.

윷을 만들 때 윷가락은 박달나무를 한 가지 꺾어 태극을 상징하고, 이를 둘로 나누는 것은 음양이 되고, 둘에서 또 반으로 나누어 네 개의 윷가락이 되니, 사상(四象)이다. 이 윷가락을 던져 다섯 경우의 수가 나오니 오행(五行)이다. 또 윷 말은 사상으로 나누어진 것이 양편이 되니 팔괘로 상징된다.[83]

윷놀이에는 태극太極 - 음양陰陽 - 사상四象 - 오행五行으로 이어지는 원리가 담겨 있다. 넷[四時]을 사용하면서 다섯[五行; 도·개·걸·윷·모]의 경우의 수가 펼쳐지며, 28수宿로 돌아가니 역易의 이치를 이미 놀이에 반영하여 생활화한 것이다. 윷판의 유물은 외국에서 발견된 사례가 없는 우리 고유의 민속 문화로 대개 사찰 터, 계곡의 암반 등에서 원형과 방형의 윷판이 발견되는 것으로 보아 중요한 의식으로도 행해졌음을 알 수 있다.[84] 윷놀이는 대개 설날부터 정월 대보름 사이에 행해지는 놀이로써 한 해가 바뀌는 설날에 노는 윷놀이는 선후천先後天이 바뀌는 이치를 담고 있다. 윷판을 말판末板이라 하는데 말판은 '끝판'으로 한 해가 끝나고 또 한 해가 시작할 때를 의미한다. 이를 『정역正易』[85]

---

82 신채호, 『조선상고사』 제2편, 수두시대, 『단재신채호전집』, 형설출판사.
83 김석진, 『대산의 천부경』 도서출판 동방의 빛, 2009.
84 산정 윷판암각(익산 미륵산, 진안 천반산, 부안 당하리 장군봉 윷판, 울산 어물동 등), 유적의 윷판(익산 미륵사지 주초석, 고구려 벽화고분 석재, 경주 반월성과 황룡사지, 정읍 두승산 망화대 등)
85 金恒,『正易』「十五一言」"帝堯之朞 三百有六旬有六日, 帝舜之朞 三百六十五度四分度之一, 一夫之朞 三百七十五度十五尊空, 吾夫子之朞 當朞三百六十日; 역수(曆數)는 요임금 366일이요, 순임금 365 1/4일이며, 일부(一夫)는 375일로 15를 존공(尊空)하니, 공자의 360일이다."
천도변화가 음양합덕의 시간적[정력(正曆360日], 공간적[360°]으로 정역(正易)을 이루어 새로운 세상으로 완에서는 선후천의 교체기로 보기도 한다.

윷판의 가운데를 제외한 28점을 북극성을 기준으로 한 이십팔수二十八宿의 별자리, 사방 7개의 별자리가 배열된 우주조판도와 같게 본 것이다. 『정역』 이후 민족종교 태극도太極道의 상생행마법 윷놀이, 수운교의 법경도놀이, 갱정유도의 윷판도수 등이 윷판에 담긴 우주적 의미를 제시하며 새로운 관심을 기울이게 되었다.

한편 두 외국인이 윷놀이의 의미를 이렇게 적고 있다. 일본 총독부에 근무한 무라야마 지준(村山智順)은 "내기를 강렬해서 실로 조선 민족의 성질에 적합한 민중적 오락"이라며 식민사관으로 폄하했는가 하면,[86] 세계적인 민속인류학자인 스튜어트 컬린(stewart Culin)은 1895년 출간된 「한국의 놀이-유사한 중국일본 놀이와 관련해」에서 "한국의 윷놀이는 전 세계에 걸쳐 존재하는 수많은 놀이의 원형이라고 하며 고대 점술에 기원을 둔 윷놀이는 우주적이고 종교적인 철학도 담고 있다"[87]고 극찬하였는바, 우주적 철학이 담긴 윷놀이는 남녀노소 모두 즐길 수 있고, 편을 나눠 소속의 단결력을 높이면서도 종국에는 하나가 되어 함께 즐기며 공동체의식으로 승화되는 태극사상을 반영한 놀이문화의 결정체라 할 것이다.

성된다는 것이다. 『周易』 「繫辭上傳」 "凡三百有六十 當朞之日"; 장차 일 년의 날 수는 360이다."
86 무라야마 지준(村山智順), 김희경 옮김, 『조선의 점복과 예언』, 동문선, 1990.
87 스튜어트 컬린(stewart Culin)., 『한국의 놀이』, 열화당, 2003.

3.
국기, 태극기

1) 태극기 제정과 변천사

태극기는 1883년 3월 6일 고종이 '조선국기'를 제정, 공포함으로부터 공식화되었다. 국기의 제정 전 태극기가 최초 사용된 정확한 기록은 남아 있지 않다. 다만 국기로 공식 제정되기 일 년 전인 1882년 미해군부가 발간한 『해양 국가들의 깃발들』이라는 책에서 선박의 국적을 표시하는 깃발에 우리나라 선적기(Ensign), 국기(National Flag)로 태극기가 등장한다. 같은 해 박영효가 고종의 명으로 수신사로 일본 도쿄에 갔을 때 경유지인 고베 숙소에서 공식적으로 처음 태극기를 게양하였다. 이국 하늘에서 공식적으로 처음 휘날린 태극기를 보며 박영효는 이때의 상황을 자신의 기행문 『사화기략使和記略』에서 이렇게 말했다.

1882년 미군 해군부 항해국은 전 세계 해양국가 49개국의 깃발을 모은 도감 〈해양국가의 깃발(Flags of Maritime Nations)〉을 발간했는데 이 책에서 'COREA'로 표기된 태극기가 있다.

새로 만든 국기를 체류 중인 숙소에 걸었다. 기(旗)는 흰 바탕으로 네모졌는데 세로는 가로의 5분의 2에 미치지 못했다. 중심에는 태극(太極)을 그려 청색과 홍색을 채워 넣었다. 네 귀퉁이에는 건곤감리(乾坤坎離) 4괘를 그렸다. 일찍이 주상의 명령이 있었던 일이다.[88]

---

[88] 「使和記略」"新製國旗懸萬樓 旗竿白質而縱方 長不及廣五分之二 珠心畫太極 塡二靑紅 四隅畫乾坤坎離四卦 曾有受命於上比"

태극기와 태극사상

데니 태극기

1883년 고종이 공포한 태극기이다. 현존하는 태극기 중 가장 오래된 실물 태극기로 가로 182.5cm 세로 262cm이다. 1886년부터 1890년까지 고종의 외교고문을 지낸 미국인 데니가 1890년 5월 미국으로 돌아갈 때 가져간 것으로 흔히 '데니 태극기'로 부른다. 사방에 그려진 사괘의 색이 지금과는 달리 파란색인 점이 특이하다. 데니 태극기는 100년 만에 돌아와 국가등록문화재로 지정되어 국립중앙박물관에 소장되어 있다.

    태극기가 최초로 게양된 날짜는 「사화기략」에 임오년(1882) 음력 8월 14일(양력 9월 25일)이라 기록되어 있다. 태극기는 박영효 일행이 수신사로 일본을 방문할 때 고종 황제로부터 지시받은 대로 배 안에서 만들었다는 기록은 「사화기략」에 있으나 당시 사용하였던 태극기는 찾지 못하였는데 태극기연구가 송명호가 일본 시부야구히로오 도서관에서 조선에 처음으로 국기가 만들어졌다는 기사와 함께 태극기가 실린 「시사신보時事新報」 1882년 10월 2일, 월요일 자를 발견하여 1997년 8월 15일 언론에 공개함으로써 비로소 그 모습을 찾았다.

    일본 「시사신보」에는 '조선의 유신'이라는 제목 기사로 조선의 국기 [태극기太極旗]는 옥색 바탕에 '태극의 도圖'를 적·청색을 그렸고, 고종 임금의 명령에 의해 그려졌다고 기록하고 있다.[89] 고종은 청국淸國의

---

[89] 지금까지 조선에는 국기가 없었는데 이번에 청국에서 온 마건충이 조선의 국기는 청국을 모방해 삼각형 청색 바탕에 용을 그려 쓰도록 했다. 본국은 황색을 사용하지만 조선은 동방에 해당하는 손방이요, 청색을 존중한다는 의미에서 청색바탕을 사용할 것을 지도했으나 국왕(고종)은 이를 크게 분개하여 결단코 청국 용기(龍旗)를 모방할 수 없다고 거절하면서 사각형 옥색 바탕에 태극의 도(圖)를 적·청색으로 그리고 기(旗)의 네 귀퉁이에 동서남북의 역괘(易卦)를 붙여서 이제부터 조선의 국기로 결정했다.

용기龍旗와 전혀 다른 독자적인 태극도형太極圖形과 건곤감리乾坤坎離의 괘卦로 그리도록 지시했다는 「사호기략」의 내용을 당시 「시사신보」에서도 사실로 확인함에 따라 그동안 태극기 제작 과정의 주체성 여부 관련 등[90] 시비 해소에 도움이 되었다.

태극기 사용에 관한 왕명을 공식 제정·탄포한 날은 「고종실록高宗實錄」에 따르면 계미(1883)년 음력 1월 27일이고 처음 명칭은 조선국기였다. 1897년 국호를 대한제국이라고 정하고 고종이 황제의 제위에 오르면서 조선국기는 대한제국국기가 되었으나 한일합병으로 인해 더 이상 사용할 수 없게 되었다.

1896년 국기에 대한 홍보와 계몽이 『독립신문』을 통해 이루어졌다. 여기서는 아래와 같이 태극기의 위상을 잘 설명하며 국기가 국가의 상징으로 공경하고 소중히 하여야 할 물건임을 논설로써 계몽하였다.

애국하는 것이 학문상에 큰 조목이라 그런고로 외국서는 각 공립학교에서들 매일 아침에 학도들이 국기 앞에 모여 서서 국기를 대하여 경례를 하며 그 나라 임금의 사진에 대하여 경례를 하며 만세를 날다다 부르게 하는 것이 학교 규칙에 제일 긴한 조목이요 사람이 어렸을 때 나라를 위하고, 임금을 사랑하는 것이 사람의 직무로 밤 낮 배워 놓거드면 그 마음이 아주 박혀 자란 후에라도 나라 사랑하는 마음이 다른 것 사랑하는 것보다 더 높고 더 중해질지라. … 그러한 즉 국기가 곧 임금이요 부모요 형제요 처자요 전국인민이라 어찌 소중하고 공경

---

90 이견은 박영효가 일본에 갈 때 고종의 명을 받아 배안에서 그렸다는 「사화기략」의 내용에 대해서 의도적이라는 견해로 「시사신보」에 제공한 기사의 내용도 그러하다. 임오군란 후 한성에 주둔한 청나라는 자국의 국기를 본떠 우리 국기를 만들 것을 종용했지만 고종은 조선의 고유전통에 입각하여 미리 태극기를 만들었다가 배안에서 각국 사절에게 의도적으로 배포하여 청국의 간섭을 피했을 것이라 추정한다. 박영효의 도일(渡日)보다 2~3개월 이른 5월 조미(朝美)통상조약 때 사용한 태극기도 있었다.

태극기와 태극사상

불원복 태극기

태극기 상단의 '불원복(不遠復)'은 '머지않아 국권을 회복한다'는 뜻이다. 전라도 일대에서 활약한 의병장 고광순이 1907년 지리산에 근거하여 일본군에 맞서면서 그들의 신념을 '불원복'으로 나타내어 태극기에 새긴 것으로 알려져 있다.
항일 독립운동과 관련하여 사료적 가치가 큰 태극기이다.

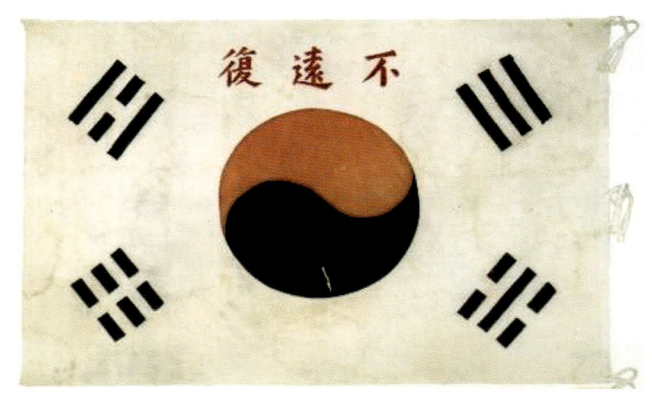

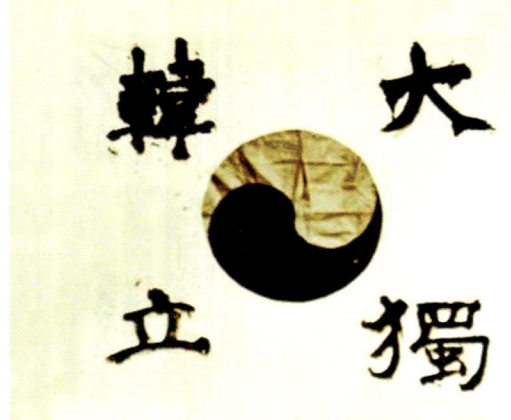

단지동맹(안중근 혈서) 태극기

1909년 안중근 의사가 11명의 항일투사와 단지동맹을 결성하고 왼손 약지를 끊어 혈서로 '대한독립(大韓獨立)'을 새겨 독립을 위해 헌신할 것을 다짐한 태극기이다.

대한민국 임시의정원 태극기

1923년 대한민국 임시정부 임시의정원에 게양되었던 태극기이다. 임시정부 의장과 국무위원 등을 역임한 김붕준 선생과 부인 노영재 여사가 함께 제작한 것으로 알려져 있다.

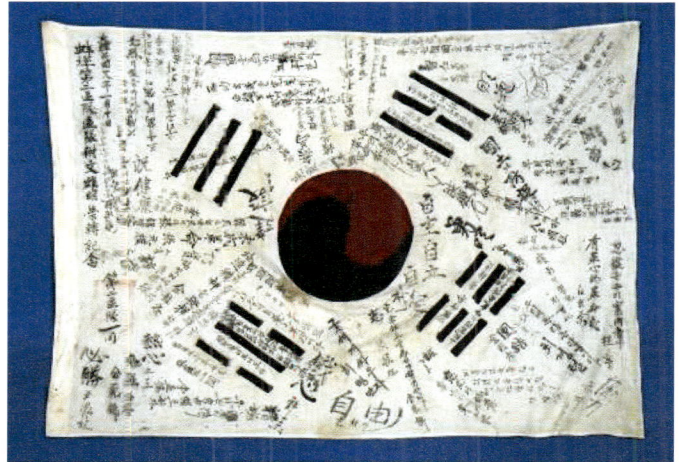

한국광복군 서명문 태극기

1945년 한국광복군 제3지대 2구대에서 활동하던 문웅명(본명 문수열)이 간직한 태극기이다. 그가 다른 부대로 옮겨가게 되자 동료대원 70여 명이 독립의 염원, 애국, 자유의 갈망 등의 내용을 담아 서명하였다.

진관사 태극기

3·1만세운동이 일어나고 대한민국임시정부가 수립된 1919년 제작된 것으로 추정되는 태극기이다. 2009년 진관사 부속건물인 칠성각을 해체·복원하는 과정에서 발견되었다. 이 태극기의 일장기 위에다 덧물로 태극과 사괘를 그려 넣어 '일장기 위에 태극기가 있다'는 독립의 의지를 나타낸 것이 특징이다.

할 물건이 아니리오.[91]

조선국기는 1919년 3월 1일 독립선언 때부터 '태극기'로 불리게 되었다. 기미년 3월 1일 독립선언문 낭독과 함께 대한독립만세운동을

---

91 『독립신문』 논설, 1896년 9월 22일.

전국적으로 펼치기로 하며 모든 국민들이 조선국기를 들고 참여하기로 하였는데 이때 일본인들이 눈치 채지 못하게 조선국기를 '태극기'로 부르자고 약속하면서부터였다. 국기 제정 이후 27년 동안 조선국기로 불리다 독립운동과 함께 민족의 아픔 속에 태극기로 탄생한 것이다.

태극기는 탄생과 더불어 일제강점기 제작과 소지가 금지되는 아픔을 겪었지만 이 겨레의 상징으로 각인되어 의병운동, 3.1독립만세운동, 임시정부 등에서 태극기는 곧 조국이며, 대한의 국민을 하나로 묶는 구심점이 되었다. 태극기를 사용할 수 없었기에 그 도안이 각자 인지한 대로 각양각색으로 나타냈지만 상징의 의미는 같았다.

서울 수복 태극기 게양
1950년 한국 전쟁 중 서울이 함락된 지 3개월 만인 9월 28일 서울 수복에 성공 후 태극기를 게양하는 한국군을 재연한 사진.

1942년 임시정부에서도 태극기를 정식 국기 명칭으로 사용하였으나 국민들은 알 수 없었고, 1945년 8월 15일 광복이 되자 온 국민이 태극기를 손에 들고 기쁨과 환희를 함께했다. 1949년 10월 15일에 정부가 태극문양과 4괘 위치의 태극기 도안을 통일하고, 법률로 공식 제정하여 오늘에 이르고 있다.

2) 태극기의 철학적 의의

태극기는 이 겨레의 마음을 하나로 이어주는 연결선으로 지난 140여 년간 대한민국의 영광과 환희와 고난의 순간마다 늘 구심점이 되어 온 국민정신의 상징이다. 어느 나라 국민이 자국의 국기가 자랑스럽지 않겠는가만 우주만상宇宙萬象의 근원이며 인간생명의 원천인 영원한 진리의 표상 태극기는 더욱 자랑스럽다.

세계 각국의 국기는 나라마다 특정한 현상물現像物로 자국의 상징을 담았다. 그런데 태극기는 우주정신을 담아 우리 민족의 이상과 세계정신을 상징하였으니 국기 중 으뜸이며 진리, 그 자체이다.

태극기는 흰색 바탕의 중앙에 청靑·홍紅 양의兩儀의 태극이 있고, 태극을 중심으로 건乾·곤坤·감坎·리離의 4괘가 배치되어 끊임없이 순환·발전하는 창조적 우주관을 담고 있다. 붉은색의 양陽은 존귀를 뜻하고, 청색의 음陰은 희망을 뜻한다. 음과 양이 머리와 뿌리를 맞대어 상호동근相互同根이 되어 생성, 변화, 발전하는 모습으로 일체를 이루어 화합하고 통일하는 형상이다.

태극기만큼 한국인의 사상을 잘 드러내는 것이 없다. 태극기의 바탕 흰색은 자연계의 모든 빛을 수용하는 포용과 순결의 색으로서 밝으며 평화를 사랑하는 고귀한 민족성을 대변한다. 흰 바탕의 가운데 태극은 끊임없이 순환하여 생명을 낳고 살리는 대자연의 진리를 담고 있다.

태극은 태극도형 원 속에 음과 양이 일직선으로 나타나지 않고 순환하는 선회운동을 한다. 태극의 성질을 잘 나타내는 대목이다. 일음일양一陰一陽, 팽창과 수축, 생성과 소멸로 음의 극에서 양이 잇고, 양의 극에서 음이 잇는 극즉필반極則必反의 순환반복循環反復으로 영속하는

　태극을 잘 반영하고 있다. 하루의 밤낮 동안 지구가 자전과 공전을 하듯 태극의 선회운동은 한순간도 쉬지 않고 시작도 끝도 없이 이어지며 만물을 생성하는데, 태극기에는 이러한 대자연의 이치가 담겨 있다.

　태극도형의 네 모서리에는 주역 팔괘인 건乾☰·태兌☱·리離☲·진震☳·손巽☴·감坎☵·간艮☶·곤坤☷에서 나왔지만 이를 간소화하여 건乾☰·리離☲·감坎☵·곤坤☷의 사괘가 태극을 둘러싸고 배치되어 만유萬有를 담고 있다.

　태극기의 건·곤·감·리 4괘에서 태양太陽의 건☰은 하늘을, 태음太陰의 곤☷은 땅을 나타내고, 소음少陰인 감☵은 달[물]을, 소양少陽인 리☲는 해[불]를 뜻한다. 하늘과 땅, 해와 달이 만물의 근간이 되어 조화 생성해 나가는 우주 질서의 핵심이며, 생명의 원천을 담고 있다. 태극은 끊임없이 조화를 이루며 생성·변화·발전해간다.

　태극은 우리 민족의 오랜 사유에서 우주의 근원과 본질을 형상화한 태극문양으로 나타났고, 태극기가 된 것이다. 태극기는 평화·화합·조화·창조·광명·번영·역동·무궁을 상징한다.

　우리 민족정신을 가장 잘 드러낸 태극기는 민족문화 초창기부터 잠재되어 온 고유한 정신이며 사상이다. 역易 사상의 씨앗이 동이족에서 시작되어 중원으로 퍼져나가 발전하였으나 우리 사상의 중심에는 항상 태극사상이 함께하고 있었던 것이다. 고조선 이후 고구려는 주몽, 백제는 온조, 신라는 혁거세로부터 그 정통성을 홍익인간에서 찾는다. 고려, 조선, 대한민국으로 잇는 역사에서도 항상 홍익사상이 근저에 깔려 있었다.

　인류 역사상 가장 긴 역사를 가진 고조선이 2,000여 년 동안 조화롭게 평화를 유지하며 영속할 수 있었던 것도 진리와 도로써 세상을 다스리고, 이치로써 세상을 교화하며, 밝은 이치가 세상에 펼쳐진 풍류도로서의 '현묘지도玄妙之道'인 풍류도風月道, 선도仙道가 펼쳐져 홍익인간의 세상이 실현되었기 때문에 가능했다.

　동북방 밝달민족이 인류문명을 이끌었던 위대한 철학 홍익인간사상은 대한민국의 건국이념이며 교육이념으로 개인뿐만 아니라 인류, 나아가 지구 전체를 이롭게 하는 정신이다. 따라서 전 인류 최고의 가치요 철학이다. 홍익인간, 이화세계는 인간과 자연이 함께하는 우주공동체정신으로 최초의 국가 고조선이 이 땅에 펼친 유일무이한 으뜸 사상·철학의 총 결정체이다. 순환왕복 우주법칙에 따라 태극의 민족 대한민국이 또다시 홍익인간사상으로 금세기 지구촌의 모든 갈등과 원한의 상극세상을 풀어 상생세상으로 이끌고 있다. 홍익인간사상의 철

제4장 - 태극사상의 상징, 태극기

학이 바로 진리의 본체인 태극사상太極思想이다.

3) 태극사상의 현대적 의미

대한민국은 상황 변화에 두려움이 없이 몰입하는 최고의 경쟁력을 가진 나라다. 또한 다문화, 고령화 사회가 가장 빨리 진행되는 나라이며, 21세기 양대 이념인 민주주의, 공산주의가 남북으로 대치한 유일한 나라이다. 대한민국은 역동적인 나라로 우리나라에서 성공하는 것은 모든 나라에서도 성공한다.

종교는 한국인의 사상을 형성하고, 사유하는 기틀이 되었다. 동서양의 철학사나 사상사는 그 근원을 종교에서 찾을 수 있다. 한국의 전통사상도 고유의 현묘지도와 토속적인 무교 외에 유교와 불교, 도교가 외래에서 유입되었음에도 동화되지 않고 오히려 유불선을 한국화하여 발전하였다.

그럼 종교적 측면을 살펴보자. 대한민국은 세계적으로 유래가 없는 다종교 사회로 종교 백화점이라는 표현을 한다. 현재 대한민국은 종교 숫자도 세계 최대이다. 세계 최고 다종교 국가이며 종교인 수도 인구의 절반을 넘는다. 다른 나라들과 비교해보면 거의 대부분의 나라들은 한 두 종교가 전부이면서도 종교 간의 갈등이 심각하다. 지구상 일어나는 전쟁을 보면 대부분 종교 전쟁이다. 현대 국지전 중 80%가 종교 간의 갈등·대립으로 인한 전쟁이다. 이러한 상호 종교 간의 이해와 소통을 위해 미국에서는 4,000개 대학 중 3,500개 대학에 비교종교학 과목이 있으나, 한국은 416개 대학 중 비교종교학과가 5개 대학에 불과하다. 하지만 대한민국은 다종교 속에서 간혹 교단 내 종교 조직에 의한 충돌은 있으나, 종교 교리에 의한 충돌은 없다.

지금 한국 사회는 다종교가 공존하지만 갈등 없이 소통하고 조화를 이룬다. 한 가정에서도 할아버지는 유교, 할머니는 불교, 며느리는 천주교, 아들은 민족종교, 딸은 기독교를 하여도 가정은 충돌 없이 화목하며 조화로운 것은 외국인들이 입장에서 보면 정말 신기하게 여겨질 것이다. 이 땅에는 무엇이든지 들어오면 더욱 꽃을 피우고, 발전하며 전통사상과의 조화와 융합으로 확대 재생산된다. 이러한 융합의 문화적 특성을 가질 수 있는 근원은 바로 우리민족이 지닌 고유한 도 '현묘지도(玄妙之道), 풍류도'에서 찾을 수 있다. 풍류도는 유, 불, 선의 이치가 이미 그 속에 담겨 있어 각 종교문화의 원형을 보존시키면서도 한국의 체형에 맞게 재창조해내는 한국인의 독특한 유전자, 근원적인 토양이 된 것이다. 곧, 모든 종교와 사상을 두루 아우른 한국인은 깊고도 넓은 정신문화가 이미 오래전부터 지니고 있었다는 것이다.

개별의 종교를 살펴보면, 불교는 이미 중국에서는 관광불교로, 일본은 제사불교로 변질되었지만, 대한민국은 조선시대 억불숭유 정책이 있었음에도 불교의 원형을 잘 유지·발전시키고 있는 대표적인 불교국가가 되었다. 한국 가톨릭은 순교 성인이 103위로 세계 2위이다. 기독교도 가장 단시간에 폭발적인 성장을 기록한 거의 유일한 국가이다. 또 근대 개항기인 강화도 조약의 체결 전후로 등장한 천도교, 대종교, 태극도, 증산교, 원불교 등의 민족종교들도 급속한 성장을 이루었다. 한편 무속신학대학이 하나도 없지만 고대로부터 20~30만 명의 무속인들이 고대로부터 지금에 이르기까지 끊임없이 이어져 활동한다. 그래서 대한민국은 참으로 묘한 나라라고 말한다. 종교·사상·

이념에서부터 정치·경제·문화에 이르기까지 한국에서는 모든 것이 통섭하고 융화하여 발전시킨다. 한국은 소통과 공존의 지혜를 가진 민족이다.

우리의 음식문화는 어떠한가? 문화적 특성은 다양하며 융합적이다. 그 중 우리의 대표적 음식, 비빔밥 문화이다. 한 나라를 이해하려면 '그 나라 음식을 먹어봐야 한다.'라는 말이 있다. 음식이 그 나라의 문화를 가늠할 수 있는 중요한 척도가 된다. 음식은 나라마다 고유한 관습과 환경, 기호, 조리방식에 따라 다양한 맛과 형태로 발전해왔다. 따라서 우리의 음식문화에도 고유의 문화와 관습이 녹아들어 있고, 정신이 깃들어 있는 것이다. 비빔밥 속에 우리민족의 정서가 담겨 있다. 비빔밥은 전혀 어울리지 않을 것 같은 반찬들을 한데 모아 섞어서 상상하지 못한 전혀 새로운 맛을 만들어 낸다. 즉, 밥에다 하나하나 갖은 양념으로 만든 개별의 반찬을 모두 한데다 섞어서 고추장을 넣고 비비어 낸다. 개별성을 살리면서도 다시 섞어서 또 다른 조화를 만들어낸다. 여러 가지가 뒤죽박죽 섞여서 혼돈스러워 보이지만, 그 속에서는 서로의 맛이 어우러진 조화로 또 다른 새로운 맛을 창조하는 의미를 담고 있다. 이것이 섞임의 미학으로 조화와 화합과 소통을 담은 비빔밥 문화이다. 이러한 융합에 의한 재창조를 우리보다 잘 하는 민족은 없다. 한국인의 의식주 속에서 발전해 온 비빔밥 문화는 창조적 문화로 만들어 내는 우리의 위대한 경쟁력이다. 오늘날 '가장 한국적인 것이 가장 세계적'이라는 말에 잘 어울리는 비빔밥 문화 속에 조화와 융합과 창조의 문화가 담겨있다. 이러한 정신의 기저에 태극사상이 있다.

현대 과학 기술이 발견한 태극 형상 '볼텍스(Vortex)'가 있다. 태극太極은 '볼텍스(Vortex)'같은 모양과 이치와 에너지를 가졌다. 볼텍스의 사전적 의미는 소용돌이, 회오리바람, 태풍의 눈, 와동(渦動) 등이다. 태극 모양의 회오리가 거대한 힘을 일으켜 강력한 바람, 태풍의 에너지장을 만드는 힘의 원천이 '볼텍스장'이다. 지상에서는 신성한 혈자리, 기(氣)가 좋은 곳을 볼텍스혈, 와동혈이라 한다.

볼텍스(Vortex)

볼텍스장의 강력한 태풍과 회오리바람은 음과 양의 상반된 기류가 부딪쳐 생성된다. 이러한 태풍의 광경을 1960년 미국이 기상위성을 띄워 태풍이 소용돌이치는 한가운데 태극 모양의 형태인 '태풍의 눈(Eye of typhoon)'으로 명명된 모습을 영상에 담음으로써 알게 되었다. 태풍의 위력은 일본 히로시마에 떨어진 원폭 1만 배의 에너지이며 태풍에 동반된 바람과 폭우는 화산 폭발 10배 이상의 파괴력을 가졌다고 한다. 볼텍스장은 차가운 음의 기운과 더운 양의 기운이 만나면서 강력한 에너지가 발생한다. 음과 양의 상반된 기운이 대기에서 만나 강력한 에너지장을 만드는 원천을 타풍의 볼텍스장이라 하며 그 모양과 이치가 태극과 같다. 태극이 만물을 생성하는 원리를 자연계에서도 증명한 셈이다.

태풍의 눈(Eye of typhoon)

우주생명의 탄생은 음과 양의 합덕合德으로 이루어진다. 음양의 기운이 덕德으로 만날 때 강력한 에너지장, 태극이 형성되어 새 생명이 탄생된다. 이것이 창조의 원리와 조화이며 태극의 역동성이다. 지금 한반도는 민주주의와 공산주의 양극단 이념이 충돌하는 거대한 볼텍스 지역이기도 하다. 태극의 에너지장이 대립적인 상극의 요소를 배제하여 음양합덕의 조화로 이루어지면 평화통일을 이룰 것이다. 볼텍스 지역은 거대한 에너지 생성의 원천이 되는 핵점으로 주변국들에게도 강력한 영향력을 미치는 구심점으로 작용한다. 태극의 상징 대한민국은 이미 인류문명의 중심국으로 선도적 역할을 주도하고 있다. 상반된 기운의 충돌이 아니라 음과 양이 덕으로써 하나가 될 때 강력한 선善의 에너지가 주변국에 상생相生으로 퍼져 나갈 것이다.

민족의 상징 태극기의 태극은 음양의 상수象數로 나타내고, 음양은 0과 1의 수로 대변한다. 서양과학은 이 수를 2진수로 컴퓨터에 응용했다. 컴퓨터를 켜면 시작은 항상 꺼졌다가 다시 시작이 된다. 0에서 1이다. 무에서 유가 된다. 종시終始이다. 종시로 끝이 머리[시작]가 되니, '끄트머리'가 된다.

「설괘전說卦傳」에 간방艮方을 "만물을 끝마치고 만물을 시작함은 간방보다 성함이 없다."[92]고 했다.

'문왕팔괘방위도文王八卦方位圖'에 의하면 간방은 동북방이며 지리적으로는 우리나라에 해당된다. 팔괘 중 간艮은 산이고, 음과 양이 산과 산에 그쳐 있으니 양산兩山으로, 유독 산이 많고 산맥이 발달한 아시아와 유럽 대륙의 끝자락에 위치하여 대륙의 종착지이자 출발지이기

---

92 『周易』「說卦傳」 "終萬物始萬物者 莫盛乎艮"

도 하다. '종만물終萬物 시만물始萬物'하는 태극방太極方이다. 간방에 위치한 한국만이 태극기를 국기로 한 것도 우연이 아니다. 이제 원시반본原始返本의 순환이치에 따라 또 다시 이 땅에서 정신문명을 꽃 피울 때가 된 것이다.

한편 태극은 서양과학의 원천이 되었다. 근대사회는 물질문명을 주도한 서구 중심으로 바뀌고, 물질문명의 우월은 정신문화의 우월로까지 인식되어져 왔다. 동시대에 동양이 서양의 물질문명에 뒤처진 것은 태극의 리理와 기氣를 제대로 활용하지 못한 채 관념적이며 형이상학적인 리에만 매달려 물리학적인 기를 등한시한 결과이다.

근대 서양의 앞선 과학과 물질문명에 대한 선호는 자연스럽게 우리 전통사상과 철학이 외면당하는 결과를 초래했다. 그러나 서양과학은 고전역학의 한계점을 극복하는 과정에서 우리가 등한시했던 태극에서 그 대안을 찾은 것이 양자역학이다. 동양에서는 역의 글귀에 매달린 천天·성性·리理 등의 규범적인 원리만을 보아 관념적으로 치우쳤고, 서양은 역의 근본적 이치보다 상象을 응용하여 과학적인 실용으로 연결하였다.

금세기 대표적 영국의 우주물리학자 스티븐 호킹(Stephen William Hawking, 1942 ~ 2018)은 양자역학이 지금까지 해놓은 것은 동양 철학의 기본개념인 음양, 태극을 과학적으로 증명한 것에 지나지 않는다고 했다. 그의 말대로 현대 양자역학의 응용은 동양유학의 성전聖典『주역』에서 실다리를 찾았다.

17세기 초, 독일 철학자 라이프니츠(Gottfried Wilhelm Leibniz, 1646 ~ 1716)는 『주역』의 '역유태극易有太極 시생양의是生兩儀'로 생생불식生生不息의 분화分化원리를 간파하여 자신의 '이진법'수학적 체계를 정립하

태극기와 태극사상

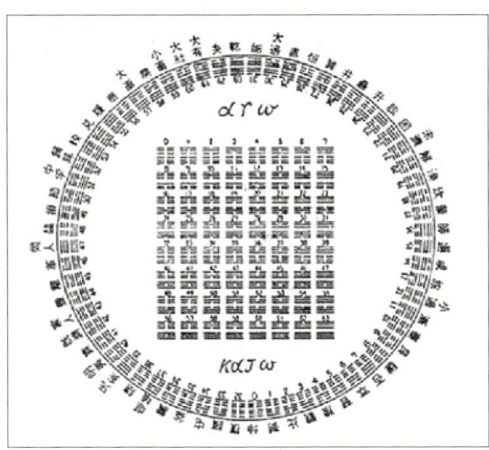

▲ 부베 신부가 보내준 64괘도.

라이프니츠(Leibniz, 1646~1716)는 독일의 철학자이며 수학자이다. 그는 모든 언어는 0과 1로 된 인공 기호시스템으로 쓰는 것이 합리적이라 주장하며 컴퓨터의 기반이 되는 '이진법' 원리를 발견하였다. 디지털 문명의 컴퓨터는 음양이론에 근거한 '0과 1'이란 이진법에서 컴퓨터가 탄생한 것이다. 그는 중국에 파견된 예수회 소속의 프랑스 부베(Joachim Bouvet, 1656~1732) 신부가 보내준 '64괘방원도(64卦方圓圖)를 보고 0과 1의 이진법체계를 정립하였다. 즉 음효(--)는 0, 양효(-)는 1로 하여 두 숫자로 나타낸 이진법은 온(on), 오프(off)라는 전기회로의 소자 특성을 이용하는 컴퓨터 원리에 정확히 맞았다. 라이프니츠는 "나의 불가사의한 이진법의 발견은 5000여 년 전 동양의 복희 왕의 역(易)의 원리에서 나왔다"고 하였다.

■ 닐스 보어

닐스 헨리크 다비드 보어(Niels Henrik David Bohr, 1885~1962)는 덴마크 코펜하겐에서 태어나 수소 원자를 설명하는 이론으로 1922년에 노벨물리학상을 수상했다. 그의 상보성 원리는 주역의 음양이론을 양자물리학의 관점에서 착안한 것이다. 그는 태극을 애호하여 가문의 문장으로서 채택하고, 예복에 태극문양을 새겨 'CONTRARIA SUNT COMPLEMENTA(대립적인 것은 상보적인 것이다)'라는 라

틴어 문구를 넣었다. 또한 1922년 노벨상 시상식장에 주역의 팔괘도가 그려진 옷을 입고 참석했다. 덴마크 정부는 닐스 보어의 업적을 기념하여 덴마크 500 크로네 지폐를 제작하였는데 닐스 보어의 초상화 배경에는 그가 사랑한 태극마크가 빼빼이 그려져 있다.

224

여 발표하며 "나의 불가사의한 이진법의 새로운 발견은 5천여 년 전 고대 동양의 복희왕이 발견한 철학서이며 문학서인 주역의 원리에서 나온 것이다."[93]라 했으며 1709년에 복희팔괘[94]와 함께 이진수의 분석표를 알리면서 "주역은 모든 과학의 열쇠이다."라 했다. 라이프니츠는 음은 0[짝수]으로, 양은 1[홀수]로 나타내어 세 효爻를 건乾☰(양양양陽陽陽111), 태兌☱(양양음陽陽陰110), 리離☲(양음양陽陰陽101), 진震☳(양음음陽陰陰100), 손巽☴(음양양陰陽陽011), 감坎☵(음양음陰陽陰010), 간艮☶(음음양陰陰陽001), 곤坤☷(음음음陰陰陰000)으로 표시하였다. 라이프니츠의 이진법을 응용한 튜링은 20세기 최고의 발명품 컴퓨터를 만들었다.

양자역학의 개척자인 덴마크의 물리학자 닐스 보어[95]는 태극 음양에서 양성자[+], 전자[-]의 원자모델을 발견하였고, 태극을 자신의 양자역학이론에 적용하여 1922년 노벨물리학상을 받았다. 주역의 핵심 태극, 음양의 대대적對待的 특성을 응용하여 '원자의 구성요소인 양성자와 전자가 입자와 파동의 이중성을 갖는다.'는 실험 결과를 얻어 자신의 '상보성相補性 이론'을 정립하여 양자역학(quantum mechanics)의 시대를 열었다. 보어는 아인슈타인의 연구에도 큰 영향을 주었다. 이후

---

93 라이프니츠는 북경에 있는 프랑스 전도사 부베와 서신 교환하면서 주역을 배우고 괘상을 연구했고, 마테오 리치 등 동양을 다녀온 신부의 보고서를 입수하여 공부하였다. 1697년 파리 과학학술원에서 그의 논문 「이진법 정수론 주해」에서 부제로 '0과 1의 기호를 사용, 고대 동양 복희의 괘상에 나타난 이진법 산술이 갖는 의미와 그 효용성에 관한 고찰」을 발표했다. 그는 부베가 보내준 5000년 전에 그려진 '복희 64괘 차서도'와 '복희 64괘 방위도'를 받고 팔괘의 배열이 현대 과학을 이끄는 '이진법' 원리를 나타낸 것에 놀라움을 금치 못했다.

94 복희팔괘는 '乾兌離震巽坎艮坤'의 팔괘 괘상의 효인 음양을 음은 짝수[地數]로, 양은 홀수[天數]로, 형체로는 음(--)과 양(—), 효를 그릴 때는 밑에서부터 위로 그리며, 읽을 때는 위에서부터 아래로 읽는다. 즉, 효를 그릴 때 천지인을 뿌리에서 가지로 뻗어가듯 밑에서부터 그려 올라가며, 그 형상을 볼 때는 위가 하늘, 가운데 사람, 밑은 땅으로 본다. 혹은 삼재인 천지인(☰)으로 ㅇ・ㅁ・ㅅ의 원방각으로도 표현했고, 훈민정음에서는 둥근 하늘을 본떠 '・', 평평한 땅을 본떠 'ㅡ', 서 있는 사람을 본떠 'ㅣ'로 정했다.

95 닐스 보어(Niels Bohr)는 '대립적인 것은 상보적이다'는 것을 역경의 태극에서 발견했다. 그는 가문의 문장에까지 주역을 상징하는 태극을 그려 넣었고 노벨상 수상식장에 참석할 때에도 주역 팔괘도가 그려진 옷을 입었다. 생전에 즐겨 입었다는 반코트 앞섶에 달린 그의 심벌 태극 마크에 조화와 통일(Harmony and Unity)이라는 태극의 메시지가 새겨져 있었다.

20세기 문명을 이끌었던 서양 과학자들은 주역에 깊은 관심을 보였고, 아인슈타인은 8년간 주역을 연구하여 고전 역학적 관점에서 벗어나 태극 음양의 상대적 원리를 '상대성 이론'으로 연결하여 금세기 최고의 과학을 이끌었다.[96]

근·현대 최고의 서양 과학자 라이프니츠, 헤겔, 닐스 보어, 아인슈타인 등은 태극에서 이진법, 정반합의 원리, 상보성 이론, 상대성 이론과 통일장 이론의 진주를 찾아내었다. 서양 과학자들은 태극을 최고의 궁극자, 궁극적 원리로 표현하며 동·서양의 철학자와 과학자들이 공히 태극을 모든 학문, 사상, 철학의 원형으로 본 것이다.

이러한 영향으로 『주역』은 현대 서양 학문에서도 가치를 인정받으며 인기를 끌고 있다. 인문학은 물론이고 물리, 화학, 생물, 공학, 의학 등에서도 응용이 되고, 미국은 보건원도 한의학을 대체의학으로 수용하였으며 대학에서는 주역학과가 생겼고, 주역에 관한 다양한 종류의 책을 내고 있다. 근대 서양 과학의 눈부신 성장으로 우리 전통 학문의 태극, 음양오행은 옛 유가 지식인들이 믿었던 과학적이지 못한 것으로 인식되어 왔다. 주역은 우리가 선호했던 서양 과학이 지금까지 해놓은 것은 동양 철학의 기본개념인 음양, 태극을 과학적으로 증명한 것에 지나지 않는다. 우리의 선철先哲께서는 이러한 태극의 진리의 위대성을 미리 예견하신 글이 있다. 태극도『진경眞境』을 보자.

---

96 아인슈타인은 음과 양은 항상 변한다는 에너지와 물질의 상관관계를 공식화하고 과학적인 방법으로 이를 증명하였다. 그의 상대성이론은 팔괘의 효, 음양개념에서 힌트를 얻었다는 일화가 있다. 또, 그가 동료에게 보낸 편지에 "유럽 과학의 발전은 두 가지의 위대한 성과를 기초로 하고 있는데 그리스 철학자가 형식논리의 체계를 발명했다는 것과 또 하나는 실험을 통해서 인과관계를 탐구할 수 있는 가능성을 발견했다는 것이다. 내가 보는 한 동양의 현철들은 비록 이 두 가지 길을 거치지 않았으나 놀랍게도 동양에서는 그러한 것의 발견이 모두 이루어져 있었다."며 오천년 전 팔괘를 만든 복희씨를 경탄했다. 그가 말년에 통일장이론을 연구할 때 매진한 것도 태극이론이었다.

현금(現今)의 사회는 과학문명이 극도로 발달하여 우주의 신비로움이 차츰 벗겨져가고 있음은 사실이나 과학이 발달할수록 태극진리가 더욱 현창하리라. 모든 과학의 원리가 음양오행의 기동작용이니 천지(天地), 일월(日月), 풍뢰(風雷), 우로(雨露)가 모두 태극의 원리로써 이루어지며 이를 연구하는 과학공부 역시 태극의 원리를 떠나서는 있을 수 없느니라. 도란 무극(无極)의 정(定)과 태극(太極)의 동(動)으로 양의가 생하고 양의에서 사상이 생하며 사상에서 팔괘가 생하는 우주 생성발전의 본체니라. 그 생(生)이라 함은 다른 물상이나 사상(事象)이 새로 생겨나는 것이 아니라, 무극이 곧 태극이며, 태극이 곧 음양이며, 사상이며, 오행이며, 팔괘니 이것이 태극의 진리니라.[97]

지금 사회의 과학 기술이 발달할수록 태극사상이 더욱 밝게 드러난다는 선견先見처럼 태극사상은 미신이 아니라 최고의 이치이고, 과학임을 보았다. 또한 최고의 철학이요 물리학이며 동양학의 원류이자, 한국인 삶 어느 곳에나 자리 잡고 있는 사유방식이다.

20세기 원자물리학의 위대한 혁명을 탄생시킨 사상의 원류가 바로 태극이라니, 우리는 삶 속에 공기의 소중함을 잊고 살 듯 항상 태극 속에 살고 있으면서도 태극의 원리를 잊고 살지 않았던가? 태극사상은 오늘날 정치 · 경제 · 사회 · 문화 · 과학 · 의학 등 모든 분야에서 과학의 입증으로 위대한 진리체계로 관심을 모으고 있다.

문체부는 2016년 5월부터 대한민국 정부 상징을 역동적인 태극문양으로 통일하며 이렇게 밝히고 있다.

---

[97] 『진경眞經』,「태극진경太極眞經」〈태극 7장 31절〉

태극기와 태극사상

세계, 미래를 향해 나아가는 진취적인 대한민국 표현이며 태극문양은 역동적이면서 열린 태극의 형태로, 청·홍·백 삼색의 조합으로 청은 생명, 홍은 역동, 백은 빛의 의미와 여백의 미를 살림으로써 대한민국의 정체성을 극대화하고 상징에 새긴 대한민국 정부의 글꼴은 훈민정음 창제기 글꼴을 현대적 감각에 맞춰 태극 문양과의 조화를 구현하고 있다.

상징(symbol)은 짝을 맞춘다는 뜻의 히랍어 심발레인(symballein)에서 유래한 말이다. 이 말은 표식標識, 부호符號, 증표證票 등의 의미로 문화적·관습적 연상과 소통, 이해를 함축하고 있다. 태극의 상징은 역동·상생·균형·창조·조화·통합 등의 국가 정체성과 역동하는 대한민국의 미래지향적 희망의 표현이기도 하다.

1949년 10월 15일에 정부가 태극문양과 4괘 위치의 도안을 통일하고, 법률로 공식 제정한 지금의 태극기

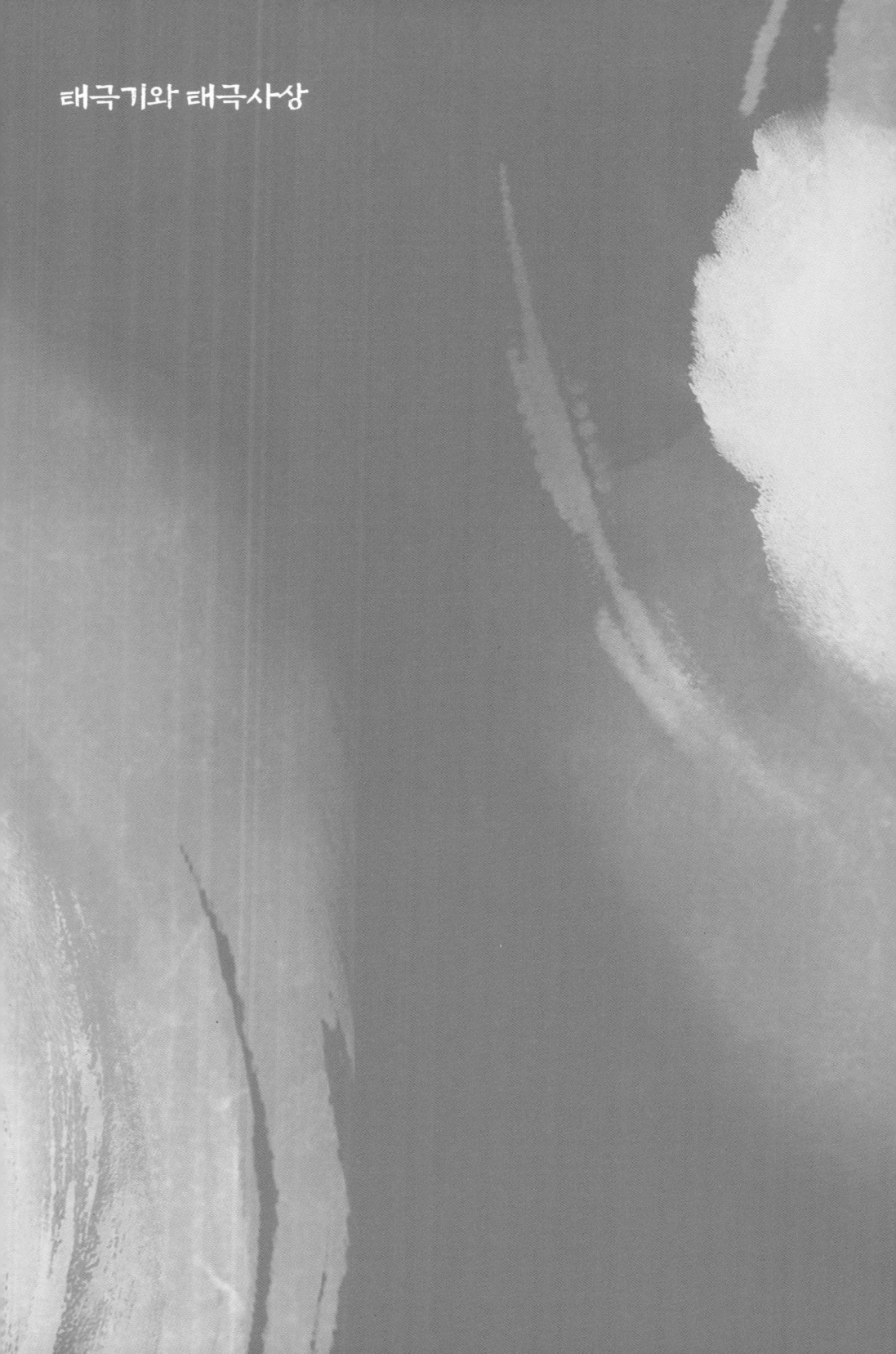

태극기와 태극사상

5장

나가며

太極

태극기와 태극사상

　우리나라 국기인 태극기는 1882년 박영효 일행이 일본 수신사로 일본에 갈 때 배 안에서 그려 사용했던 것을 1883년 3월 6일 공식적으로 공포·채택되었다. 3.1독립만세운동 때 태극기라는 명칭을 사용하며 태극기는 민족의 상징으로 각인되었으나 일제강점기 태극기를 사용할 수 없었다. 광복이 되자 온 국민이 민족의 상징 태극기를 들고 환호하였으나 그 모양이 통일되지 않아 1949년 3월 25일 문교부에 태극기 심의위원회가 설치되어 태극과 사괘의 배치를 통일하여 제정하고 지금에 이르고 있다. 채택 과정으로 보면 몇 사람들에 의해 만들어진 것 같지만 동이족으로부터 시작된 우주의 근본 이치를 담은 역易에서 나온 고유 사상, 근원 사상을 담았다.

　세계적인 석학들도 태극기를 예찬하고 있다.[1] 많은 미래학자나 석학들이 앞으로의 세기에는 물질문명보다 정신문명이 성숙한 동양이 문명을 주도할 것이라 통찰하며 태극기의 대한민국을 '동방의 등불'로 예측했던바, 이제 그 예측이 현실화되고 있다.

　우리 민족의 대표적 상징 태극기는 21세기에도 여전히 그 위력을 발휘하고 있다. 지금 태극사상은 한류의 중심으로 펼쳐나가 세계의 문명과 문화를 주도하고 있다.

　태극기는 우주근본 진리의 본체인 태극사상이 반영된 지구상의 유일한 국기로서 세계정신을 담고 있다. 대한민국의 국기 태극기는 어느 누가 하루아침에 고안한 것이 아니고 수 천 년 전부터 우리 민족의 신

---

[1] 미국 코넬대학의 우주과학자이자 천문학자인 칼 세이건 교수는 "한국의 태극기는 우주 그 자체를 상징하고 있다."고 예찬했다. 또 콘스딘트 비르질 게오르규 신부는 "한국은 동방의 빛이다."라고 했다. 그는 한국을 세 번이나 방문하여 태극기를 보면서 "이 세상에서 가장 아름다운 국기는 바로 한국의 국기입니다. 한국의 국기에는 우주의 모든 것이 들어 있습니다. 한국의 국기는 우주의 대 질서 세계의 모든 철학의 요약이 새겨진 진리의 조화라고 부르고 싶습니다."라고 극찬하였다. 민족의 암울했던 쇠퇴기에 인도의 사상가 라빈드라나드 타고르는 "일찍이 아시아의 황금시기에 빛나던 등불의 하나인 코리아 그 등불 다시 한 번 켜지는 날에 너는 동방의 밝은 빛이 되리라."라고 했다.

른 시기부터 인류의 보편적 사상과 인간의 이상향적 이념을 제시했다.

홍익인간의 정신은 개인의 완성과 공동선을 함께 추구함으로써 개인과 공동체가 음과 양으로 어우러져 하나를 이루는 태극정신太極精神이다. 공동체 전체를 이롭게 하는 이상적인 사회에서 조화는 인간과 자연으로도 하나가 되어 천지가 합일된 풍류로 나타난 것이다. 이런 풍류가 지극한 도道이며, 오묘한 도로써 한국인의 덧으로 나타났다. 공동체의 풍류는 영고·동맹·무천·한가위 등 제천행사로 이어져 자연과 하나가 되고, 나와 너의 경계가 없어지고, 집단이 하나로 온 세상이 어우러져 축제를 즐겼다. 자유를 만끽한 최고로 아름다운 경지로 신명난 집단의 흥겨운 상태가 곧 풍류도며, 홍익인간의 사상이다.

이러한 집단의식은 춤, 시조, 탈춤, 향가, 농악, 윷놀이 등으로도 계승되어 오늘날 한류의 근원이 되었다. 풍류도의 특성[2]을 잘 드러낸 '국유현묘지도理化國有玄妙之道'는 정신문화의 씨앗[仁]이 되었고, 인간뿐만 아니라 뭇 생명들까지[접화군생接化群生] 함께하고, 이치로 세상을 다스리고[이화세계理化世界], 유불선의 합집합인[실내포함삼교實乃包含三教] 풍류도가 이미 땅에 있어 유불선儒佛仙으로 나뉘어 온 세상으로 펼쳐졌고, 중국을 통해 다시 이 땅으로 들어오게 된 것이다. 그래서 우리는 외부 종교나 사상의 수용에 거부감이 없었다. 역사의 단절과 자료의 유실로 인해 외래사상이 이 땅에 들어와 귤화위지橘化爲枳가 된 것이 아니라 탱자로 이 땅에 들어와 귤이 된 것을 자랑스럽게 생각했던 것이다.

풍류도는 우주의 진리를 표방한 역易에서 출발하였기 때문에 무슨 사상이나 종교도 한국화할 수 있는 근저根底를 가진 살아 있는 생명력

---

2 우리나라에는 본래부터 현묘한 도가 있었으니 풍류라 한다. 가르침의 내용은 선사에 자세히 구비되어 있는데 실로 본디 삼교를 포함한 것으로 뭇 생명들을 접촉하여 교화하니 삼교의 내용과 같은 것이다.

성부호神聖符號로 애용되어 온 민족 혼魂이며 얼임이 많은 유물과 사료를 통해 역사적인 사실로써 증명되었다. 태극은 역易에서 출발하였고, 만물의 근원 태극의 용어가 나왔으며, 태극은 무극에서 비롯되었음은 이미 살펴본 바와 같다.

태극은 하루가 밤과 낮으로 순환하는 과정인 극즉필반極則必反 원리를 일음일양지도一陰一陽之道라 하였고, 〰〰〰, ☯은 이러한 사고를 기본으로 도형화한 것이다. 「괘사전卦辭傳」에서 말한 "역유태극易有太極 시생양의是生兩儀[陰--, 陽—] 양의생사상兩儀生四象[═ ══ ══ ══]"은 태극기의 도형 안에 형상으로 녹아있는 것이다. 이는 이미 오래 전 복희황제는 천지자연의 물상을 담아 "건乾☰·태兌☱·리離☲·진震☳·손巽☴·감坎☵·간艮☶·곤坤☷"으로써 세상 이치를 밝히면서 시작되었다. 현재 서양의 과학도 태극의 원리를 적용해서 금세기 물질문명의 혁명을 가져왔음을 보았다.

인간의 정신문화는 천도天道를 근본으로 한다. 우주근본원리를 담은 태극기는 한국의 정신문화뿐 아니라 인류의 정신문화를 대표한다. 태극기는 인류공영의 질서를 내포한 철학인 동시에 뭇 생명을 낳고 낳음, 살리고 살림의 정신이 깃들어 있는 인류미래의 상징이다.

태극은 위대한 선조 복희 황제께서 천지자연의 이치를 상징으로 담았고, 그 정신이 홍익인간으로 펼쳐졌다. 우리 민족의 시원에서부터 싹튼 고귀한 가치가 지금도 인류가 구현하고자 하는 이상세계의 항구적인 지향점이 되고 있는 것이다. 홍익인간의 정신은 석가·공자·예수가 표방한 자비·인仁·사랑의 인류 보편적 가치보다 2,000여 년 앞서고, 현재 최선진국, 미국이 평등·생명·자유·행복추구권 확립을 천명한 독립선언문(1776년)보다 4,000년 앞선 것이다. 우리 민족은 이

수에서 독일, 영국, 폴란드에 이어 세계 4위이다. 이는 중국마저 따돌린 대단한 문화 민족임을 알 수 있는 증거이다.

한류의 용어는 근래 사용되어진 것이지만 한류의 원천은 오랜 역사 전통과 문화 속에 담겨져 있는 그 무엇이라 단정할 수 없는 한·멋·정신·문화·언어·삶 등이 함축되어 있는 우리민족만의 '겨레 얼'이라 할 수 있을 것이다. 이것이 현재의 한류를 만들어낸 에너지인 것이다. 이에 우리는 우리의 문화적 정체성을 정립하는 것이 무엇보다도 절실한 때이다. 한류 열풍으로 한국을 배우고자하는 시대에 우리가 우리 문화를 잘 알아야만 더 나은 방향으로 이끌 수 있기 때문이다.

한류의 원천인 태극사상은 조화와 화합 상생에 있으며 이는 모든 대립물의 갈등과 분열을 극복하고 통합의 길로 나아가게 하는 힘이며 우리민족만의 경계를 초월한 전 세계를 아우르고 통합하는 보편적 사고로 생명존중과 상생의 고귀한 정신이 깃들어 있다. 태극기에 담긴 태극사상은 우리민족 사회를 지탱해주는 원동력이며 발전의 초석으로 우리의 언어, 문자, 문화, 사상 등이 줄기와 잎이 되어 세계 어느 민족도 갖지 못한 숭고하고 찬란한 정신유산으로써 지금의 한류열풍을 일으키며 세계의 문화의 최강국으로써 면모를 유감없이 발휘하고 있다. 태극사상이 한류의 역동적인 힘으로 펼쳐지게 될 때 일찍이 동아시아 문명을 이끌었던 위대했던 우리민족은 다시 한 번 세계 정신문명을 주도하게 될 것으로 확신한다.

서구 물질문명의 풍요 덕분에 바깥세계는 화려하지만 정체성을 상실한 개인의 삶은 공허하다. 물질문명의 빠른 변화 속도에 적응 못한 정신문화는 쫓아가기 급급하였고, 지금까지 지켜온 전통가치는 일대 혼돈의 늪으로 빠져들어 기존 가치관의 괴리와 이질감이 불안으로 나이었다. 또한 고대 이래로 중국의 옆에 있는 작은 나라 대한민국이 중국에 예속되지 않고 외침에도 평화애호의 정신을 지킨 것은 풍류도로써 한국사상의 맥을 이어온 결과이다. 오랜 세월을 통해 우리 민족 삶 속에 태극은 자연스럽게 스며들어 민족의 의식 속에 으뜸 상징적 가치로 된 것이다.

한편 언어학자들은 세계 언어 중 공통적 문자로 쓸 수 있는 세계의 공용어로 한글이 가장 적합하다고 한다. 문명은 문자가 밝은 것으로, 세계의 문명을 주도했던 나라들은 문자의 우위를 확보했다. 세계 최고의 소리글과 뜻글자를 갖춘 대한민국은 21세기 인류문명의 선도적 역할을 할 수 있는 요건을 갖춘 것이다. 「해례解例」에서도 밝혔듯이 훈민정음은 우주 만물의 진리가 담긴 역易 철학을 반영한 문자이기에, 후세에도 바뀌지 않는 만고불변의 문자로 남을 것이다.

근래 한류 열풍이 붐을 일으키면서 세계인들은 한국, 한국인, 한국 문화에 대한 관심이 부쩍 늘었다. 한국 문화를 체험하고, 한글의 매력 빠져 배우기 위해 수많은 외국인이 한국을 찾고 있는 것이다. 세계에서 가장 배우기 쉽고, 우수하며 과학적인 문자임을 스스로가 알아차린 것이다. 일찍이 민족이 암울했던 시기에 강증산 선생께서 우리말이 세계 공통어가 될 것이라는 선견을 우리는 지금 보고 있지 않은가?

한류의 열풍은 어디서부터 왔는가? 그것은 우리 민족의 오랜 전통, 문화, 사상, 철학에 담긴 함축된 힘의 원천이 현재의 한류에너지로 표출된 것이다. 우리민족은 일찍이 동아시아 문명을 주도한 세계적인 문명 국가였지만 우리는 우리민족의 역사와 문화가 왜 우수한지 잘 알려고 하지 않았다. 우리의 찬란한 역사와 우수한 문화를 알 수 있는 객관적 자료로써 인류가 함께 보호해야 할 유네스코 세계기록유산 등재 건다. 우리가 주체적으로 태극기에 깃든 태극사상을 제대로 밝혀 소중한 우리정신문화를 지키고 살려야한다. 이는 나아가 세계정신문화의 선도적 역할을 이끌 수 있는 상생의 꿈이요, 사명이기 때문이다. 음과 양은 흑과 백이 나누어지듯 양분兩分[인종 · 계층 · 이념 · 세대 · 종교 · 빈부 · 지역]되어 제각기 힘을 발휘하지 못하다가 음과 양의 개별의 특성이 덕德으로 합하여 어우러질 때 비로소 태극이 기동起動된다. 음극과 양극이 만나야 전기가 켜지듯 음과 양이 함께할 때 힘이 생기는 것이 태극정신이다. 그래서 음과 양을 표현했지만 음양기가 아닌 태극기太極旗인 것이다.

태극사상은 이 땅에서 살아왔던 선조들의 질박한 삶 속에 축척되어 온 과거의 유산만이 아니라 지금 우리에게 펼쳐진 희망이며, 자연과 인간 모두가 어우러져 함께 잘사는 홍익인간의 인본사상으로 나타낸 것이며 다 함께 지향해야할 숭고한 정신이다.

타나며 정신적 지표를 상실하고 있다. 이러한 대내외적 변화와 혼란은 인류의 보편적 가치와 공공윤리를 공유하고 인류가 직면한 과제도 함께 대응하는 인류공동체의식을 확대시키는 계기가 되었다.

가치관의 혼란이 올 때 먼저 근본정신으로 돌아가야 한다. 근본정신은 전통과 현재를 잇고 현실을 극복할 수 있는 자정능력이다. 우리 민족의 주체성 확립은 타 민족과 차별성을 강조하여 우월감을 조장하는 것이 아니다. 우리민족의 뿌리사상은 태극기에 담긴 태극사상이다. 태극사상은 조화사상이며 낳고 낳으며 살리고, 살리는 사상이다.

『주역전의대전周易傳義大全』[3]에 "이치에서 그것을 흩트리면 만 가지 다름이 있고, 도道에서 그것을 통합하면 두 가지 이치가 없으므로 역易에는 태극太極이 있다."[4]라는 말이 있다. 먼저 서양은 사물을 개별로 나눠 분류하고 세분화하여 개체의 발달이 곧 물질문명의 발달로 이어져 꽃을 피웠다. 그러나 그 근본을 상실하여 어디서 왔는지도 모르게 되어 분열과 갈등을 만들었다. 이제 그 문제의 근원을 찾기 위해 융합과 통섭이 화두가 되었다. 바야흐로 세계의 기운이 서방세계에서 동방으로 옮겨와 만 가지의 개별과 분열을 하나로 통합하여 조화를 이룰 태극의 나라 대한민국이 그 근본을 밝혀 평화로 이끌 것이다. 태극의 사상은 상극으로 치닫는 지구촌의 이질적인 문화를 소통하고 이해하며 조화를 이루어 상생의 새 시대를 열어가는 열쇠이다.

태극사상은 음양의 화합, 조화사상으로 온 세계가 함께하는 사상이

---

3 『周易傳義大全』은 程頤의 『程傳』과 朱子의 『周易本義』를 함께 수록한 것으로 『五經大全』의 첫 부분에 있다. 명나라 成祖는 1414(永樂12)년 한림학사 胡廣을 비롯한 42인에게 『五經大全』, 『四書大全』, 『性理大全』의 편찬을 명하여 이듬해 완성하였다. 이때 편찬·간행된 대전본(大全本) 경서(經書)는 송(宋)나라 이후 유학자들의 성리학설을 종합·정리한 것으로 성리학이 관학(官學)으로서 자리 잡아 대전본(大全本)은 교과서였다.

4 『周易傳義大全』 "散之在理則有萬殊 則无二致 所以易有太極 是生兩儀 太極者道也 兩儀者陰陽也 陰陽一道也 太極無極也"

참고 문헌

1. 원전 및 번역본
『詩經』, 『書經』, 『周易』, 『禮記』, 『論語』, 『中庸』, 『孟子』, 『管子』, 『莊子』
『荀子』, 『春秋左氏傳』, 『道德經』, 『呂氏春秋』, 『淮南子』, 『春秋繁露』, 『正易』
『黃帝內經』, 『說文解字』, 『史記』, 『漢書』, 『後漢書』, 『皇極經世書』, 『正蒙』
『朱子語類』, 『性理大全』, 『太極圖說解』, 『近思錄』, 『周易傳義大全』, 『通書解』
『三國遺事』, 『訓民正音』, 『朝鮮王朝實錄』, 『聖學十圖』, 『熱河日記』

2. 단행본
한국철학사상연구회 지음, 『강좌 한국철학』, 예문서원, 1995.
구스모토마사쓰구, 김병화·이혜경 옮김, 『송명유학사상사』, 예문서원, 2005.
권일찬, 『동양과학개론』, 충북대출판부.
금장태, 『한국유학의 탐구』, 서울대학교출판부.
김석진, 『대산의 주역강의』, 한길사.
_____, 『대산의 천부경』, 도서출판 동방의 빛, 2009.
勞思光, 鄭仁在 譯, 『中國哲學史 古代篇, 漢唐篇, 宋元篇』, 探求堂, 1997.
傅斯年, 『고대 동북아시아의 민족과 문화』, 「夷夏東西說」, 여강출판사, 1994.
류승국, 『동양철학연구』, 근역서재, 1983.
_____, 『한국유학사』 유교문화연구원, 2009.
廖名春·康學偉·梁韋弦 지음, 심경호 옮김, 『주역철학사』, 예문서원, 1998.
무라야마 지준(村山智順), 김희경 옮김, 『조선의 점복과 예언』, 동문선, 1990.
시마다 겐지, 『朱子學과 陽明學』, 까치.
신용하, 『한국민족의 형성과 사회학』, 「한국민족의 형성과 기원」, 지식산업사, 2001.
신채호, 『조선상고사』 제2편, 수두시대, 『단재신채호전집』, 형설출판사.
스튜어트 컬린(stewart Culin), 『한국의 놀이』, 열화당, 2003.
劉笑敢, 김용섭 옮김, 『노자철학』, 초계, 2000.
이서행, 『韓國倫理文化史』, 한국학중앙연구원출판부.
이성환·김기현 외, 『주역의 과학과 도』, 정신세계사.
李穡, 『牧隱文藁』 券6 「寂菴記」
李彦迪, 「答忘機堂」, 『晦齋全書』

태극기와 태극사상

초 판 | 2022년 3월 15일

지은이 | 박종도
펴낸이 | 박종춘
편 집 | 진우성
디자인 | 박상정

펴낸곳 | 좋은기업 위드
등록번호 | 2022-87262-28
주 소 | 서울시 중구 퇴계로 180-15 뉴동화 빌딩 107
전 화 | 02-6959-1032

ISBN 979-11-87262-28-2(93150)

추천인
정인재 서강대학교 명예교수
이서행 한국학중앙연구원 명예교수
이기동 성균관대학교 명예교수